명강사 25시

행복한 삶을 위한 명강의

초판 1쇄 발행 2015년 11월 1일

지 은 이 구자현 외 22인
발 행 인 권선복
편집주간 김정웅
편   집 김성호
전 자 책 신미경
마 케 팅 정희철
발 행 처 도서출판 행복한에너지
출판등록 제315-2011-000035호
주   소 (157-010) 서울특별시 강서구 화곡로 232
전   화 0505-613-6133
팩   스 0303-0799-1560
홈페이지 www.happybook.or.kr
이 메 일 ksbdata@daum.net

값 20,000원

ISBN 979-11-86673-19-5   (03190)

Copyright ⓒ 구자현 외 22인, 2015

도서출판 행복한에너지는 독자 여러분의 아이디어와 원고 투고를 기다립니다. 책으로 만
들기를 원하는 콘텐츠가 있으신 분은 이메일이나 홈페이지를 통해 간단한 기획서와 기획
의도, 연락처 등을 보내주십시오. 행복한에너지의 문은 언제나 활짝 열려 있습니다.

고려대 명강사 최고위과정 2기

명강사 25시

구자현 외 22인 공저

김도운 김옥 김진홍 박균용 박옥선 박정희 박종미
송한용 이선정 이순종 이영수 임형자 전화남 조순녀
차영덕 최경수 최성원 최영미 최월란 최은서 탁경운 황선만

행복한에너지

조대연 고려대학교 평생교육원장

2015년 3월부터 시작되어 온 고려대학교 명강사 최고위과정도 바야흐로 2기를 맞이하고 있습니다.

고려대학교 명강사 최고위과정은 명실상부한 고려대학교 역사 110년만에 최초로 개설되었으며 평생교육원의 명품 전문가 프로그램으로서 그 위치를 공고히 하고 있습니다.

2015년 7월 20일부터 시작된 이번 명강사 최고위과정 2기 역시 역량과 책임감, 열정이 가득한 강의와 수업으로 사회적 책임의식 및 사명감 있는 명강사 육성이라는 소기의 목표를 달성하였습니다.

그렇기에 '고려대학교 명강사 최고위과정'을 수료한 분들은 강의의 본질과 기술을 이해하고 실전에서 실천하는 명강사의 이름에 어울리는 분들이라고 할 수 있습니다.

이번 '고려대학교 명강사 최고위과정 2기' 공저엔 명강사들의 열정과 도전, 소망과 배움, 인생과 사랑이 담겨 있습니다.

　다양한 삶 속에서 자신의 가치를 찾아내는 명강사들의 자세와 사람들을 감동시키는 명강사의 요건을 이 책을 통해 들여다볼 수 있는 계기가 되리라 생각합니다.

　과정을 운영하시는 명예주임교수 강무섭 님과 주임교수 서필환 님과 출판에 도움을 주신 정광섭 공저위원장 그리고 고려대 명강사 최고위과정 2기 공저가 세상에 나올 수 있도록 수고하신 관계자 모든 분들에게 감사드립니다.

고려대학교 평생교육원장 조대연

서필환 고려대 명강사 최고위과정 주임교수

110년 고려대학교 역사 최초로 개설된 고려대학교 대한민국 명
강사 최고위과정 2기생들의 지혜와 지식, 정보, 체험 등 강의 콘텐
츠를 모아 세상에 출간하게 됨을 축하드립니다.

먼저 공저에 참여해주신 선생님들의 열정에 감사드립니다. 또한
세상을 아름답게 가꾸는 데 있어 사명감을 갖고 자신의 역량을 아
낌없이 나누고 계신 점 이 자리를 빌려 감사의 말씀을 전합니다.

그동안 함께해주신 여러 교수님들! 특히 강무섭 명예주임교수
님, 신동국 책임교수님의 헌신적인 사랑과 봉사에 심심한 박수를
드리며 22기까지 함께 가는 길에 애정을 느낍니다.

고려대학교 명강사 최고위과정을 수강하시고 공저에 참여하시
는 분들은 시대의 요구와 감성을 해결해주는 대한민국의 명강사로
힘찬 발걸음을 내딛고 계십니다.

이 공저는 고려대 명강사의 이름을 세상에 알리는 좋은 홍보마케팅 효과와 더불어 세상을 아름답게 하는 움직임으로 기억될 것입니다.

똑같은 내용일지라도 어떻게 전달하느냐에 따라 이해도와 논리가 다릅니다. 그렇기에 교육과정과 지도교수님들의 열정적인 교육은 수강생의 진로 결정에 결정적인 영향을 끼칩니다. 고려대 명강사 최고위과정은 이 부분을 특별히 신경 써 선별된 지도교수, 초빙교수로 구성이 되었습니다.

이제 우리는 가족, 친구, 그리고 동료들에게 늘 배움의 기회를 주고 변화의 깨달음을 주는 명강사로 거듭나야 합니다. 즉 더 높고 너른 지혜로 세상을 변화시키는 사명감으로 실천하는 명강사가 되어야 합니다.

아울러 이 공저가 세상에 나오기까지 애쓰신 정광섭 공저 출판위원장과 고려대 2기 학생장, 회장님, 임원진 선생님들, 행복에너지 권선복 대표님과 관계자 여러분의 노고에 박수를 보냅니다.

고려대 2기 명강사 최고위과정! 우리 모두의 앞날에 서광이 있기를 진심으로 기원합니다.

2015년 10월 고려대 명강사 최고위과정 주임교수 서필환

발간사

정광섭 고려대 명강사 최고위과정 공저 출판위원장

흘러간 세월은 흐르는 물과 같다 하더니 역시 너무 빨리도 흘러
간 느낌입니다. 2기생 입교식이 엊그제 같은데 수료식을 앞둔 공
저 발간사의 소감을 피력하게 되었으니 어찌 기쁘지 않겠습니까?

사람은 일정한 교육을 마치면 사회라는 동그라미 속으로 스며듭
니다. 그리하여 사회적 관계 설정에 의해 직업을 가지게 되는 건
자연적 현상이며 그 조직 속에서 생존경쟁의 굴레로 인한 적자생
존은 필연적 함수관계가 아니겠습니까? 그래서 사람이 자신의 직
업에서 최고가 되고 싶어 하는 건 인지상정일지도 모를 터입니다.

인생의 열차는 여러 번 바뀝니다. 때론 본인의 뜻대로 가는 길도
있으나 어떨 땐 마음이 무너지는 절망으로 마음에 상처가 깃들기
도 합니다. 하지만 삶이란 열차는 멈출 수가 없습니다. 왜냐하면
시각적 변화 이동이 존재하기 때문입니다. 힘들다, 어렵다, 라는
너스레보다는 한걸음 더 멀리 뛰려는 도전 의지가 중요하겠지요.

교실에서 학생을 가르치는 교수가 있다면 사회교육에는 직간접 경험의 토양을 바탕으로 한 지식 콘텐츠를 설파하는 교수가 있습니다. 그것이 바로 〈고려대 명강사 최고위과정〉입니다. 고려대학교 110년 역사 최초로 개설된 〈고려대 명강사 최고위과정〉의 目標(목표)이자 意義(의의)는 인재 육성을 통한 국가 발전에 기여하는 소금과도 같은 일등 브랜드 지도자급 명강사 배출을 지향하는 것입니다.

신경제력 창출이라는 비전 속에서 감사와 배려하는 마음, 사회 발전에 기여한다는 사명감과 봉사를 실천함으로서 고품격 명강사로 자리 잡을 수 있는 문화를 계승하기를 바라는 마음입니다. 희망이란 그릇은 지붕도 없고 울타리도 없고 막는 이가 없으므로 누구나 원하는 그릇인지도 모릅니다. 그릇이 비워졌으면 노력의 땀을 담으면 됩니다. 노력이 담긴 희망의 액셀러레이터를 밟을 때 희망이란 창을 바라볼 수 있는 행복을 느끼는 건 아닐까요?

이렇듯 희망을 향해 노력의 땀을 담아 미래를 바라볼 수 있는 지혜의 길을 인도하는 게 강사의 몫이라 생각합니다. 고려대 명강사 최고위과정을 배출하기 위해 애쓰신 열세 분의 교수진, 지도교수님과 특강교수님들의 노고에 감사를 드립니다.

2015년 10월 고려대 명강사 최고위과정 공저 출판위원장 정광섭

차례

고려대학교

1장

열정

구 자 현

우정사업본부 근무(33년)

으뜸서비스상(2001)

대한민국 옥조근정훈장(2015)

정보통신부 장관상 2회(1997, 2006)

서울체신청장상 2회(1999, 2003)

제1회 한·중 의원 공무원서예교류전참가

2012년 핵안보정상회의 한글이름써주기행사 참여

공무원미술대전 서예부문 3회 입상

세계서법문화예술대전 동상 1회 입특선 5회

소요산전국서예대전 예술인상 2회와 입특선 3회

대한민국무궁화미술대전 서화부문 대상

은평구휘호대회 특별상 은평구청장상

한국노동문화휘호대회 특선

소사벌서예대전 입특선 5회

그 외 다수 입상

고려대 명강사 최고위과정 수료

인성지도사·명강사 명강의 1급 자격

잘나지는 못했지만 그래도 보통 아이

　어린 시절인 50년대 중반, 우리 집은 서울역 앞에서 가게를 하여 넉넉하게 살았다. 그러던 어느 날, 부모님께서 중림동에 있는 제철소를 인수하여 사업을 하였는데 직원이 주위의 모든 돈을 가지고 일본으로 줄행랑을 치는 바람에 우리 집은 그때부터 고난의 행군이 시작되었던 것 같았다. 이후에 우리 아버지께서는 반미치광이가 되어 그 사기꾼을 잡으려고 한국과 일본을 헤매셨고 우리 가족은 보따리를 싸고 충남 서천으로 내려가 생활을 하게 되었다.

　내 나이 6살일 때, 기억이 잘나지도 않는 나이이지만 고생을 너무 하여 기억나는 것은 식량이 없어 소나무 껍질의 진으로 연명하며 살았으며 봄에는 보리에서 나는 깜부기로 식량을 대체하고 땔감이 없어 한겨울에도 산에 올라 나무를 했고 가을에는 추수가 끝나면 이삭을 주우려 몇십 리 길을 걸어 다녀야만 했다. 이삭을 주워 끼니를 연명하고 겨울에는 고구마를 주식으로 삼을 수밖에 없었던 삶이었다. 학교도 8살에 들어가 수업을 받았고 점심식사 시간에는 미군이 배급해준 옥수수죽을 받아먹을 도시락 뚜껑이 없어 수업 중인 형의 교실에 가서 빌리기도 하였다. 학교 끝나고 집에 올 때는 길거리 밭에서 나는 가지 아니면 무나 오이를 한두 개씩 따먹으며 배를 채웠다.

그렇게 생활하다가 2학년 가을학기에 아버지가 가족을 데리고 다시 서울로 이사를 하였다. 방 한 칸에 일곱 식구가 살았기 때문에 비좁았지만 그래도 식구가 같이 모여 산다는 것은 나름대로 행복한 일이었다. 나는 저학년이어서 초등학교 2학년으로 편입하였지만 형은 나이가 달라서 제대로 편입도 못 하고 공민학교에 들어가 검정고시를 쳐야만 했다.

형은 그곳에서 중학교 시험을 쳤는데, 6학년 학생 중에서도 일류 중학교 시험을 친 학생이 몇 명이 채 되지 않았기 때문에 학교에서는 형을 무척 자랑스럽게 여겼다. 덕분에 나도 공부 좀 한다고 칭찬받으며 대접을 받았다. 하지만 가정형편은 조금도 나아지가 않아서 기성회비가 밀려 수업이 끝나고 집으로 가지러 가는 일상이 반복되었지만, 어차피 집에 가봐야 돈이 없으니 실컷 동네 아이들하고 놀아버렸다. 저녁 늦게 학교에 가서 돈을 못 구해왔다고 말하면 선생님은 내일 가져오라고 하시고 책가방을 돌려주면서 늦게 집에 가는 일이 계속되었다.

집은 허구한 날 이사만 다녔기 때문에 주민등록 초본이 몇 장씩 따라다니니 어린 나이였던 나도 창피하여 내가 결혼할 때는 반드시 집을 사서 장가간다고 다짐하였다. 어느 친족보다 우리 집이 먼저 자리를 잡으니 동네 사람들과 친척들이 서울에 오면 우리 집에 머무르곤 했다. 하지만 일곱 식구도 빠듯한데 손님까지 오면 어머니와 누이는 잠을 못 자고 밖에서 날을 새우는 일이 부지기수였다.

그러기를 몇 해가 지났을까? 근처에 조그마한 집을 사서 우리 식구가 살기에 좋은 집을 하나 장만하게 되었다. 그 집은 아버지가 직장이 없었을 때 지인에게 서울시에서 최초로 재개발 지역으로 지정된 곳이라고 이야기를 들어서 바로 산 곳이다.

지금은 재개발되면 한 건설회사에서 단체로 아파트를 지어주고 있지만 그때는 본인들이 집을 지어야 했던 것이다. 새로운 집을 지으려 했지만 돈이 없어 좀처럼 진척이 되지 않는데 사촌형이 돈을 보태주어 새 집을 지을 수가 있었다. 하지만 사촌형이 그 집은 건축비 명목으로 나중에 집을 자기 소유로 가져가버렸기 때문에 결국 우리 가족은 전세거리도 안 되는 교통도 안 좋고 허름한 월세방으로 이사를 가게 되었다.

사실 집을 지을 때 우리 가족의 고생은 말도 못했다. 어머니께서는 일꾼들의 새참을 마련하기 위해 40여 분 거리에서 음식을 만들어 운반해야 했고 나는 모든 잡일을 다 하며 시중을 들었고 야밤에 건축자재를 도둑맞을까 봐 판자로 임시 거처를 만들어 놓고 밤을 지새우는 일이 계속되었지만 임금 한 푼도 받을 수 없었다. 이러한 현실을 보면서 이 세상은 돈을 가져야 살아갈 수 있다는 것을 절실히 느꼈다.

사우디 생활과 우체국 생활

군에서 제대하여 와 보니 당시 우리 집은 은평구 응암동 시장 골목에 있는 조그마한 방 하나 전세방에 있었다. 아버지는 피부암으로 집에 누워 계셨고 막내는 상고에 다니며 취업 준비를 하고 있었다. 여동생은 동네 아이들을 데리고 과외수업을 가르쳤으며 어머니는 고물상에서 아르바이트를 하며 하루하루를 살아가는 모습을 보니 이래서는 도저히 안 되겠다 싶었다. 그래서 중동에 취업을 하기로 맘먹고 여러 군데 입사원서를 냈지만 기술이 없고 전공 분야도 없어 번번이 떨어지기 일쑤였다. 결국에는 일용 잡부로 신청을 하게 되어 사우디에 가게 되었다.

처음 사우디에 가서는 뜨거운 날씨에 계속되는 노동의 연속이었다. 하지만 여기서 절대 무너지지 않으리라는 다짐을 하며 꿋꿋하게 버텨냈다. 사우디 담만에 근무할 당시에는 현장소장이 사무보조를 좀 도와 달라고 하여 노무를 담당하기도 하였는데 현장이 끝나면 다른 현장으로 발령을 내어 아브하 현장과 리아드 현장을 거쳐 그렇게 2년 6개월 근무하고 다시 한국에 돌아왔다.

사우디에서 한 번 가서 2년 6개월 계속 있었던 이유는 번 돈으로 아버님의 병 간호비를 내어 치료비를 계속해야 했기 때문이었지만 귀국하기 전 끝내 보람도 없이 아버님이 돌아가셨고 남은 돈으로 나는 서울에 집을 마련하였고 견실한 건설회사에 들어가 일을 하게 되었다. 그때 마침 내가 결혼 적령기에 접어들었던 시기였는데, 기회는 바로 이때다 싶어 바로 선을 봐서 결혼에 골인했다. 하지만 결혼 첫날부터 외박을 하고 허구한 날 회식이다 하여 술 취해서 집에 들어오는 경우가 많았다. 그러자 집사람이 월급이 적어도 좋으니 안정된 생활을 할 수 있는 직장이 좋지 않겠냐고 하여 이직을 결심하였고, 시험을 쳐서 우체국에 입사하게 되었다.

지금 생각해보면 우체국에서 근무했던 시절이 내 인생에서는 가장 안정적이었던 때가 아니었을까 싶다. 근무시간도 일정하고 적지만 급여도 꼬박꼬박 나오고 회식도 별로 없는 꿈의 직장이나 마찬가지였다. 그런데 우체국에서 생활한 지 17년째에 접어들던 때 내게도 위기의 순간이 찾아오고야 말았다. 바로 노조 선거에 깊숙이 빠져 현 노조와 대립을 일으켰던 것이다.

그 과정 가운데 인간적으로 도저히 해서는 안 될 일들이 비일비재하게 일어났다. 서로의 믿음을 저버리고 상대방을 이간질하여 자기의 이익을 위해 모함하는 것까지 수단과 방법을 가리지 않는 일이 발생하였다. 이건 도저히 아닌 것이라고 판단하여 노조와 관련된 것은 모두 그만두고 일에만 집중하기로 결심하였다. 누구보다도 열심히 일에 매진한 결과 장관상 2회와 청장상 2회 그 외에도 각종 많은 부상이 돌아왔다. 그중에서 가장 보람찼던 상은 만원처리와 고객에 대한 상으로서 '으뜸서비스상'이었다.

예술문화회장과 세계서법문화예술 사무총장을 맡다

그러던 중 나는 우연히 취미생활을 하나 해보고자 초당 이무호 선생 밑에 가서 서예를 배우게 되었다. 그런데 이때가 바로 내 인생의 새로운 길을 찾게 되는 계기가 될 줄 누가 알았겠는가!

초당 이무호 선생은 KBS 대하드라마 〈대조영〉, 〈왕건〉, 〈천추태후〉의 타이틀을 모두 쓰셨고 최근에 종영한 〈징비록〉에 나오는 모든 글씨를 제공하셨던 분이다. 이명박 대통령 취임식 때에는 중국 서예가와 청와대에서 서로 휘호를 주고받으며 나라의 발전에 대해 논하기도 했을 정도로 대단하신 분이다. 숭례문 안내판과 양평대군 비석을 많이 쓰셨는데 특히 중국에서는 한국에서보다 더 많이 알려져 있어 작품 하나만 받아도 영광이라는 서예가로 알려져 있을 정도였다.

이런 선생님 밑에서 서예를 열심히 배우니 여러 군데 공모전에 입상도 하였고 대상까지 받게 되었다. 이렇게 나도 나름대로 이름이 좀 알려지자 우정사업본부 안에 있는 예술문화회에서도 인정을

받기 시작했다. 이 동아리의 지원을 힘입어 1995년에는 첫 창립총회를 열고 1996년에는 첫 전시회를 세종문화회관에서 체신부장관님을 모시고 개최하였다. 그 후에 행사를 개최할 때는 규모를 한층 더 크게 하여 장관님과 청장님, 전국노조위원장님, 체신부 산하 이사장님들을 모아놓고 성대하게 개막식을 열게 되기까지 했다.

이렇게 몇 번의 행사를 거듭한 결과, 우리 예술문화회는 정보통신부에서 어느 단체보다도 명성이 가장 높아졌는데, 각 우체국에서 환경 미화를 할 때 우리에게 그림과 서예를 부탁하여 정서적으로 안정된 환경을 만드는 데 큰 몫을 하게 되었다. 그리고 나는 영광스럽게도 이 협회에서 2008년부터 회장직을 맡게 되었다.

앞에서도 말했듯이 활동상을 보면 해마다 서울에서 전시를 할 때 본부장님, 서울·경인청장님, 전국노조위원장님, 미래창조과학부 공무원노조위원장님, 서울·경인노조위원장님 그리고 산하단체 이사장님들 모두가 참석하는 성대한 개막식을 올렸는데, 이 행사는 우체국에서 가장 많은 간부들이 참석하기로 유명한 우리 협회만의 성대한 축제라고 자부할 수 있다.

그로부터 2달간 전국 순회 전시를 열었는데, 국민과 가까운 우체국을 만드는 일환으로 지역주민에게 가훈 써주기 행사를 가졌다. 그 지역 우체국에서는 홍보를 위해 지역 방송과 일간지 모두 대대로 선전하여 행사를 치르는데, 지방청장님과 지역기관장들을 모시고 테이프 커팅을 할 만큼 큰 규모로 발전하였다. 그렇게 전시회와 가훈 써주기 행사를 일주일간 차질 없이 진행하면서 우체국 이미지 제고에 앞장서서 예금·보험 유치 수단으로 활용하는데 큰 기여를 할 수 있었다.

또한 순회 전시와 가훈 써주기 행사가 끝난 후에는 그 작품을 모두 천안에 있는 우정공무원교육원에 상시 전시를 하여 모든 교육생들이 작품을 관람할 수 있도록 하였는데, 그 모든 것을 예술문화회장인 내가 하였으니 바쁜 나날들의 연속이었다. 전국 출장은 밥 먹듯이 다녀야 하고 모든 행사에 참석해야 하니 자연스레 우정사업본부에서는 본의 아니게 유명인사가 되었던 것이다.

그런데 이와 동시에 초당 이무호 선생님이 만든 세계서법문화예술회에서 사무총장직까지 수행을 하게 되었다. 이 단체는 세계 12개국과 합심해서 만들었으며 대통령상까지 줄 정도로 큰 규모로 성장하여 국내는 물론 중국과 대만에 가서 순회 전시를 한다.

그렇게 나는 세계서법문화예술회의 행사를 주관하면서 우리 협회의 인기를 새삼 실감하였다. 지방도지사들이 서로 유치 신청을 낼 정도로 열렬한 환영을 받았다. 게다가 행사 내빈으로는 장관, 국회의원 및 도지사와 시장 등 모든 사람들이 초대되었기에 그들과 인사를 하고 행사를 주관하면서 나도 모르게 명성이 차츰 쌓여가고 있음을 느꼈다.

중국에서 2차 전시를 할 때에는 그 지역의 성에서 초청을 하여 가게 되는데, 그 지역 주석이 인민들을 동원하여 아침에 도로 청소까지 하고 가무까지 곁들인 만찬을 베풀어 주었으며 호텔에서는

축포까지 쏘아 올려 성대하게 환영해 주었다. 게다가 우리가 행사를 다닐 때는 지역방송과 신문들이 대서특필하여 우리를 널리 홍보해 주었으니 초당 이무호 선생의 명성은 이토록 높음을 실감하였으며 우리가 덩달아 그에 준하는 대우를 받았던 것이다.

그중에서도 가장 큰 행사는 2014년에 개최되었던 「한·중 의원 공무원 서예 교류전」이었다. 우리나라에서는 김영삼, 이명박 전 대통령을 비롯하여 김종필, 문희상, 주호영 외 다수의 의원과 이기택, 김용택, 손주황 등 전 의원이자 공무원 서예가 50여 명이 참석하고 중국에서는 상무부주석을 포함한 50여 명이 참석하였다. 중국에서는 천안문광장에 있는 인민대궁전에서 전시하였고 이어서 인민대궁전에서 만찬을 베풀어 주었으며 한국에서는 의원회관에서 개최되고 국회 사랑채에서 국회의장이 직접 만찬을 베풀기도 하였다.

또한 2012년도에는 50여 개국의 정상이 모여 우리나라에서 핵 안보 정상회의가 코엑스에서 개최되었다. 참가인원은 언론인을 포함한 5,000여 명이었는데 그곳에서 열렸던 이벤트 중 하나는 바로 한글의 우수성을 홍보하기 위한 「한글이름 써주기 행사」였다. 당시 나는 서천우체국에 근무하는 최명규 씨와 같이 참가하여 행사를 열었는데, 의외로 반응이 좋아서 12개국에서 인터뷰 요청을 해올 정도였다. 그것을 통해 한글 이름을 900여 장을 써주면서 한글의 우수성을 세계에 널리 홍보하는 효과까지 거둘 수 있었는데, 심지어 통일부 장관님이 우리 부스에까지 찾아와서는 고생한다면서 위로까지 해주고 가셨다.

정년퇴직 후의 비전과 앞으로 나아갈 길

정년퇴직이 얼마 안 남은 시기가 와서부터는 앞으로 과연 무엇을 하여 이웃에게 봉사하면서 보람 있게 살 수 있을까 고민이 많이 되었다. 그러다 문득 떠오르는 것이 바로 택시 운전이었다. 가난한 사람들에게는 반값을 받고 장애인들에게도 반값을 받으면 승객이 좋아하기에 나도 봉사하는 마음으로 일을 할 수 있지 않을까 하는 생각이 들었다.

결국 화물운송자격증을 따야겠다는 생각이 들어 2008년도에 취득을 하였고 퇴직하기 6개월 전에는 타던 자동차를 팔고 2인용 다

마스를 새로 빼서 영업증 넘버도 새로 사서 준비를 했다. 그러자 동료들은 퇴직하기도 전에 이렇게 완벽하게 준비하는 사람도 별로 없다고 하면서 놀라움과 부러움의 눈빛을 보내기 시작했다.

또한 재능 기부의 일환으로 내가 아는 모든 지식을 남에게 가르치면서 봉사하겠다는 마음으로 강의를 체계적으로 배우고자 고려대 최고위 명강사 수강신청을 하였다. 과정을 들으면서 강의에서도 결코 부끄럽지 않은 강사가 되겠다는 일념으로 누구보다 열심히 공부하면서 매 순간 최선을 다했다.

어머니는 1926년 5월 7일생으로 어느덧 90세 고령이시다. 지금은 치매에 걸리셔서 나보고는 오빠, 아저씨 하물며 아버지라고 부르시며 집사람에게는 언니라고 부르시지만 아직까지 나하고 떨어져 사신 적이 없으셨고 우리 집 아들과 딸을 모두 키우셨고 집사람과 고부 갈등 한 번 없이 잘 지냈다는 것 자체가 내가 가진 크나큰 복이 아닐 수가 없음을 느낀다. 물론 어머니도 처음부터 며느리에게 잘해주셨기 때문에 집사람이 시집올 때 어머니의 인자하심과 고운 자태에 반했을 정도라고 자랑하고 다닌다. 그래서 그런지 집사람은 아직까지도 어머님의 병 수발을 잘하고 있어 집안을 편안하게 해주었고 우리 형제간의 우애 향상에도 크나큰 영향을 끼쳤다고 할 수 있다.

어린 시절, 나는 숱한 고생을 겪으며 살았지만 정신을 바짝 차리고 열심히 살고자 노력한 결과, 지금은 이렇게 화목한 가정 가운데에서 살아가는 축복을 누리고 있다. 내가 갈 길을 한발 앞서 바라보고 일을 추진해서 이루어낸 현재의 모습이라고 생각한다. 또한 안 된다고 생각되면 미련 없이 손을 떼고 뒤도 돌아보지 않고 새로운 활로를 개척하고자 노력했던 정신이 한몫했음을 느낀다.

오랜 세월, 참 길고 길었던 시간이었지만 지금 생각해보면 왜 그렇게 순간적인 찰나와도 같이 느껴지는지 모르겠다. 어떤 일은 잘했다는 생각도 들지만 어떤 일은 왜 그렇게밖에 못했을까 하는 후회도 든다. 온갖 만감이 교차하여 부끄럽기도 하고 얼굴이 후끈거리기도 하지만 한편으로는 뿌듯한 생각이 든다. 앞으로 남은 인생은 소외받은 사람들을 위해 봉사를 하면서 사회에 재능 나눔으로 긍정의 에너지를 전달하면서 보람차게 살고 싶다. 그렇게 사회와 나라에 공헌하는 국민이 되기를 다짐하면서 더욱 노력하는 삶을 살 것이다.

박 옥 선

CK(재한중국동포)여성위원회 회장

국제라이온스협회354–D지구 17지역 지대위원장

구로구 중소상공협의회 감사

서울시 서남권글로벌센터 명예센터장

고려대 명강사 최고위과정 수료

인성지도사 1급 자격

명강사 명강의 1급 자격

기회

칙칙폭폭 소리를 내며 기차가 떠나면 시커먼 연기가 자욱한 시골 풍경 사이에 반지하半地河라는 기차역이 있었다. 기차역 주변에는 한족들이 사는 마을이 있었고 걸어서 5리 정도 가면 조선족들이 사는 마을(동선촌)이 있었다. 이 시골마을에서 나는 2남 3녀 중 셋째로 태어났다. 그런데 장녀와 차녀가 각각 뇌수막, 홍역으로 어렸을 때 사망하였기 때문에 나는 집안에서 귀한 딸로 예쁨을 받으며 자라나게 되었다.

부모님은 시골에서 벼농사를 하는 농민이셨다. 어머니는 450호 가량 사는 농촌마을에서 부녀대장을 맡고 계셔서 그런지 늘 바쁘게 사셨던 모습으로 기억한다. 그러던 어느 날, 어머니께서 멀리 7일 동안 출장을 가셨을 때였다. 나는 초등학생일 때 집에서 키우는 돼지들에게 먹이를 주는 일을 담당했었다. 당시 초등학교 2학년이었기 때문에 노는 것이 한창 좋았던 어린아이였지만, 하루에 세 번씩 돼지들에게 먹이를 줘야 하는 고된 일을 해야만 했었다.

그런데 매일매일 돼지한테 최선을 다해 잘해주어도 그들은 어머니의 빈자리를 일었는지 계속 울기만 했다. 그 모습을 보면서 이웃집 할머니들이 나에게 "엄마가 안 계시니 돼지가 굶어 죽는 거 아니야?", "돼지 죽 좀 주라야!", "왜 저렇게 우냐?"라는 등 각종 핀잔을 주기 시작했다. 그 말을 듣고 돼지한테 너무나 화가 났던 나는 큰 몽둥이를 들고 돼지우리에 들어가 "돼지들아, 너희들 때문에 내 인생이 엉망이 된다! 놀지도 못하고 동네 사람들이 자꾸 잔소리하잖아! 죽어, 제발!" 이러면서 매일 한 시간에 걸쳐 때렸다. 그렇게 며칠 동안 때렸더니 돼지는 더 이상 울지를 못했다.

그 후 7일이 지나면 오실 줄 알았던 어머니는 12일 만에 집으로 돌아오셨다. 그리고는 소스라치게 놀라셨다. 돼지의 등이 갈치처럼 뾰족하고 앙상하게 야위어가고 있었던 것이다. 도대체 어찌 된 영문이냐고 물으셨고 어린 나이라 아무것도 모르던 나는 있는 사실 그대로 대답했다.

그러자 어머니는 한숨을 쉬시면서 잠시 마음을 추스르시는 듯했다. 그리고는 내가 어떤 부분에 있어서 잘못을 저질렀는지 차분히 타이르셨다. 그때 나는 비로소 깨달을 수 있었다. "곡식은 주인의 발소리를 듣고 자란다."라는 말처럼 가축을 아끼는 마음으로 보살펴주어야 했음을 말이다. 세월이 많이 흘렀지만 이때의 이야기를 떠올리면 나는 아직도 얼굴이 붉어지면서 부끄러운 마음이 든다.

초등학교 3학년 때, 부모님께서는 자녀가 시골을 떠나야 출세할 수 있다고 생각을 하셨던 모양이다. 그래서 고향에서 기차를 타고 5시간을 가야 할 만큼 멀리 떨어진 학교에 나를 보내셨다. 이 학교는 발리시勃利市라는 곳에 위치하였는데, 당시 큰아버지께서는 바로 이 흑룡강성 중점학교의 교장선생님으로 재직하고 계셨다.

그렇게 나는 어린 나이에 부모님과 떨어져 지내면서 큰집에서 눈칫밥을 먹게 되었다. 초등학교를 마치고 중학교에 가서는 기숙사 생활을 하게 되었는데, 이 시기를 통해 나는 독립심을 키울 수가 있었고 원하는 목표를 향해 부단히 노력하면서 열심히 사는 법을 배웠다. 어린 나이에 큰집으로 들어오면서 시골에 사는 아버지와 도시에 사는 큰아버지의 삶이 너무나 극명하게 비교되었기 때문이다.

그런 모습을 보면서 나는 반드시 성공해야겠다는 생각을 늘 지니고 살았다. 초등학교 때는 어머니처럼 부녀대장이 되는 것이 목표였지만 크면서 점점 바뀌어 나중에는 의사, 교수, 기자의 꿈을 키우게 되었다.

도전

중학교와 고등학교를 무사히 졸업하고 전문학교에 입학했다. 시간이 흘러 20대가 된 나는 사회에 첫발을 내딛고 교사로서의 생활을 시작했다. 그렇게 사회에 발돋움을 하고 일에 적응하면서 또 다른 한편으로는 특파원의 꿈을 키워 나갔다. 매달 주변에 있는 동네 소식을 글로 담아 신문에 올리고 통신기자가 되는 공부도 틈

틈이 해나갔다. 그렇게 글을 쓰면서 교사로서는 얻기 힘든 짭짤한 소득까지 생길 정도로 하루도 쉬는 날 없이 살았다.

그러던 어느 날, 출근하려고 하는데 이웃집 할머니가 입술에 피를 줄줄 흘리면서 집으로 오셨다. 나는 너무나 놀라 일단 피를 멎게 하는 약들을 모두 찾아서 할머니 입술에 발라 드렸다. 간단하게 응급처치를 한 후, 가족들에게 안정을 취할 때까지 돌봐줄 것을 부탁하고 허겁지겁 출근을 했다. 그런데 자꾸 할머니 생각이 나서 수업이 제대로 되지 않았다.

그래서 그날 저녁부터 동네 어르신들을 찾아다니며 취재를 시작했다. 그런데 우리 집에 아침에 찾아왔던 할머니와 같은 사례가 적지 않았다. 이 동네는 치안이 매우 불안정했던 것이었다. 그렇게 이야기를 듣고 기록한 후, 집에 와서는 밤새도록 글을 썼다.

처음엔 이렇게 어두운 사회에 글 한 편을 내면 많은 사람들이 공감할 수 있을 거란 생각으로 소설을 쓰기 시작했다. 제목은 〈그 여인의 앙갚음〉으로, 실화를 토대로 하여 쓴 소설이다. 기고를 하고 2주 정도 지나자 소설은 흑룡강신문에 연재 코너로 출간되었다. 그러자 실화의 주인공들이 나를 공격하기 시작했다. 그들의 폭언과 폭행으로 인해 두려움에 휩싸여 삶의 희망까지 잃을 것 같은 느낌마저 들었다. 보복을 위해 매일 아침저녁으로 출퇴근시간에 맞춰 우리 가족들을 괴롭히는 무서운 사람들이었다.

사태가 점점 심각해지자 나는 방송국과 신문사에 편지를 보내

어려운 상황을 호소하였다. 그런데 얼마 지나지 않아 방송국과 공안당국에서 나섰는데 나의 소설은 신문 1~2면을 장식할 정도로 핫이슈가 되었다. 당시 세상 물정을 잘 모르던 철없는 20대 처녀가 용감하게 나서는 모습이 사람들에게 좋게 인식이 되었나 보다. 그러자 실화의 주인공들은 더 이상 우리 가족을 괴롭히지 않았고 사건은 일단락되었다. 그리고 나는 동북3성의 위대한 인물로까지 등재되는 영광을 누렸다.

그 후 나는 지역 전체가 뒤집어질 만큼 유명인사가 되었지만 더 이상 고향에서 살 수가 없었다. 왜냐하면 이 지역 사람들이 지닌 특유의 보수적인 시선 때문이었다. 그들은 저마다 우리 부모님한테 딸자식 공부시키고 고향에 돌아와서 한다는 것이 고작 망신을 주는 것이냐고 하면서 비난을 하기 시작했다. 이 목소리에 못 이겨 부모님은 내게 더 이상 글을 쓰지 말라고 사정을 하기까지 했다. 심지어 그때 만나고 있던 남자친구조차도 똑같은 말을 하였다. 특별히 죄지은 것도 아닌데 많은 것을 잃을 수밖에 없었던 나는 도저히 이 상황을 받아들일 수가 없었고, 결국엔 고향을 떠나고 말았다.

그런데 얼마 지나지 않아 또 다른 기회가 찾아왔다. 대련에 있는 한국 기업으로 초대를 받아 ㈜부룡식품유한공사의 차간 주임으로 채용이 되었던 것이다. 나는 그곳에서 2년간 일하면서 200명이 생산하는 물량을 관리하는 업무를 하였는데, 이때 바로 한국이란 나

라를 처음 알게 되었다. 그때부터 한국에 대한 흥미가 생겨 그곳으로 들어가는 방법을 이것저것 찾아보던 중 연수생 대표를 모집한다는 공고를 보고 응시하였는데 바로 합격을 하여 1992년에 부산으로 올 수 있었다. 한국에 와서는 ㈜부일피혁에서 개평부 직원으로 일하게 된다. 그렇게 제2의 인생이 시작되었다.

그렇게 한국에 조금씩 정착하면서 살아가던 중 1999년 서울 친구들의 모임에 우연히 참석하게 되었다. 모임 장소는 구로구에 위치한 가리봉동이었는데, 그곳에 많은 조선족들이 자리 잡고 사는 모습을 보고 무척 놀랐다. 마치 차이나타운과도 같은 번화한 풍경을 보면서 나도 모르게 갑자기 자신감이 생겼다. "고기도 큰물에서 노는 놈이 크다."라는 속담처럼 성공을 위해서는 큰 무대에 서야 한다는 생각이 들었다. 그래서 그날 저녁에 바로 부산에서 서울로 이사를 하였고 얼마 후에 사업을 시작하였다.

하지만 도전정신을 가지고 시작한 소매업은 처음엔 하루 매출이 고작 5~10만 원밖에 되지 않아 무척 힘들었다. 하루하루가 고달

팠다. 하지만 좌절하지 않고 곧바로 도매업으로 바꾸어 영업을 시작하였고 대표적인 상품을 개발하여 승부를 걸었다. 자신만의 상품이 있어야 성공할 수 있겠다는 생각이 강하게 들었기 때문이다.

일단 자양강장제를 챙겨서 한 집씩 직접 찾아가는 영업을 시작했다. 가끔은 방울토마토와 붕어빵을 사서 일하는 직원들에게 하나씩 나눠드리며 상품을 적극적으로 알렸다. 하지만 여전히 냉대를 받는 경우도 많아서 많이 울기도 했다. 그럼에도 끝까지 포기하지 않고 불철주야 노력한 결과, 6개월 만에 억대 매출로 성장하면서 사업이 어느 정도 자리를 잡게 되었다.

변화

그렇게 힘든 고비를 넘기니 인생이 조금 편해지나 싶었지만, 2005년에 아버지께서 별세하셨다는 소식을 들었다. 너무나 갑작스러운 이별이었다. 비록 오랫동안 고향을 떠나 있었음에도 불구하고 생각이 많이 나지 않는 아버지였지만, 막상 병환으로 돌아가셨다는 말을 들으니 이상하게 마음이 아팠다. 이래서 피는 물보다 진한가 보다. 아버지와의 이별은 새로운 삶을 살게 하는 변화의 계기를 마련해주었다.

그러던 중 우연히 복지회관의 직원에게 여행에 대한 문의를 받으면서 노인복지회관이란 곳을 알게 되었다. 떠나가신 아버지의 빈자리가 너무나 컸기 때문에 그곳에 계시는 노인분들만 봐도 가슴이 아려왔다. 이런 마음을 주체할 수가 없어 그날부터 바로 여러 차례 복지회관에 방문하면서 봉사활동을 하기 시작했다.

바로 이때쯤에 두 번째 사업을 시작하였는데, 그것이 바로 여행사였다. 첫 사업이 어느 정도 자리를 잡았던 시기에 아버지가 돌아가셨는데, 이것을 계기로 새로운 분야를 모색해보게 되었던 것이다. 일단 내가 중국에서 들어오기도 했고 평소 여행을 다니기를 좋아하는 성격이라서 과감하게 여행사업에 뛰어들기로 마음을 먹었다. 복지회관과의 인연이 닿은 것도 이렇게 시작했던 여행사를 통해서였다.

여행업계는 가을이 지나고 겨울에 들어서면 비수기가 된다. 그래서 자투리 시간을 활용해보고자 11월부터 LG화장품 방문판매 사업을 시작했는데, 2개월 만에 국장으로 승진하여 남부럽지 않은 수당을 받게 되었고, 나중엔 LG 대림점에서 강의를 하기도 했다.

그런데 바로 이때 라이온스 김성숙 회장님을 알게 된 것은 내 인생의 커다란 전환점이 되었다. 김성숙 회장님과의 인연을 통해 나는 국제 라이온스 354-D 지구 이홍주 총재님 특보로 임명되었는데, 라이온스 특보로 봉사활동을 하면서 대만의 총재님과 부총재님이 오셨을 때 통역을 하는 중요한 일을 수행하기도 했고 한편으로는 대학 공부도 하게 되었다. 서울에서 아산까지 차로 한 시간 반을 4년 동안 사업하면서 다닌다는 건 무척 어려운 일이었다. 그렇지만 수업을 빼먹지 않을 만큼 열심히 공부하여 2015년 2월에 졸업을 할 수 있었다.

지역 주민과 함께 공존하면서 중국 동포에 대한 사람들의 시선을 바꾸고자 그 외에도 다양한 활동을 시작했다. 2009년에는 축구단과 봉사단을 창단하였고 새마을 부녀회, 중소상공회, 국제라이온스협회 등에 가입하여 지역 주민과 함께하는 봉사활동을 꾸준히 하였다. 2014년에는 동포산악연맹, 동포여성위원회, 동포연합중앙회, 동포축제, 동포여성 CEO 포럼에 참가하면서 단체들과 교류하는 시간을 가지곤 했다.

또한 재한중국동포(CK) 여성위원회 회장을 맡으면서 중국 동포여성들을 올바른 방향으로 이끌어주고 지역사회의 이미지를 개선하는 활동에 매진하고 있다. 이 조직은 지속적인 봉사활동을 통해 동포 여성의 사회적 비중을 높이고 친목 도모와 교육, 복지, 건강, 창업 등의 상호 정보교류 및 공동체사업을 전개하고자 설립된 비영리 민간단체이다. 중국 동포 여성 100여 명과 한국인 기업인, 언론인, 변호사 등이 회원으로 함께 활동하고 있다. 문화적 소양을 갖춰 동포에 대한 이미지를 개선하고, 지역 주민과 함께 행복

한 세상 만들기에 동참하며, 세계 글로벌 행렬에도 당당히 참여할
수 있도록 당찬 포부를 갖자는 취지하에 설립하였다.

성공

바야흐로 여성의 힘이 느껴지는 시대다. 많은 여성들이 사회 각
부문에서 남성 못지않은 활약을 펼치며 자신의 능력을 유감없이
발휘하고 있다. 기업체와 공직 및 다양한 분야에서 핵심적인 역할
을 담당하며 능동적인 여성상을 구현하고 있는 것이다. 대한민국
건국 이래 최초 여성대통령이 선출된 사례가 바로 그 증거이지 않
을까?

나는 공공기관 명예기관장인 동시에 여행사 대표, 여성단체 대
표, 봉사단체 임원, 외국어학원 운영자 등 한류 전도사로 동분서
주하고 있다. 다방면에 걸쳐 적극적으로 사회활동을 펼치며 세상
을 변화시키는 여성으로서 꿈을 이루고 싶기 때문이다. 현재는 서
울 서남권글로벌센터의 명예센터장으로서 근무하면서 다문화가
정 외국인 여성, 외국인근로자 등 이주민과 기타 외국인들이 국내
에 어렵지 않게 정착할 수 있도록 물심양면으로 지원하는 공공기
관 업무를 담당하고 있다. 서울 영등포구 대림3동에 위치한 이 센
터는 영등포구, 금천구, 구로구, 동작구, 관악구 등에서 법률·노
무 상담과 의료서비스를 지원하고 각종 교육·문화 프로그램을 제
공한다.

그리고 k-pop 서울학원을 열어서 국내외에서 활동하는 가수 및 연기자로 성장할 수 있도록 보컬, 댄스, 연기 및 녹음, 녹화 등 다양한 엔터테인먼트 교육도 진행하고 있다. 학원 내 스튜디오에서 중국 동포들을 대상으로 하는 인터넷방송도 하고 있는데 매우 반응이 좋다.

중국 동포 여성으로서 어려운 생활도 해보고 힘든 위기도 겪었지만, 포기하지 않고 도전하면서 어려움 속에서도 숨어 있는 기회를 찾고자 노력한 결과, 현재는 나름대로 성공한 삶을 살고 있다. 물론 사람마다 성공의 기준은 다르겠지만 많은 사람들과 소통하면서 바쁘게 살아가는 지금의 시간을 통해 나만의 행복을 느낀다.

그동안 고위층 사람들을 상대하면서 나는 중국 동포들을 바라보는 시선이 일반 사람들을 바라보는 시선과 많이 다름을 느꼈다. 분명히 우리 역시 같은 한민족인데도 불구하고 이 나라에서 이방인으로 취급받는 현실이 안타까웠다. 일제강점기와 한국전쟁이라는 가슴 아픈 역사의 상처가 우리의 마음까지 분단시켜 놓은 비극인 것이다.

하지만 다행인 것은 동포 문학자들이 대한민국에 이름을 알리기 시작하면서 중국 동포에 대한 이미지가 점차 개선되고 있다는 사실이다. 이런 화합의 역사를 바라볼 때 한결 뿌듯한 마음이 든다. 특히 최근에 한·중 FTA가 체결되면서 중국 동포들의 역할이 더욱 중요해질 것이라고 생각한다.

그러나 여전히 다른 중국 동포들의 삶은 가난하고 힘들다. 한국의 식당이나 공장에서 일을 하면서 목표와 꿈은 뒤로 하고 고달픈 현실에서 벗어나지 못한 채 살아가고 있다. 하지만 중국 동포 역시 한민족의 뿌리에서 나온 존재들이다. 그들은 배척해야 할 이방인이 아닌 끌어안고 함께 가야 할 동반자인 것이다.

나는 한국 사람들이 인식을 바꾸어 과거의 비극적인 역사를 원망하지 않고 중국 동포들을 좀 더 따스한 시선으로 바라보면서 사랑하고 아껴주었으면 좋겠다. 그렇게 된다면 비극의 역사를 딛고 평화 통일을 이루어 대한민국이 동북아시아의 강대국으로 발돋움할 수 있지 않을까? 더 나아가 세계 속의 강국으로 자리매김할 수 있지도 않을까?

임 형 자

성신여자대학교 교육대학원 영어교육학 석사

이화여자대학교 이미지컨설턴트 자격과정 수료

이화여자대학교 리더십아카데미 수료

경기대학교 평생교육원 어린이 연극지도자과정 수료

KMC 김경호이미지메이킹센터 전임강사(교수/전문강사 과정 수료)

교육법인 한국이미지경영교육협회 이미지메이킹 전임강사

교육법인 글로벌평생교육원 이미지메이킹 강사

이미지메이킹 전문강사 1급(한국이미지경영교육협회)

동화 구연 및 스피치 지도강사(사단법인 색동어머니회)

어린이연극지도 전문강사

고려대 명강사 최고위과정 수료

인성지도사 1급 자격

명강사 명강의 1급 자격

당신은
인상이 참 좋으시네요

첫인상의 느낌

오늘날 우리들은 살면서 수많은 사람들과 만남을 갖게 된다. 그런데 그중에는 첫인상이 좋은 사람과 좋지 못한 사람을 만나기도 한다. 첫인상이 좋았던 사람이라면 오래오래 기억에 남을 것이다. 하지만 그렇게 좋지 않은 인상이었다면 첫인상에 대한 선명한 기억도 없고 심지어 회피하는 상대가 되었을지도 모른다. 상대에게 호감 가는 밝은 이미지를 남기고 싶다는 생각은 인생을 살아가는 모든 사람의 간절한 바람일 것이다. 우리는 모두 밝은 표정, 바른 시선, 올바른 자세, 정중한 인사로 상대에게 좋은 인상을 심어줄 수 있음을 알고 있다.

보통 누군가를 만나기 전에 상대방과의 만남이 어떻게 진행될지에 대해 상상하곤 한다. 그런데 상대와 처음으로 대면하고 난 이후부터 고작 5초 안에 첫인상이 결정되는데, 이것은 쉽게 변화시킬 수 없다고 한다. 5초 안에 심어져 버린 첫인상에는 사실 내 의사가 전혀 반영되어 있지 않다. 그것은 상대방의 일방적인 첫 느껌으로 타인의 외모나 행동을 통해서 이루어진 것이며 그렇게 쉽게 바뀌는 것이 아니다. 그래서 이렇게 첫인상이 잘못 심어진 경우, 그것을 바꾸기 위해 60번 이상의 노력을 해야 겨우 변화가 가능하다고 한다.

Mehrabin은 "인간이 평상시 의사소통을 할 때에는 55%의 시각 (복장과 외모 등)과 38%의 목소리(음색, 억양, 고저 등)와 신체 언어, 그리고 7%의 말하는 내용을 근거로 첫인상을 형성한다."라고 하였다. 이는 개인이 보여주는 첫인상이 대인관계를 발전시키는 데에 있어서 얼마나 중요한 것인가를 알 수 있다.

나 역시 20대 후반에 대학원을 졸업하고 처음 사회생활을 시작하면서 그다지 좋지 않은 인상으로 사람들에게 오해를 받은 적이 있다. 그 때문에 수많은 시간을 투자하여 첫인상을 바꿔서 좋은 인상을 심어 놓기 위해 노력해야만 했던 기억이 있다.

사실 그 당시엔 나와 만나는 상대에게 좋은 이미지로 각인될 수 있도록 꾸미는 것에 별로 익숙하지 않았다. 사람들을 만난 후에 나에 대해 사람들이 느꼈을 것에 대한 생각을 전혀 하지 않고 살았다고 하는 게 맞을 것이다. 모든 만남 가운데에서 내 마음이 이끄는 대로 눈에 보기 좋고 귀에 듣기 좋은 것들만을 좇으며 살았던 것이다.

그렇다 보니 누군가에게 어떠한 이미지로 각인되고 어떤 행동을 하여 그와의 관계를 지속할 수 있을지에 대해 생각하지 않았다. 지나치게 자기중심적으로 내 만족만을 추구하며 살다 보니 사람들에게 좋은 인상을 남기는 방법을 몰랐을뿐더러 아예 고려조차 하지 않았을 정도로 무관심했던 모습이었다.

시간이 많이 흐르고 현재 나는 모든 만남에 있어 첫인상이 가장 중요함을 깨달았다. 또한 누군가에게 잘못 심어진 첫인상을 좋은 모습으로 다시 바꾸려는 노력과 지혜를 터득한 상태이다. 사람과 관계를 형성하는 데 있어서 업무적인 만남이든 개인적인 만남에든 이제는 좀 더 첫인상에 신경을 많이 써야 할 필요성을 느낀다. 그리고 나서부터는 나 자신에게 초점을 맞추기보다 상대방에게 더 초점을 맞추는 것에 신경을 쓰면서 서로에게 도움이 되는 관계를 맺을 수 있게 되었다.

신뢰감을 형성하기 위해 노력하다

나는 대학과 대학원에서 영어교육학을 전공하였고 입시학원에서 영문법을 가르쳤다. 그런데 결혼 후, 육아의 세계에 뛰어들면서 자연스럽게 아동문학과 부모교육 및 스피치를 공부하며 강의 분야를 바꾸게 되었다. 그리고는 문화센터와 학교 등에서 동화 구연과 스피치 및 연극지도 강의를 시작하게 되었다.

새로운 분야의 강의를 시작하면서 사람들에게 나의 첫인상을 좋게 심어줄 수 있도록 많은 노력을 했다. 우선 보이는 외적인 요소부터 많이 신경을 썼다. 강사의 얼굴 표정, 옷차림, 자세, 태도, 말씨, 목소리 등을 만남이 이루어지는 장소와 만나고 있는 상대에 따라서 적절하게 비칠 수 있도록 심혈을 기울였다. 그리고 만나는 상대의 수준을 고려하여 어떻게 하면 소통이 잘될지에 대해 생각해보고 상대의 감정을 한 번 더 생각한다는 마음가짐을 갖고 강의를 진행했다.

또한 수강자들과의 관계 형성에서도 두고두고 기억될 만한 강의가 진행될 수 있도록 다양한 준비를 하여 강의를 진행하였다. 어느 날은 강의가 끝나고 나니

그곳의 관계자가 강의평가에 대한 이야기를 해주었는데 너무나 뿌듯한 순간이 있었다. "임형자 강사님은 강의평가가 참 좋게 나오시네요?", "다음 학기에는 새로운 강의 주제로 강좌를 하나 더 맡아 주시겠어요?"라고 말할 정도였으니 그간의 노력이 빛을 발했던 순간인 것이다. 그러한 제안에 나는 다음에도 성심껏 준비하여 강의를 하겠다고 기쁘게 대답을 했다. 이렇듯이 첫인상이란 미래를

좌우할 만큼 너무나 중요한 것이 아닐까?

사실 나는 결혼 전엔 타인이 생각하고 느꼈던 강사로서의 이미지에 대해서 별로 생각해본 적이 없었다. 그저 어떻게 하면 자신의 커리어를 향상시킬 수 있을지에 대한 생각만 하고 살았던 것으로 기억한다. 그러나 결혼을 하고 한 아이의 부모가 돼보고 나서야 비로소 나의 시야가 이전보다 넓어졌음을 느꼈다. 그저 주어진 강의에 충실하여 내가 가진 직분에 맞추어 최선을 다해 노력을 한 결과, 사람들이 느끼는 나에 대한 강의 만족도는 지속적으로 향상될 수 있었다.

만일 20대 후반의 젊은 시절에 행동했던 것과 마찬가지로 결혼 후에도 변함없이 그렇게 첫인상에 대해서 아무런 신경을 쓰지 않고 철저히 나 위주의 생각만으로 관계를 형성하고 만남을 지속했다면 어땠을까? 아마 신뢰감 형성에 크게 손해를 보면서 강의를 했을 것이기 때문에 이렇게 지속적으로 강의를 해달라는 의뢰는 받지 못했을 것이란 생각이 든다. 과거의 실수를 깨닫고 지혜를 터득한 덕분에 강사로서의 좋은 이미지를 심어주리라 다짐하며 강의를 진행하였고 분위기와 호응도를 높일 수 있도록 심혈을 기울여 많은 준비를 하게 되었던 것이다.

자신감을 갖고 강의하다

나는 시간이 지날수록 더욱더 강의를 준비하는 데 많은 노력을 기울였다. 그 덕분에 사람들에게서 신뢰를 받아 강의하는 장소 곳곳에서 좋은 평가를 얻을 수 있었다. 그러니 처음 강의를 했던 시절처럼 어쩔 줄 몰라 긴장했었던 모습과는 달리 이제는 자신감을 가지고 강의를 하는 모습으로 거듭날 수 있게 되었다. 이렇듯 꾸준히 자기관리를 하면서 좋은 이미지를 유지할 수 있는 사람은 늘 주변에 주목과 관심을 끄는 존재가 된다. 항상 준비하고 있는 자에게는 기회가 반드시 주어짐을 느낀다.

강의를 처음 시작했던 20대 후반에는 오로지 상대방에게 보이는 것에만 신경을 썼었다. 그저 주어진 일만 하면 된다고 생각한 나머지 사람들에게 이미지가 잘못 심어졌기에 참 많은 곤란과 설움을 당할 수밖에 없었다. 게다가 강의를 하면서 점점 거듭되는 실수로 인해 나 자신도 너무나 많이 위축되어 있었다. 강의를 진행하는 청중을 제대로 파악하지도 못한 채 나는 강사로서 그냥 지식만 전달하면 된다는 잘못된 생각을 했었으니 그런 결과가 나오는 것은 당연한 것이었다. 수강생과의 관계 형성을 어떻게 해야 하는지도 생각해보지 않은 채 그저 자존심을 내세우며 강의를 진행했을 뿐이었다. 자만심에 빠진 결과, 강의평가도 좋지 않게 나오고 관계자들에게도 경고를 듣기도 하였다.

그렇게 참담한 결과 때문에 실의에 빠진 나는 자책도 많이 하였다. 과연 무엇이 잘못되었는지에 대해서 나 자신을 스스로 객관적으로 평가하고 반성하는 시간도 가져보았다. 그 결과 나에게 크나큰 문제가 있었음을 깨닫게 되었다. 그동안 지니고 있었던 내 강

의의 문제는 누구나 할 법한 정도로 지극히 뻔하고 지루한 이론적
인 교수법을 전달하기만 한 것임을 알게 되었다.

　이때부터 다시 시작한다는 마음가짐으로 차근차근 강의를 새롭
게 준비하기 시작했다. 교수법의 새로운 방법을 찾기 위해 어린이
연극지도자 교육을 새로 받았다. 그리고 실전에서 연극인으로 활
동하게 되면서 마당놀이 연극을 시작으로 다양한 장르의 연극과
마당놀이 및 놀이지도 등을 공부하게 되어 극단활동과 강의를 병
행하기도 하였다. 또한 전국 각 지역과 해외동포 위문공연 등의
무대에 오르기도 하였다. 호주와 뉴질랜드에는 교포 위문공연으로
마당놀이 〈별주부전〉을 하기도 했다.
　해외공연 때문에 강의에 지장이 생기지 않도록 신경 써야 하는

마당에 이렇게 무리하며 새로운 교수법을 익혀야 할 필요가 있을까 하는 생각도 했었다. 하지만 그 모든 것을 소화해내며 이렇게 무대에서 활동했던 경험은 더욱 질 좋은 강의를 하는 데 도움이 되는 실전 경험을 쌓을 수 있게 해 주었다.

젊은 시절에는 강의에 어떤 문제점이 생겼다 느끼면 골방에 틀어박혀 혼자서만 머리를 싸매면서 방법을 찾았고 지인들과 선배들 그리고 관계자들과 의견을 주고받으면서 강의를 개선하고자 노력하지는 않았던 것 같다. 그러나 이젠 어떠한 문제와 직면하든 깊은 자기반성을 하고 주변의 충고를 받아들여 새로운 방법을 찾아야 함을 느낀다. 그렇게 강의를 향상시키고자 노력한 결과 지금은 수강자들을 편안하게 해주고 설득력 있게 내용을 전달하는 강의를 할 수 있는 다양한 교수법을 갖추게 되었다.

강사로서 연극활동을 하는 것은 결코 쉽지 않은 일이었다. 하지만 힘이 들 때마다 스스로에게 지금 하고 있는 연극이나 강의 준비과정들이 앞으로 진행해야 할 강의에 반드시 도움이 될 거라 생각하고 열심히 노력했다. 그 결과 나는 새로운 강의 기법을 개발할 수 있는 좋은 기회를 만들어 어린이 연극지도의 새로운 분야를 강의할 수 있었고, 열정적으로 연극활동을 하면서 터득한 다양한 기법들을 통해 실제 강의장에서 나타나는 돌발적인 상황에 대처할 능력을 갖출 수가 있었다. 돌아보면 나의 강의 분야는 이론만으로 강의를 진행하는 방식에는 분명히 한계가 있었다. 그래서 실전을 겸비한 경험 사례와 현장감 있는 내용들을 많은 예화로 들 수록 유용해질 수 있었던 것이다.

열정과 친근감 있는 강사 이야기

그동안 나는 수많은 시행착오를 겪으면서 현재 친근감과 열정 넘치는 강사로서 좋은 평가를 받고 있다. 사람은 삶의 모습과 생각, 그리고 세월의 흐름에 따라 서서히 변하듯이 강사 자신의 이미지 또한 하루아침에 만들어지는 것이 아니다. 처음 강의를 진행할 때만 해도 나 역시 어설프게 진행하면서 실수도 많이 하던 풋내기 강사에 불과했다.

하지만 혼자의 힘만으로는 성장하고 행복해질 수 없다. 사회생활에서의 첫인상은 내가 좋게 심어 놓으려고 열심히 노력한다고 해서 저절로 만들어지는 것이 아니다. 꾸준히 자기관리를 하면서 자신의 이미지를 항상 좋게 유지할 줄 아는 강사만이 사람들에게 좋은 이미지를 심어줄 수 있다고 생각한다.

자신을 변화시키는 것은 결코 쉬운 일이 아니다. 부단한 노력과 성실성을 발휘하여 강사로서 좋은 인상과 이미지를 남기기 위해 최선을 다해야 한다. 그런 지속적인 자기관리의 결과, 이제 나는 주어진 강의 조건과 수강생에 맞추어 상황과 환경을 고려하는 맞춤강의를 진행할 수 있게 되었다. 내가 생각하고 꿈꾸는 강의는 강사 혼자 말하고 전달하는 일방적인 강의가 아니다. 강사는 충분히 수강자들과 함께 공감하고 참여할 수 있는 강의를 만들어야 한

다고 생각한다. 수강자의 마음을 다독여 주며 깨달음과 지혜를 얻게 하여 지속적으로 강의를 듣고 싶다는 생각이 들게끔 강의를 진행해야 한다.

강사 본인도 소명의식을 갖고 강의 도중에 하는 한 마디의 말에도 진정성 있는 말을 해야 하고, 내용도 쉽고 친근감 있게 다가갈 수 있는 강의가 될 수 있도록 지속적으로 노력해야 된다고 생각한다. 모든 사람에게서 호응을 이끌어내는 모습은 하루아침에 만들어지지 않는다. 부단한 노력으로 신뢰감을 얻고 자신감 넘치는 열정적인 모습에서 호감 가는 좋은 인상으로 대중들에게 어필될 수 있는 것이다. 그렇게 나는 내 한 몸을 바쳐 영향력을 끼치는 강사로서 살고 싶다.

전 화 남

현대그룹 대기업 근무(29년)

한일 장신대학교 신학/사회복지학 전공

한일 장신대학교 신학대학원 졸업(석사과정)

전주대학교 대체의학대학원 박사과정 재학 중

전북대학교 평생교육원 고려수지침 수료

서울대한요법 카이로 프랙틱 수료(98기)

전국민간의술협회 초대 발기인

자연치유 교육연수원장

현성바이탈 균형생식환 지사장

고려대 명강사 최고위과정 수료

인성지도사 1급 자격

명강사 명강의 1급 자격

배움에 대한 열정
그리고 끝없는 도전과 용기

뒤돌아보는 나의 삶

뒤돌아보는 나의 삶은 시작부터 지금까지 모두가 한발 아니면 몇 발씩 늦게 시작된 삶이다. 먼저 시골이라 해도 초등학교를 늦어도 8살이면 들어가야 했는데 9살이 되어서야 입학을 하게 되었고 21살에 입영 영장을 받고도 28세가 되던 해에 군에 입대하였다. 직장 또한 31세가 되어서야 입사를 하게 되었다. 회사에 입사하여 29년 근무하고 정년퇴직하여 60세가 되던 해에 만학도로 대학교에 입학하였으니 이 또한 늦어도 너무나 늦은 나이에 대학교에 입학하게 된, 그야말로 부끄러운 삶으로 시작부터 지금까지 어느 것 하나 늦지 않은 것이 없는 지각 인생이었고 지금 또한 그렇게 살아가고 있다.

그러나 돌이켜보면 매사가 늦은 나이에 시작하는 "삶"이였지만 삶 자체는 끝없는 도전과 용기의 삶이였고 배우려는 욕망과 열정은 나를 한시도 쉼이 없는 세월이 되게 하였다. 또한 농사짓는 농부이기도 하니 더욱 쉼이 없는 삶이라 할 수 있다. 이렇듯 동분서

주하고 살아온 삶을 뒤돌아보면서 세삼 깨닫게 되는 마음은 지금까지 살아오면서 나는 무엇을 하며 살아왔는가? 하는 회의감이다. 어느덧 내 나이 70. 하루 해의 그림자가 길게 드리워져 있으면 그것은 저녁노을이 멀지 않았다는 신호이기도 하듯이, 인생여정의 그림자 또한 길게 늘어져 있다면 하루 지는 해의 그림자와 무엇이 다를까? 자기 그림자가 길게 드리워져 있다면, 지는 해와 같이 본향으로 돌아가야 할 여정이 멀지 않다는 것을 알려주는 신호가 아니겠는가? 이러한 생각에 젖을 때면 교회에서나 지인들이 하는 말처럼 늙어가면서 왜 그렇게 아등바등 배우려만 하느냐고 비아냥 섞인 농담 반으로 묻기도 하지만, 나는 그냥 좋아서 한다는 대답으로 응수한다. 그러나 나에게는 죽기 전에 꼭 이룩해야 할 나만의 버킷리스트가 있다는 걸 그들이 어찌 알 수 있겠는가?

하나님의 오묘한 섭리

"사람이 마음으로 자기의 길을 계획할지라도 그 걸음을 인도하시는 이는 여호와이시니라."(잠16장 9절)

사람은 누구나 세대별 시대적 자기만의 꿈이 있을 것이다. 나 역시 어려서 또한 성장 중에 꿈이 있었다. 그것은 정치인이 되는 꿈이었다. 당시는 무법시대의 자유당시절. 정치 깡패들이었던 그들, 그들이 어떤 사람들이었던가를 아무것도 몰랐던 나에게는 이정재, 유지광, 임하수 등 그들이 내 마음속에 동경의 인물들이었다. 그들의 일거수일투족이 그렇게 멋지고 부러울 수가 없었으며 나도 저렇게 멋지게 되어야지, 아무것도 모르고 맹목적으로 동경하는 대상들이었던 것이다. 그러나 그 같은 허상의 꿈은 우리 가정의 6 남매와 어머니 할머니의 기둥이셨던 아버지가 56세의 젊은 나이에 돌아가시면서부터 물거품이 되고 말았다. 그런데도 정치인이 되어야겠다는 꿈은 사라지지 않고 날마다의 번민과 방황의 시기가 되었으며 필경 나를 서울로 가출하게 만들었다. 당시 유행어는 '말은 나면 제주도로 남자는 서울로'이었기에 나 또한 그 유행어에 함몰되어 버렸던 시절이 아니었나? 돌이켜 보며 하나님께 감사드린다. 왜일까? 머리를 깎은 후에 가출, 서울역을 배회하는데 무섭게 생긴 청년 두 사람이 야 너 이리 와봐, 하기에 갔더니 너 어디서 왔어? 당시는 부안이 고향이었기에 부안이라 하였더니 뭐 하러 왔어, 누구 친척집에 온 거야? 아니요 그럼, 하기에 자초지종을 대충 이야기하였더니 어쭈! 하면서 둘이서 저만치 가더니 이야기하는 소리가 들리는데 야 저 새끼 저것 어떻게 할까? 하는 소리가 들리는 것 아닌가. 그러면서 묻는 말이 너 별이 몇 개야? 하는 거였다. 당시 별이라는 말이 무슨 말인지 까마득 몰랐던 나에게 한 청년이 하는 말, 이 새끼 한강물에 집어던지기 전에 빨리 너희 집구석으로 돌아가 알았어? 소리를 지르는 것이 아닌가.

그들의 무서운 소리를 듣고 집으로 돌아오게 되었던, 오직 하나님과 나만이 아는 내 지난날의 어두운 그림자 같은 한 토막의 여정이다. 그 당시가 어떤 시대였던가? 무법천지의 시대가 아니었던가? 모든 삶 속에서 오직 힘의 논리가 우선했던 시절. 누가 억울하게 죽어나가도, 두들겨 맞아도 힘 앞에, 권력 앞에 무력했던 그야 말로 인권도 윤리도 도덕도 사각지대였던 시대가 아니었던가. 지난날을 회상해 보면서 어느 구덩인가로 빠져버렸을 나를 오늘 여기까지, 지금까지 지켜주신 하나님의 은혜에 다시 감사 또 감사드린다.

이것만이 아니다. 회사 생활 29년. 정년을 앞두고 회사를 나간다면 무엇을 하나? 하나같이 모이면 함께 걱정하고 의논하던 시기에 나는 공인중개사가 되어야겠다는 생각을 마음속에 굳히고 학원에 등록을 하였다. 그리고 정말 열심히 공부하였다. 시험을 앞두고 얼마나 열심이었는가 하면 대상포진이라는 병까지 걸렸으니. 당시를 생각하면 얼마나 무지한 행동이었는가를 지금도 천정을 쳐다보며, 책꽂이에 책들을 쳐다보며 회한에 잠겨보기도 한다. 왜일까? 그토록 어렵게 공부를 하고 내일이면 시험을 보는 날인데 어쩐 일일까. 오른 손가락들을 움직일 수 없는 상태가 아닌가? 그것은 상당히 오래전 회사에서 떨어진 인근 하청 회사에 안전교육을 마치고 오토바이를 타고 돌아오다가 그만 앞에서 달려오는 승용차와 정면충돌하면서 발생한 사고로 목과 어깨를 심하게 다친 사고였다. 당시 나의 직분은 안전팀장이라는 직분이었기에 누구한테도 말할 수 없는 피치 못할 입장이라 나 혼자 다 감수해야만 했던 불가피한 상황이었다.

팀원들에게 매일 아침 조회 시마다 자기 자신부터 먼저 안전 관리 잘하라고 강조하고 현장 전 직원들을 교육하는 입장에 있는 나였는데, 내 자신이 목을 다치고 어깨를 다쳐 입원을 하고 누구한테 알린다는 것은 당시의 입장에서는 상상도 할 수 없었다. 그 사고가 있은 후로 목과 어깨가 심하게 아파 견디기 힘들 정도로 통증에 시달렸지만 중책을 맡은 책임자 입장에서 또한 별 보고 출근하고 별 보고 퇴근했던 당시의 회사 상황에서는 아무리 아픔이 심하다 해도 참고 견딜 수밖에 없었던 상황이었다. 하지만 시험 날짜에 손가락 하나도 움직일 수 없는 상태에서 시험도 포기하고 서울 중앙병원에서 MRI 사진 진단 촬영 결과 목 경추 2번이 크게 금(골절)이 가 있으며 어깨 인대 5개가 다 절단된 상태였다. 그리고 두 번의 기일을 일정으로 목 수술, 어깨 수술을 받았다.

이렇듯 나의 인생 여정에서 내 뜻대로 되는 것은 아무것도 없었다. 그리고 정년을 한 후 대학공부를 하기 위해 전북대학 경영학과에 목표를 두고 학원에서 수능준비를 시작하는데 새벽 기도 시간에 떠오르는 것은 전북대학이 아니라 산기슭에 위치한 전혀 낯선 한일장신신학대학이었다. 본교는 여느 학교와 다르게 학교 입구에 가게 하나 없는 조용한 학교다. 이렇게 하여 본교를 입학하게 됨도 내 뜻이 아닌 하나님의 섭리임을 확실하게 믿게 되었다.

희망의 메신저가 되다

누군가에게 단 한 사람이라도 나라는 사람이 타인에게 희망의 대상이 된다면 그것은 보람된 일이 아닐까. 내 나이 60이 되어 부끄러운 마음으로 어떻게 학교에 들어가나, 수없이 망설이다가 용기를 내어 교무실에 발을 들여놓았다. 당시 직원이 하는 말, 어떻게 오셨습니까. 대답하기를 나 같이 나이 많은 사람도 학교 다닐 수 있습니까? 하였더니 의자를 내밀며 앉으세요, 하고 그럼요, 대환영입니다, 하였다. 저희 학교는 만학도들이 많은 학교입니다, 하는 게 아닌가. 우선 마음에 위안을 받게 되었고 그날부로 등록을 하였다. 그리고 신입생 오리엔테이션이 있던 날. 공교롭게도

교수들이 앉는 자리에 멋모르고 앉게 되었는데 내 뒤에 앉았던 어떤 대학원생이 처음 보는 교수님 같은데 언제 오셨습니까? 하는 것 아닌가. 그 말을 듣고 얼굴이 홍당무가 되어 어쩔 줄을 모르고 있다가 간신히 이번에 등록한 신입생이라 했더니 아 그러십니까, 그 자리는 교수들이 앉는 자리인데 그곳에 앉아계셔서 혹 새로 오신 교수님 아닌가하여 물어봤습니다, 하였다. 그리고는 학교에 잘 오셨습니다, 환영하고 축하드립니다, 하는 덕담을 듣고 나서야 움츠러들었던 마음도 한결 가벼워짐을 느꼈던 시간이었다. 오리엔테이션이 끝나고 배당된 교실로 들어가는데 뒤에서 따라오는 나이 지긋해 보이는 여성 신입생 두 분이 묻는 말. 선생님 이번에 새로 입학하셨습니까? 네 그렇습니다만 했더니 어머, 저희들 선생님 뵙고 희망을 가졌습니다, 열심히 배워야 하겠습니다, 선생님 대단하십니다, 하는 게 아닌가. 왜요, 사실은 저희들도 나이가 많거든요, 어떻게 학교에 입학하나 망설이다가 왔는데 선생님 보고 용기를 얻었습니다, 말하였다. 나는 부끄럽기도 했지만 당시 떠오르는 생각은 그래 나 같은 사람도 누구에게인가 희망을 주는 메신저가 될 수 있겠구나, 하는 생각을 하게 되었다. 그것은 열정적으로 학교를 다니고 언제나 일찍 와서 맨 앞좌석에 앉아 대학 4년에서 대학원 3년까지 한 학교에서 7년, 수업 시간에 열심히 경청하고 배우는 것을 보면 늘 귀감이 된다는 말들을 많은 학생들로부터 들었기 때문이다. 지금 재학 중인 대학원에서도 많이 듣고 있는 말들이다.

나의 버킷리스트

나는 죽기 전에 몇 가지 꼭 이루어야 할 소망이 있다. 즉 책상 앞에, 화장실에, 거실에 적어서 붙여놓은 나의 '꿈' 버킷리스트다.

첫째는 신앙인의 한 사람으로 또한 신학대학원을 졸업한 신학도로 생이 다하는 그날까지 복음전파와 전도의 사명이다. 이 사명을 수행하는 일은 내 삶 속에 가장 우선하는 삶이요, 소망이다.

둘째는 지금 운영하고 있는 자연치유 교육원을 크게 확장하여 건강이 화두요, 질병과 질환이 이슈가 되고 있는 이 시대에 내가 알고 있는 건강 상식, 질병, 질환에 대한 의학상식을 무료교육으로 봉사와 더불어 복음전파도 함께 하고자 하는 소망이다.

셋째는 책도 쓰는 저자, 그리고 명강사가 되어 본교 신학대학원을 졸업하고 전국 각지 교회에서 시무하고 있는 동문, 선후배 목사님들의 교회 성도님들에게 건강 상식, 질병 질환에 대하여 교육해 드리는 소망이다.

넷째는 유명 강사가 되어 TV에도 나가고 전국 어느 곳에서나 내가 알고 있는 모든 건강상식들, 질병, 질환에 대한 지식들을 알려주는 메신저가 되는 소망이다.

이 같은 나의 소망은 필연적으로 이루어지리라고 확신하며 또한 부단한 노력과 믿음으로 날마다 기도하고 있다. 사실 이번 고려대 명강사 과정 2기생으로 배우는 과정만 해도 많이 피곤한 편이다. 아침 06시에 고속버스를 타고 11시까지 영등포에 있는 회사에서 조회 마친 후 오후 7시에서 본 강의 마치고 집에 도착하면 03시경. 하지만 나의 식을 줄 모르는 열정은 조금의 피로쯤이야, 이다. 그것은 훌륭하신 교수님, 강사님들, 각기 다른 달란트로 지역에서 전국에서 폭넓게 활동하시는 1기 선배님들, 2기 동기 기수님들과의 인연이 내 생애에 어쩌면 가장 소중하고 아름다운 인연들이 될 것이라는 확신과 믿음이 있기에, 생각만 하여도 하루의 생활이 즐거움과 희열이다.

그것은 참으로 감사와 은혜요 축복이다. 나는 날마다 감사하며 살아가는 사람이다. 왜일까? 첫째는 인간에게 질병이 만 가지나 된다 하였는데 지금까지 건강으로 지켜주시고 오랜 세월동안 안전으로 지켜주셨으니 이 또한 눈물 나도록 감사할 일이 아닌가? 그래서 나는 날마다 잠자리에서 눈을 뜨게 되면 오늘도 새 삶, 새날 주심에 감사합니다, 이다.

또한 감사의 마음과 함께 변함없이 상기되는 명언이 있으니 그것은 누구나 잘 알고 있는 톨스토이의 유명한 명언이다.

1. 누구나 죽는다.
2. 순서가 없다.
3. 아무것도 가져가지 못 한다.
4. 대체할 수 없다.
5. 경험할 수도 없다.

6. 이 세상 죽음만큼 확실한 것은 없다.

그러나 많은 사람들은 겨우살이 준비는 철저히 하면서도 자기 죽음에 대하여는 준비하지 않는다. 톨스토이의 유명한 이 명언은 지는 해 같은 나에게는 죽음에 대하여 조금씩이나마 준비하는 자로 살아가게 하는 이정표 같은 명언이다.

나의 삶, 그리고 아름다운 마무리

독일의 역사가이며, 철학자요 문명사학자인 슈펭글러는 문명은 발생, 성장, 노쇠, 사멸하는 유기체라고 주장하였다. 즉 발생기-성장기-성숙-쇠퇴기로 보았으며 일 년의 계절이 봄-여름-가을-겨울 순환하듯 유아기-청년기-장년기-노년기를 거쳐 마침내 하나님 품으로 돌아간다고 하였다. 이 세상 모든 생명 있는 것들이 다 그러하다. 늙어 간다는 것은 참으로 슬픈 일이다. 왜일까? 그것은 죽음의 길에 한걸음, 한걸음 가까이 가는 길이기 때문이다. 그러나 이 슬픔을 비켜가야 할 사람은 이 세상 어디에도 없다. 그렇기에 늙는다는 것을 있는 그대로 받아들이고 살아가야 하는 것이 숙명적 운명이것만 그래도 슬픈 것은 슬픈 것이거늘, 어찌하랴. 늙어서 시작하는 것은 모든 것이 비정상적이고 부정적이며 별로 희망이 없는데도 말이다. 배운다는 것 하나만도 그렇다. 젊어서 열심히 배우노라면 언제인가는 나 자신은 물론이고 누군가를 위하여 쓰임 받는 역할을 하게 될지도 모르지만 늙어서 배운다는 것은 아무 의미도 없을 뿐더러 이타적 효과도 없기 때문이다. 그런데도 배우고 싶은 욕망이 버려지지 않아 배운답시고 발버둥 치는 나 자신을 보면서 때로는 곱게 늙어가면서 때가 되면 한자루 촛불 다 타듯 조용히 그렇게 가면 될 것을. 왜 사서 이 발버둥을 치는지, 고목나무의 몸부림이라고나 할까. 더 시들어 말라버리기 전에 새싹 한 잎이라도 틔워야지, 한 잎의 꽃이라도 피워야지 그러기 위해 물도 주고 거름도 주고 보토도 해주고 밤낮 가리지 않고 몸부림쳐 보는 고목나무. 몸도 마음도 어느 한 곳 피곤하지 않는 곳이 없건마는 나의 간절한 소망, 사명을 감당하기 위해서는 이까짓 피로쯤이야 하는 마음으로 오늘도 어제와 다름없이 지극정성 나 자신을 가꾸어 가고 있다.

또한 생이 다하는 그날까지 배우려 한다. 그리고 내 생의 마무리를 축복으로 맞이하려 한다. 모세 나이 120세 되어 하나님의 부르심을 받았을 때 눈 어둡지 않고 귀 어둡지 않고 정신 또렷하여 횡설수설 치매끼 없이 한 자루 촛불 다 타듯 그렇게 부르심 받고 축복의 죽음을 맞이하였듯이 나 또한 그렇게 인생 마무리를 할 수 있다면, 더불어 축복받는 죽음이 되리라. 탐심, 욕심, 사심 하나 없는 삶으로 나의 '꿈'버킷리스트가 다 이루어지게 해 주시라고 간절히 기도하며 그렇게 꼭 이루어지리라. 나는 믿고 확신하면서 자신감과 희망으로 가득 차 있다.

차 영 덕

현 동국제강(주) 자문역

전 동국제강그룹 연수원장, 그룹감사담당이사

전 동국제강그룹 경영기획팀장, 인사팀장

가천대학교 2년 연속 우수강의상(경영전략)

경영학박사

고려대 명강사 최고위과정 2기 회장

고려대 명강사 최고위과정 수료

인성지도사 1급 자격

명강사 명강의 1급 자격

삶의 진로를
          고민하는 그대에게

소중한 인생에는 전략이 필요하다

대기업에서 이사를 지내고 연수원장을 역임하는 등 그래도 나는 사회적으로는 성공적인 삶을 살아온 것 같다. 이 생각엔 직장생활 가운데 주경야독하여 경영학박사학위도 취득하였고 야간대학에 출강한 이력도 한몫한다. 학생들과 호흡하며 2회 연속 경영전략 우수강의상을 수상하기도 하였다.

지나온 삶을 돌아보면 순간순간에 나를 있게 해준 절대자와 사회, 그리고 인연을 맺었던 모든 사람들에게 감사하지 않을 수 없다. 그 감사를 이제 보은의 삶, 봉사의 삶으로 돌리려 한다.

물론 내면적으로는 나의 인생에도 부족함, 실패 그리고 아픔도 많다. 그러나 그런 것 없는 인생이 어디에 존재하겠는가? 그러기에 더욱 현실적인 이야기를 할 수 있을 것이다. 인생의 중반에 선 오늘, 과거를 돌아보면서 다채로운 조직생활 경험, 지속하여온 학습과 자기개발 경험, 그리고 대학 강의 경험을 녹여 진로를 모색하면서 고뇌하는 젊은이들과 직장인에게 한번 쯤 생각해 볼 이야기들을 풀어보고자 한다.

누구나에게 하루는 더도 덜도 아닌 24시간만 주어진다. 심리적·신체적 에너지, 물질적·경제적 자원이 무한정으로 있는 것이 아니다. 이처럼 유한한 인생 그러기에 더욱 소중한 인생에서 조물주의 모상으로 창조된 인간이기에 더욱 존엄하고 행복한 삶을 살아야 한다.

유한한 자원을 가진 인간이 성공하고 행복하여 존귀한 존재가되기 위한 계획과 준비가 바로 전략이다. 인류의 가장 오래된 전략서로서 불후의 명저로 꼽히는 것이 손무(BC. 544~496)의 손자병법이다. 손자병법은 전략을 "삶과 죽음의 문제"이며 "어떠한 경우도 소홀히 해서는 안 된다."고 하였다. 이는 곧 전략은 생사의 문제라고 할 정도로 삶의 질을 결정하며 행불행을 좌우하게 된다는 의미이다.

어떤 사람은 행복한데, 어떤 사람은 불행하다. 어떤 가게는 잘되고 어떤 가게는 문을 닫으며 어떤 기업은 승승장구하는데 어떤 기업은 생존에 급급하다. 그 차이는 바로 '전략'에 있다.

전략 없는 삶은 불행한 삶이며 불행을 불러오는 삶이다. 급변하는 현대인의 생활 속에서 야근, 스트레스에 찌들어 있는 삶이 아닌 성공과 행복으로 존귀한 삶을 살아 나가려면 바로 자신이 가진 한정된 시간과 자원을 효과적으로 사용하는 삶, 바로 전략적인 삶을 살아야 한다.

전략 있는 삶에는 3가지가 필요하다

첫째, "강약위기원"으로 자신을 냉철히 파악하라

전략적 삶을 위하여는 먼저 자신을 냉철히 파악하는 것이 무엇보다 중요하다. 미국 오하이오주 드레스덴시에는 바구니모양의 특이한 사옥을 가진 회사 롱거버거사Longaberger Company가 자리 잡고 있다. 수제 대바구니를 팔아서 약 1조 원의 매출을 올리는 회사인데 창업주의 스토리가 감동을 준다.

창업주 데이비드 롱거버그는 지독한 말더듬이에 난독증, 간질까지 앓고 있었다. 그는 고등학교 시절 성공할 확률이 가장 낮은 친구로 놀림을 받았고 학습지진아였기에 고등학교 졸업에 자그마치 7년이나 걸렸다. 그러나 그는 특유의 열정과 성실함, 자신이 가진

무형의 자원이자 강점을 바탕으로 사업을 일구었다. 플라스틱 바구니가 판을 치던 시장에서 부모님의 생업이던 손으로 짠 바구니가 소비자들의 향수를 자극하여 잘 팔리는 날이 올 것이라고 예측하였고 이를 필생의 사업으로 선택하기로 결정하였다. 그리고 그는 마침내 큰 성공을 이루었다. 그는 자신의 장애와 부족함을 탓하지 않고 자신이 가진 강점에 집중하고 기회요인을 발견하여 강점과 기회요인을 결합하여 큰 사업을 성장시켰던 것이다.

롱거버거의 성공스토리는 자신을 잘 파악하여 전략적 삶으로 연결시킨 성공스토리이다. 그런데 어떻게 하면 전략적 삶을 위한 전제조건인 자기 자신을 잘 파악할 수 있을까? 이를 위하여 나는 경영전략의 이론에서 나 자신이 발전시킨 "강약위기원" 모형을 제시한다. 자신을 파악하는 다섯 가지 요인의 첫 글자에서 따온 모형의 이름이다. 자신의 원함(희망하는 것)을 중심에 나열해 놓고 자신의 강점들과 약점들, 자신을 둘러싼 환경의 위협요인들과 기회요인들을 정리하여 이 중 중요하고 의미 있는 요소들을 각각 매치시키면 자신의 최적의 전략이 도출된다는 것이다. 자신의 원함(희망하는 것)을 중심에 두었다는 점에 특징이 있으며 아래 그림과 같다.

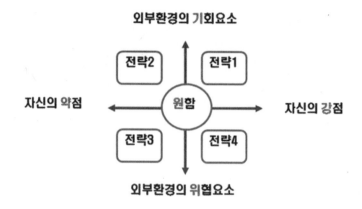

"강약위기원" 모형은 결국 전략에 관한 3가지 질문에 대한 대답을 제시해주며 삶의 전략을 도출해준다. 그 3가지 질문은 첫째, "나(우리 회사)는 무엇을 진정으로 원하는가?", 둘째, "나(우리 회사)는 무엇을 할 수 있는가?", 셋째, "나(우리 회사)는 무엇을 해야 하는가?"이다.

먼저 "나는 무엇을 진정으로 원하는가?"이다. 자신만의 전략이 존재하기 위해서는 먼저 내면에서 진정으로 원하는 것(원함)이 무엇인지 내면의 소리에 귀 기울여 보아야 한다. 나이 오십, 육십에도 내가 무엇을 좋아하고, 하고 싶어 하는지를 잘 모르는 사람이 적지 않다. 오늘의 대한민국을 있게 하였으나 책임만을 보고 앞만 보고 달려온 기성세대의 어두운 그림자에 다름 아닐 것이다. 내가 진정으로 원하는 것 즉 나의 에너지, 나의 모든 것을 기쁘게 쏟아 부을 수 있는 것이 무엇인지를 발견하는 것이 중요하다.

다음의 질문은 "나는 무엇을 할 수 있는가?"이다. 이는 기업의 경우 전략을 수립할 때 내부 환경을 분석하는 것처럼 자신의 강·약점을 냉철히 파악하고 정리해보는 것에 다름 아니다. 나는 어떤 강점, 장점, 특기를 가지고 있는가? 혹은 나는 어떤 문제점, 약점을 안고 있는가? 이러한 질문들에 스스로 답하게 된다면 자신이 할 수 있는 일의 범위를 좁힐 수 있고 그 영역을 종합하여 정리해 볼 수 있을 것이다.

그중 중요하고 의미가 큰 항목을 중심으로 내가 잘할 수 있는 것이 무엇인지를 도출해 내야 한다. 내가 잘할 수 있는 것은 당장은 아니더라도 후에, 또한 내가 가장 좋아하여 삶의 질을 높일 수 있는 즉, 가장 희망하는 일이 될 수도 있다. 롱거버거는 부모의 생업이었으며 자신이 부모를 도와 경험하였던 자신이 잘 할 수 있는 수제 바구니 사업에 승부를 걸었고 그 일에 즐겁게 몰입하여 크게 성공할 수 있었다.

마지막 질문은 "나는 무엇을 해야 하는가?"이다. 이는 자신의 현재 위치, 나아가 단체 내에서 자신이 전진할 수 있는 목표설정에 기여하는 질문이다. 또한 이는 기업의 경영전략에서 기회요인, 위협요인과 같은 외부환경을 분석하는 것과 같다고 할 수 있다.

나를 둘러싸고 있는 외부 환경상 어떤 기회적 요인이 있고 반면에 어떤 위협적인 요인이 있는지를 분석, 정리하고 그 바탕 위에서 자신이 해야만 하는 일이 무엇인지를 결정해야 한다. 롱거버거 사례에서 우리는 보았다. 플라스틱 제품이 주류를 이루던 미국 사회에서 수제 바구니에 대한 소비자의 향수에서 기회요인을 발견한 것이 그것이다.

나의 젊은 시절 "전문경영인으로서 사회발전에 기여한다."는 꿈은 나 자신의 강점과 기회요인을 결합한 것에서 출발한 것이다. 그리고 그 꿈이 있었기에 부족함이 많음에도 수많은 난관과 역경을 이겨내며 대기업에서 기업의 별이라는 임원이 될 수 있었다고 생각한다.

둘째, 가슴 뛰는 비전을 품어라

"강약위기원" 모형을 통하여 자신을 철저히 파악하여 정리하면 자신의 삶의 전략이 도출된다. 이를 통하여 먼저 자신이 세상에 존재하는 진정한 이유, 곧 사명을 발견하여야 한다. 사명을 실현해 나가는 과정의 5년 후, 10년 후 미래상이 곧 비전이다.

비전이 있는 사람과 없는 사람, 비전이 있어도 단기적이고 막연한가, 장기적이며 구체적인가는 중요한 차이를 나타낸다. 목표가 명확하고 장기적인 3%의 사람은 사회 각계 최고 인사, 목표가 있으나 단기적인 10%의 사람은 사회 중상위층, 목표가 희미한 60%

의 사람은 사회의 중하위층, 목표가 없었던 27%의 사람은 실직을 반복하며 사회를 원망하는 사람들이 되는 비율이 매우 높았다는 유명한 하바드대학의 연구가 있다. 비전을 구체화하고 시각화하는 것은 자기동기부여의 원동력이 된다. 사명과 비전이 확실한 사람은 잠자리에서도 새벽이 기다려진다. 가슴 뛰는 사명과 비전을 가진 사람은 이미 인생의 절반 이상을 성공한 사람이다.

전 세계에 수천만부가 팔린 베스트셀러『죽음의 수용소에서』란 책의 저자인 정신의학자 빅터 프랭클은 유태인으로 2차 대전 중 유태인 수용소에 수용되어 여러 차례 죽음의 위기를 맞았으나 번번이 그 위기를 벗어날 수 있었다. 그는 그 이유를 자신이 아내를 만나야 하고 "로고테라피"라는 정신치료법을 완성한다는 사명과 비전을 가진 데서 찾는다.

기업경영에서도 글로벌 기업 IBM은 한때 "기업이 아니라 환경"이라고 불릴 정도로 막강한 위치에 있었으나 창업자가 제정한 기업의 사명과 비전이 조직 내에서 쇠퇴하면서 급기야 1990년대에는 한 해 적자가 160억 달러에 이를 정도여서 "재기불능의 코끼리"가 되었다. 그러나 새로운 CEO 루 거스너가 기업의 사명과 비전을 강화하고 전략을 재조정하여 오늘의 IBM으로 다시 우뚝 서게 한 유명한 사례가 있다.

나의 이메일 주소는 prodcha@으로 시작된다. 여기에는 나의 비전이 담겨져 있다. "일에서 최고의 프로pro이며 박사급doctor 이론적 토대를 확실히 갖춘 차영덕cha"의 합성어가 prodcha인 것이다. 그 후 너무나도 숨 가쁘게 흘러가는 대기업 직장 생활 속에서도 나는 주경야독의 노력으로 박사과정을 마치고 박사가 되었으며 일도 프로답게 하였기에 임원이 될 수 있었다. 한 번 설정한 비전은 이렇게 큰 힘을 발휘한다. 나는 회사에서 임원이 된 후 임원생활을 하면서 "강의를 통하여 사람들의 성장과 행복을 돕겠다."는 새로운 비전을 세우게 되었다. 그 비전을 세운 얼마 후 나는 신비하기까지 한 경로를 거쳐 그룹 연수원장으로 근무하게 되었다. 사람이 생각하는 대로 에너지가 흐른다는 말이 있으며 비전은 곧 생각하는 바의 결정판이어서 그렇게 되었다고 생각된다. 나는 연수원장으로 근무하면서 많은 수강과 학습의 기회를 가졌다. 또한 강단에 자주 설 수 있는 기회를 가졌고 강의에 대하여 좋은 평판을 얻게 되었다. 나는 이제 더 큰 사명과 비전을 가지게 되었다. "명강사로 가슴 뛰는 인생을 돕는다." "코칭으로 문제해결과 성장을 돕는다." "컨설턴트로 전략과 성과를 돕는다."는 것이 그것이다. 이 세 가지는 별개의 것이 아니고 서로 맞물려 있는 하나이다. 이 세 가지를 통하여 나는 나의 이웃의 성공과 행복을 돕고 대한민국의 발전에 기여하고 싶다. 이것이 나의 더 큰 새로운 사명과 비전의 요체이며 반드시 이루어질 것으로 믿는다. 진정에서 우러나오는 간절한 사명과 비전, 곧 가슴 뛰는 사명과 비전은 이루어지기 위하여 존재하는 것이기 때문이다.

셋째, 옳은 실행전략으로 성공의 크기를 키워라

2014년 소치동계올림픽에서 그렇게 어렵다는 올림픽 2연패의 위업을 달성한 선수가 있었으니 그는 바로 이상화 선수다. 이 선수는 자신만의 전략을 가지고 꾸준히 실행하여 성공한 전형적인 사례였다. 2010년 동계올림픽에서 금메달을 딴 뒤 이 선수는 자만심을 가장 경계하였고 현재에 안주하면 결국 더 이상 승리를 기대할 수 없음을 냉철히 인식하였다. 그리하여 이 선수는 새로운 전략적 방향을 선택했다.

그는 광고, 방송 출연 등 연습에 방해되는 활동을 최대한 자제하였고 1,000미터의 비중을 줄이고 500미터에 집중하였다. 이것이 바로 그가 고심해서 내놓은 전략적 방향이었다. 결과적으로 그는 옳은 실행전략을 수립한 것이었다. 지방량과 체중을 5킬로그

램 이상 줄이고 스케이팅에 필요한 허벅지 근육을 강화하였다. 그리하여 그는 허벅지 둘레가 마른 여성의 허리 사이즈인 23인치가 될 정도로 옳은 실행을 하였던 것이다. 이러한 극한의 노력과 자신의 길에 대한 올곧은 신념을 통하여 그는 자신에게 맞는 옳은 실행전략을 실천한 결과 그 어렵다는 올림픽 2연패 위업을 달성할 수 있었다. 부수적으로는 개인적으로도 많은 포상금과 엄청난 광

고수익의 과실을 누리기도 하였다.

이상화 선수 사례에서 우리는 많은 것을 배울 수 있다. 그중 가장 우리가 눈여겨봐야 할 것은 바로 옳은 실행전략이 200% 성공을 보장한다는 것이다. 나는 개인적으로 유도의 최민호 선수와 함께 옳은 실행전략의 전형으로 이상화 선수를 꼽는다. 그들은 본인에게 가장 중요한 것이 무엇인지 알며 지금 당장 무엇을 실행해야 하는지를 우리에게 몸소 보여주기 때문이다. 이처럼 이런 영웅들이 선수생활 이후에도 계속 승승장구하여 성공의 귀감이 되는 삶의 증인이 되어 주었으면 하는 바람을 가져본다.

성공과 행복은 자신을 아는 것에서 출발한다

성공과 행복은 멀리 있는 것도 아니고 특별한 왕도가 있는 것도 아니다. 어쩌면 소크라테스의 명언 "너 자신을 알라"에 답이 있다. 곧 나 자신을 아는 것에서 출발한다는 것이다.

전략 있는 행복한 삶을 위하여는 먼저 자신을 냉철히 알아야 하고 이를 위해서 "강약위기원" 모형에 의해 나 자신을 파악하고 분석 정리해야 한다. 그리고 자신만의 사명과 비전을 수립하고 옳은 실행전략으로 성공의 크기를 최대화시켜야 한다. 곧 자신의 보유자원, 역량을 활용한 실행 전략을 꾸준히 실행해 나가야 한다. 무엇보다 잘못된 전략적 방향으로 하지 않아야 될 일은 하지 않아야 하고 해야 할 일에 자원과 시간을 집중하는 삶이 행복한 삶으로 나아가는 것은 틀림없는 진실이다.

바른 전략으로 목표에 집중하면 보다 가치 있는 삶이 되고 행복한 삶의 여유는 생겨난다. 성과 없이는 행복한 삶이 지속될 수 없다. 또한 전략 없이 성과는 창출되지 않는다. 이처럼 자신의 삶을 궁극적으로 설계할 수 있는 전략 있는 삶을 통하여 더 많은 사람들이 행복된 삶을 누리는 진로를 꿈꾸고 실천해 나가기를 바란다.

황 선 만

웃음치료사

現 한국창의융복합연구소 대표

前 고위공무원(3급)

한국강사협회회원

KBS 아침마당(생방송 60분) 출연

KBS 강연100℃ 출연

KBS 여유만만 출연

KBS 가족의품격 풀하우스 출연

SBS 라디오스타 출연

저서) 『나에게 주는 표창장』 외 10권

포상) 대한민국홍조근정훈장

고려대 명강사 최고위과정 수료

인성지도사 1급 자격

명강사 명강의 1급 자격

소통, 혁신, 성공

통·통·통 소통법

우리 사회는 엄청난 속도로 SNS가 발달하고 있지만 계층 간, 세대 간 상하 간, 가족 간, 남녀 간 등의 소통이 잘 안 되고 있다. 집, 학교, 버스, 지하철 등 같은 공간에 함께 있어도 각자 스마트폰만 들여다보고 있는 경우가 많다.

과거에 우리를 괴롭게 했던 경제적인 문제를 해결하여 지금은 세계적인 경제대국으로 성장한 대한민국이 되었기에 어느 정도 물질적으로 풍요로운 세상이 되었지만, 정작 이 시대를 살아가는 현대인들은 빈곤함을 느끼고 있다. 사람들 간의 소통의 부재가 드러나 마음의 가난함으로 이어지고 있는 것이다. 그래서 소통을 잘하려면 어떻게 하면 될까를 고심하면서 해결책을 찾아보다가 개발한 '통·통·통 소통법'을 아래와 같이 제시하고자 한다.

첫째, 말로 통하자는 것이다. 말로 통하려면 긍정적인 언어를 써야 한다. 다른 사람을 깎아내리는 말보다는 존중해주고 높여주는 말을 쓴다면 상대방도 마음을 열고 진정으로 소통하려 할 것이다.

특히 그 자리에 없는 사람에 대하여 험담을 하지 말아야 한다. 발 없는 말이 천 리 가는 법이다. 오히려 그 자리에 없는 사람을 칭찬 하는 말을 했을 때 나중에 상대방이 전해 듣는다면 그 사람하고는 아주 기분 좋게 소통하려 할 것이다.

둘째, 마음으로 통하자는 것이다. 마음을 통하게 하려면 역지사 지의 마음으로 상대방의 입장을 배려해야 한다. 자동차왕 헨리 포 드는 "다른 사람의 입장에서 생각할 수 있는 능력을 가진 자는 크 게 성공할 수 있다."라고 말했다. 이런 마인드로 소통한다면 상대 방도 마음을 활짝 열고 소통하려고 할 것이다.

상대의 마음을 사로잡는 비결은 바로 그 사람이 관심 있는 문제 에 대하여 이야기하는 것이다. 이렇게 상대방을 설득시키는 방법 을 터득하여 자신의 일상생활에 적용시키면, 자기의 모든 업무를 성공적으로 수행해 나가는 데 큰 도움이 될 것이다.

사람의 성공이나 행복은 주변에서 만들어진다는 것을 잊지 말

자. 알프레드 아들러는 "동료들에게 관심이 없는 사람은 자신은 물론 다른 사람에게도 해를 끼치는 사람이다. 인간의 모든 실패가 바로 이런 유형의 인간에서 비롯된다."라고 하였다. 인간은 혼자서 살 수 없다. 서로 도움을 주고 도움을 받지 않고는 살아갈 수 없다.

셋째, 열정으로 통하자는 것이다. 모두들 힘들다고 할 때, 고무풍선 바람 빠지는 이야기를 하는 대신에 바람을 넣어주고 격려해 주면서 서로 열정을 주고받아 행복한 성공을 상생하자는 것이다. 이 분야에 대해 책을 집필하고, 강의를 하고 있다. 강의를 통해 누구나 알고 있지만 실천하지 않고 있는 '통·통·통 소통법'을 적극적으로 알려 우리 사회 구성원들이 소통을 바탕으로 좀 더 활발하고 생산적인 삶을 살아가도록 변화를 이끌 것이다.

미국의 저명한 자기관리 철학자 노만 필 박사는 "성공하는 가장 확실한 방법은 당신의 삶을 오늘 하루에 집중시키는 것이다. 인생이란 긴 여정도 하루하루가 쌓여서 만들어진다. 큰 성공은 하루아침에 이루어지지 않는다."라고 말했다. 시간을 정말 소중하게 생각하면서 열정적으로 일을 해야 한다. 그리고 그 열정을 주변에 있는 사람들과 함께 나누고 소통하는 것이 성공의 첫 번째 열쇠이다.

창·창·창 혁신법

요즘 우리 사회의 화두는 창의, 창조, 혁신이다. 박근혜 정부가 들어서서 국가적으로도 창조경제를 경제정책의 키워드로 하고 있음을 알 수 있다. 거기에 착안해 내가 주창하는 것이 바로 '창· 창·창 혁신법'이다. 이 말들의 의미를 살펴보면 다음과 같다.

첫째, 창의적으로 사색하자는 이야기이다. 요즘 젊은 친구들을 보면 검색은 능한데 사색은 부족한 것 같다. 21세기를 살고 있는 우리들은 창의적인 사고가 필요하다. 창조적 능력은 누구나 갖고 있다. 생각의 각도를 조금만 틀면 직장과 사업 현장에서나 또는 자신의 생활 속에서 필요한 독창적인 아이디어를 낳을 수 있다. 관찰력과 기민함만 첨가되면 된다.

철학자 칼 융은 "자신의 지적 능력을 사용하는 사람이란 생각하는 사람을 의미한다."라고 했다. 즉, 지적 능력을 곧 생각의 능력으로 본 것이다. 지금보다 더 나은 또 다른 것을 창조하고 싶다면 목표점을 향해 놓인 현상들을 끊임없이 추적하고 캐내는 탐구의 태도를 가져야 한다. 무슨 일이든지 좀 더 개선할 점이나 좀 더 효율적인 방법은 없을까 하면서 생각에 생각을 거듭하면 좋은 아이디어가 떠오른다. 지적 능력이란 바로 생각하는 능력이다.

둘째, 마음의 창을 열고 토론하자는 이야기이다. 혁신의 출발은 열린 토론문화에서 시작된다. 소통은 인간의 본능이다. 사람이 참을 수 없는 것은 3가지가 있다고 한다. 그것은 바로 재채기, 사랑, 소통이다.

삼성SDI는 오래전에 '소니를 앞서자'는 목표를 세운 지 1년 만에 적자 경영에서 100억 원 흑자 경영으로 돌아섰다. 이건희 회장이 황창규(당시 삼성기술총괄사장)에게 "양은 우리가 제일인데, 기술은 소니가 최고다. 어떻게 따라가겠나?"라고 물었을 때 그는 "소니의 방식이 아닌 독창적인 혁신기술이 필요한데, 새로운 기술을 개발하기 위해서는 기술자의 생각부터 바꿔야 합니다."라고 답변했다. 그래서 실천한 것이 바로 '수요공정회의'였다.

매주 수요일 오후 모든 기술자들이 한자리에 모여 기술이슈에 대해 토론을 하였는데, 그 자리에서는 직급과 경력에 구애받지 않고 누구든 자신의 생각을 발표할 수 있었다. 지금까지 무려 1,100회가 넘는 수요공정회의가 이루어졌다고 한다.

황창규 사장은 "모든 기술을 공유하면 저절로 업그레이드가 이뤄진다."라며 "마음의 창을 열고 토론하는 것이 중요하다."라고 했다. 세종대왕도 집현전 학자들과 국가경영시스템에 대한 혁신을 위해 밤낮없이 토론(경연)하였다. 이런 토론을 통해 국가 전체의 지식 수준이 올라갔고, 우수인재를 발탁하여 기술융복합 시너지효과를 창출하였다.

　셋째, 창공을 나는 상품을 만들자는 것이다. 요즘 같은 지구촌시대에는 무슨 상품이든지 창공을 날아가 세계시장에서 통용되어야 한다. 이렇게 하려면 자기 자신만의 독특함을 찾아 개발해야 한다. 『영혼을 위한 닭고기 수프』의 저자인 알렌 코헨은 "내 것이 아니면 모두 버려라."라고 하면서 "자신이 진정으로 성공을 거둘 수 있는 길은 다른 사람을 흉내 내기보다는 자기 자신이 되는 것이다. 자신이 되는 것은 각자 타고난 독특한 재능을 개발하는 것이다. 자신에게 어울리지 않는 꿈은 과감하게 버려라."라고 말하였다.

　21세기는 브랜드의 가치가 더욱 중요시될 것이며, 이 브랜드 가치를 높이려면 좀 더 앞선 독창성이 요구된다. 미래 산업혁명의 설계자로서 소프트웨어의 제왕이 된 빌 게이츠는 "마이크로소프트 사의 재산은 종업원들의 상상력 즉 아이디어이다."라고 하였다.

　『The One Thing』의 저자인 게리 켈러·제이 파파산은 "복잡한 세상을 이기는 단순한 힘 한 가지에 집중하라. 내가 큰 성공을 거뒀을 때에는 단 하나의 일에만 모든 정신을 집중했다. 탁월한 성공을 거둔 사람들은 단 하나를 향한 강렬한 열정 또는 단 하나의 특별한 기술을 지니고 있다. 그리고 바로 그것이 그들을 더 큰 성공으로 이끌었다."라고 말하였다. 성공하고 싶다면 창공을 날아갈 수 있는 자기만의 녹창적인 상품을 만들어 나가야 한다.

상·상·상 성공법

평소 '상·상·상 성공법'을 주장했던 나는 이를 소재로 KBS 교양 프로그램인 〈강연100℃〉에 출연한 바 있다. '상·상·상 성공법'을 요약 설명하면 다음과 같다.

첫째, 자신에게 상을 주자는 것이다. 성공의 첫걸음은 바로 자존감을 갖는 것이다. 하지만 요즘에는 자존감이 부족하여 실패와 좌절 후에 절망하는 사람들이 많다. 나는 방황할 때도 손에서 책을 놓지 않았다. 많은 책을 읽고 깨달았다. 내가 사업이 실패한 것이지 인생 자체가 실패한 것은 아니라고 생각했던 것이다. 그래서 나 자신을 격려해주기 위하여 내가 나에게 표창장을 주었다.

그렇게 스스로 자존감을 회복하고 '인생에는 실패가 있을 수 있다. 그러나 실패한 곳에서 주저앉는 것은 위험하다. 딛고 일어서면 더 큰 성공을 이룰 수 있는 밑거름이 된다.'라고 생각하면서 재기를 하였다.

지난 일은 과감하게 잊어야 한다. 어제 실패한 경험은 스스로의 마음을 쓰리게 하고, 왜소하게 만들기 쉽다. 혹시 지금 실패한 자리에서 절망하고 있다면 자신의 장점을 찾아서 자신에게 상을 주어 격려하면서 다시 한 번 일어서보자고 권하고 싶다.

둘째, 상상하자, 성공한 모습을. 사람의 뇌는 상상과 현실을 구분하지 못한다. 우리가 정보를 받아들일 때 의심 없이 믿게 되면 뇌는 상상과 현실을 구분하기 어렵다. 중요한 것은 상상에서 비롯된 것이라 할지라도 뇌는 그 차이를 인지하지 못하고 반응하기 때문에 현실에서도 많은 변화를 일으킬 수 있다는 점이다.

자기의 꿈이 이루어진 모습 속에 빠져들어 가서 그 감정을 느껴보는 그 자체의 즐거움만도 매우 크다. 사람의 상상력은 무한하다. 제주도조차 못 가 본 사람이라 할지라도 세계 유명관광지를 사랑하는 사람과 함께 여행하는 그림을 상상할 수 있다.

원하는 것을 적극적으로 꿈꾸고 상상해보자. 머릿속으로 꿈을 이룬 모습을 상상하면서 그렇게 될 것을 믿고 성과가 현실로 나타날 때까지 끊임없이 도전하자. 꿈과 상상은 잠자고 있는 90퍼센트의 뇌를 개발할 수 있는 유일한 도구라고 하지 않았던가!

꿈이 이루어진 모습 속에 빠져들어 가서 그 감정을 느껴보자. 그리고 이미 성취되었다고 상상하고 설레면서 좋아하면서 살다 보면 상상한 그 모습 그대로 현실로 나타날 것이다.

셋째, 상황을 만들어가자, 오늘 여기에서. 여러 경험을 통하여

자기에게 주어진 일을 성실하게 처리하는 것이 얼마나 중요한 것인가를 다시 한 번 뼈저리게 깨달았다. 내일의 영광을 차지하려고 하는 사람은 많지만 그 영광을 위한 고난을 감수하기를 피하려 하는 마음이 현대인에게서 자주 나타난다.

오늘의 작은 어려움이나 일에 있어 힘들 때 "나는 장래에 높은 위치에 있을 위인인데 이런 잡다한 일이나 힘든 일을 꼭 처리해야만 되나?"라고 한탄하면서 '세월이 가면 더 좋은 자리에 갈 수 있을 테지…….' 하고 자기에게 닥치는 현실의 문제를 가볍게 여겨 방치하거나 내일로 미루는 경우를 종종 볼 수 있다.

그러나 우리가 냉엄하게 인식해야 하는 사실은 어떤 사람도 '내일'이라는 날을 '오늘'로 앞당겨 살 수는 없다는 것이다. 사람이 살고 있는 시간은 언제나 '오늘'이라는 사실이다. 내일이라는 시간이 있다고 생각하고 '오늘'을 가벼이 보는 사람에겐 결코 어떠한 일도 할 수 있는 시간이 주어지지 않는다. 그런 생각의 소유자들은 아무것도 이룰 수 없다.

사람의 정신적인 피로는 일을 많이 처리하여 생기는 것이 아니라 미결 서류가 많이 있을 때 생긴다고 한다. 아직 결정되지 않은 일이 산더미같이 쌓여 있을 때 우리는 쉽게 피로감을 느껴 지치게 되는 것이다.

미래의 성공을 위해 오늘을 성실하게 사는 것은 상상하는 것 못지않게 중요한 일이다. 우리가 그토록 의식했던 미래라는 시간도 언젠가는 현재로 다가온다. 그렇기 때문에 오늘을 보람차게 살아가는 것이 너무나도 중요한 것이다. 그렇게 다가올 미래를 고대하며 지금 몸담고 있는 주어진 현재의 시간을 최선을 다해 살아간다면 훗날 또한 열심히 살아가고 있는 자신의 모습을 발견할 수 있을 것이다.

고려대학교

2장

긍정

김 도 운

충남대 문학사

한남대 언론정보학 석사

충남대 교육학 박사과정

국가인권위원회 인권강사

금강일보 정치부장/경제부장/편집부국장

충청투데이 사회부장/지방부장

대전대/한남대/한서대/대덕대 외래교수

국립청소년수련원/대전·충남공무원교육원/대전·충남교육연수
원/대전·충남경찰학교 등 공공기관 다수 출강(언론대처법 및 글
쓰기 관련)

『오재잡기』『음성고추, 서산마늘』 등 수필집 4권 저술

「짱이 엄마」 「슬픈 눈」 「마지막 미소」 등 다수 단편소설 발표

고려대 명강사 최고위과정 2기 홍보위원장

고려대 명강사 최고위과정 수료

명강사 명강의 1급 자격

우연한 기회를
필연으로 반전시킨 홍보달인 강사

우연히 시작된 강의

2002년 석사학위를 받던 해 평소 자별하게 지내던 한남대학교 이 모 교수는 큰 선물이라도 안기듯 곧바로 내게 3학점 정규 대학 강의를 배정해주었다. 현직 신문기자 신분이던 나는 당시 스포츠 분야를 담당했고 이 모 교수는 체육학과 교수였다. 이 모 교수는 「스포츠 커뮤니케이션」이란 강좌를 개설해 내게 기회를 주었다. 스포츠와 언론 양 분야를 이해하고 있는 나를 위해 설강한 과목이었다. 꿈에도 그리던 대학 강의를 맡은 나는 정말 열심히 학생들을 지도했다. 어떻게 하면 보다 전달력 있게 이론과 메시지를 전할까 고민했고, 학생들에게 깊은 애정도 베풀었다.

내가 쓴 글이 윤전기라는 기계를 통해 삽시간에 수만 부 발행돼 각지로 뿌려지고 이것이 여론이 되는 과정을 지켜보면서 글쓰기의 매력에 푹 빠져 젊은 시절을 보냈다. 대형 언론사에 비해 영세하기 짝이 없는 근무환경이었고 곤궁하기 짝이 없는 급료를 받으며 생활했지만, 내 기쁨은 컸고 더불어 일에 대한 만족도 컸다. 그런데 글쓰기만이 세상 최고의 기쁨이라고 생각하며 살던 내가 학생

들 앞에서 강의를 해보니 말하기가 주는 기쁨 또한 그에 못지않다
는 사실을 느끼게 됐다. 내 말을 경청하는 사람들의 눈빛을 즐길
줄 알게 된 것이다. 그 기쁨을 맛보기 위해 대덕대학교에도 출강
을 하게 됐다. 「인간관계론」, 「직업과 직업윤리」, 「셀프리더십」 등
의 과목을 통해 4년간 많은 학생들을 지도했다.

그러던 중 2010년 봄, 경찰간부후보생 출신으로 대전지방경찰
청에서 중간간부로 재직 중인 친구가 경찰학교에서 경찰관들에게
'글쓰기'를 주제로 특강을 해달라는 요청을 받게 됐다. 나는 한 치
의 주저함도 없이 그의 요청을 수락했고, 통보받은 시간에 자료를
준비해 경찰학교를 찾아갔다. 경찰학교에 도착하자 교육 담당부
서장은 강의를 수락해줘서 고맙다는 인사를 하고는 강의와 강의실
등의 상황을 비롯해 내가 알아야 할 부분에 대해 간단한 설명을 해
주었다. 그리고는 다소 미안하다는 표정을 지어보이며 "어제 야근

을 하고 온 직원들이 많아서 수업 분위기는 그다지 좋지 않을 것입니다. 이해해주세요."라고 양해를 구했다.

이미 경찰관들을 상대로 강의를 했던 경험이 있는 분들에게도 "경찰관이나 교도관 등을 상대로 강의하는 것이 참으로 어렵다."라는 말을 익히 들었다. 무표정하고 무반응으로 일관할 뿐 아니라 분위기도 산만한 편이라고 말이다. 단단히 각오를 하고 강의실에 들어갔다. 수강생들은 역시나 눈동자가 풀려있었고 여러모로 무기력해 보였다. 그들을 향해 인사를 한 후 곧바로 "피곤하신 분들은 엎드린 채로 강의를 들으셔도 괜찮습니다. 편히 엎드려 귀만 열어주시면 됩니다. 그도 싫으시면 그냥 주무셔도 됩니다."라고 말했다. 그리고는 글쓰기를 잘하기 위한 기본자세와 평소 습관 등에 대해 강의를 시작했다. 학교에서의 강의 경력이 있는 터라 노련하게 내 페이스대로 강의를 이끌 수 있었다.

10~20분이 흘렀을 무렵부터 수강하던 경찰관들의 자세가 바를 정자를 쓰기 시작했다. 그러면서 수업의 몰입도가 높아졌고, 전 수강생이 경청하며 수업 분위기가 최상으로 변했다. 수업에 몰입하는 시선들을 느끼자 소름이 돋을 정도였다. '이거다!' 싶은 생각이 들자 내 강의는 춤을 추기 시작했다. 목소리는 더욱 커졌고, 발음은 더욱 명쾌해졌다. 수강생들의 눈동자가 더욱 강렬해지고 집중도가 높아졌다. 여유를 찾은 나는 특유의 유머를 날리기 시작했고, 그 또한 스펀지처럼 빨려 들어갔다.

강의를 마치고 집으로 돌아와 잠자리에 들 때까지 흥분이 가라

앉지 않았다. 내면의 카타르시스를 한껏 경험하고 나니 사우나에서 땀을 뺀 것처럼 개운하고 몸이 가벼워졌다. 수강생들로부터 좋은 강의평가가 나왔을 것이란 확신이 섰다. 어렵다는 경찰관을 상대로 한 강의에서 압승을 거두고 왔음을 확신했다. 며칠 후, 예상했던 대로 경찰학교로부터 강의를 한 번 더 해줄 수 있느냐는 요청이 들어왔다. 수강생들의 반응이 너무 좋았다는 평가도 해주었다. 그렇게 성인을 상대로 한 나의 강의는 이렇게 첫발을 내디뎠다.

이날의 경험은 내 인생을 바꾸는 계기가 됐다. 종전까지 대학생들을 상대로 한 강의를 학기 단위로 진행했지만 성인을 대상으로 한 강의는 이날이 처음이었다. 학생 강의에서는 느껴보지 못한 짜릿함을 맛본 나는 점점 더 성인 강의에 빠져들었다. 이날 이후로는 공공기관 위주로 '글쓰기', '언론홍보', '보도자료 작성법', '언론의 이해' 등을 주제로 한 강의에 나설 기회를 많이 갖게 됐다. 현직에 몸담고 있는 탓에 강의도 병행했지만 부지불식간에 강의 횟수는 늘었고, 입소문은 빠르게 퍼져나갔다.

국어교사들에게 글쓰기를 가르치며 얻은 영감(靈感)

기관 강의를 시작하고 나서는 전문 강사는 아니지만 '강의를 하는 사람'이란 이미지가 각인되고 있었다. 지인들을 통해 강의가 들어오는 일이 더 많이 생겨났다. 대강당에서 족히 수백 명은 될 교사들을 한데 모아놓고 대형 현수막을 등 뒤 까마득히 높은 곳에 붙여놓았다. 이런 환경 가운데에서 홍보·언론 강의를 진행하는 일도 경험할 수 있었다. 이들은 대전지역 초중고 일선학교의 홍보업무를 담당하는 교사들이었다. 가르치는 일을 업으로 하는 교사들을 모아놓고 내가 이들을 가르친다고 생각하니 자존감이 높아지는 느낌이었다. 나의 전문 분야에서 내가 인정받고 있다는 행복감에 젖어들었다.

이후로도 교사들과의 인연은 계속되었다. 교감·교장 자격연수 대상자나 1급 정교사가 되기 위해 방학 기간에 연수를 받는 교사들을 대상으로 수십 명을 모아 놓고 강의를 할 기회가 간헐적으로 주어졌다. 가장 뿌듯했던 기억은 국어교사들을 대상으로 한 글쓰기 교육이었다. 국어를 전공한 것도 아니고, 교편을 잡고 있는 것도 아닌 내가 국어교사들 앞에서 글쓰기 교육을 하고 있자니 감개가 무량했다. 그러나 국어교사들을 향해 해주고 싶은 말은 너무도 많았기에 그들을 향해 학교에서 이루어지고 있는 글쓰기 교육의 허점을 지적해줬다.

강의를 하기 한 달 전, '바르게살기충청남도협의회'의 부탁을 받고 초중고생 편지쓰기대회 심사를 맡은 일화를 소개하며 강의를 시작했다. 교사들을 향해 "수백 통의 편지를 읽어보았지만 단락 바꾸기와 들여쓰기를 해서 문장을 작성한 학생이 단 한 명도 없었다. 수백 명의 편지를 읽어봤지만 마치 한 사람이 쓴 것 같이 모두 형식과 내용이 대동소이했다. 문어체와 구어체를 구별조차 하지 못하는 아이들이 부지기수이다."라고 말하면서 심사를 하며 느낀 바를 신랄하게 지적했다. 대부분의 교사들은 고개를 끄덕이며 수긍했다. 문제 풀기에 치중하는 국어교육의 현실을 토해내듯 시원하게 뿜어대고 오니 속이 후련했다.

나는 국어는 아니지만 문학을 전공했고, 기자생활을 통해 수도 없이 많은 글을 써봤다는 점에서 그들을 압도할 수 있었다. 더구나 이미 수필집을 저술해 발표하기도 했고 소설가로도 등단해 활동하고 있다는 사실을 그들에게 소개한 상황이어서 대체로 나를 인정하는 분위기였다. 실제로 기자들은 제한된 시간에 글을 빨리 작성하는 데 있어 다른 어떤 직업보다 숙달돼 있다. 많이 쓰고, 빨리 쓰고, 핵심을 발췌해 전달하는 능력을 갖추도록 훈련됐으니 기자들의 글 쓰는 실력은 다른 직업보다 탁월할 수밖에 없다.

이날 강의를 마치고 나서 새로운 감정을 경험했다. 성인을 대상으로 한 강의는 사회를 바꾸고 일반화돼 있는 통념을 바꿀 수 있는 일이라는 확신을 갖게 됐다. 틀에 박힌 생각을 하고 반복되는 일상을 살아가며 변화의 기회를 갖지 못하는 직업군이나 사회의 다변화하는 가치를 접하거나 수용할 수 있는 기회를 갖지 못하는 이들에게 전기충격과 같은 효과를 줄 수 있다는 생각을 갖게 됐다. 매너리즘에 빠져있는 이들에게 신선한 충격을 안겨주어야 한다고 생각했다. 그것이 모아지면 사회가 변화하고 혁신을 이룰 수 있다는 확신을 갖게 됐다.

그러면서 내가 그 일을 할 수 있다는 자신감을 갖게 됐다. 20년 간 취재하고 보도하는 일만 업으로 삼았던 내가 사회를 위해 할 수 있는 또 다른 일이 있다는 사실을 자각하고 어둠 속에서 한줄기 빛을 발견하는 느낌을 받았다. 우연히 시작한 강의지만 내게 필연적 운명의 시작점이 될 수 있다는 확신을 갖기 시작했다. 강의에 대한 관심이 더욱 커져갔고, 스마트폰을 통해 틈만 나면 명강사들의 강의 진행을 시청하는 버릇이 생겼다. 그들의 강의를 보며 자연스럽게 강의 분야의 안목을 키워나갔다. 내 몸에 강사의 피가 흐르고 있다는 자의적 해석도 서슴지 않았다.

책 발행하는 기자, 강의하는 기자

2008년, 서울에서 대전으로 본사를 이전한 코레일 출입기자로 등록됐다. 코레일을 드나들며 많은 사람들을 사귀게 되었고, 철도와 기차에 대한 관심은 커져갔다. 이 인연을 활용해 뭔가 내 족적을 남길 만한 가치 있는 일을 해보고 싶다는 생각을 갖게 됐다. 하루는 코레일 홍보팀을 방문해 담당 임원과 독대하는 자리에서 충청권의 역을 탐방해 역과 역 주변의 이야기를 담아내는 연재물을 쓰고 싶다고 제안했다. 그는 흔쾌히 내 제안을 받아줬다. 취재를 하는 데 필요한 편의를 제공해줌은 물론 취재비용도 지원해주겠다는 약속을 받아냈다.

그래서 6개월 동안 충청권의 크고 작은 역들을 탐방할 기회를 가졌다. 크고 작은 역을 직접 방문해 역무원들과 이야기를 나누고, 역 주변에 거주하면서 그것을 기반으로 생계를 이어가는 사람들을 만나 그들의 이야기를 엮어냈다. 매주 한 차례씩 한 지면 전체를 할애받아 「충청의 철도, 충청의 역」이란 제목으로 기획물을 연재했다. 약속한 6개월간의 기획취재가 끝나자 자연스럽게 책 한 권 분량의 원고가 생겨났다. 그리고 코레일의 제작 지원을 받아 이것을 책으로 발간하게 됐다. 그 책이 나의 첫 번째 저서인 『충청의 역』이다.

코레일과의 작업을 통해 책을 얻은 기쁨을 이어가고자 이듬해 한국농어촌공사 본사를 방문해 충청권 곳곳에 산재한 크고 작은 저수지를 탐방하고 저수지와 저수지 주변의 이야기를 엮은 기획연재물을 만들고 싶다고 제안했다. 이 제안은 받아들여졌고 그 후 1년간의 탐방이 이어졌다. 이것이 나의 두 번째 저서 『충청의 생명수를 찾아서』가 탄생하게 된 배경이다. 이어 2009년에는 대전-당진, 공주-서천 고속도로가 동시 개통됨에 따른 지역별 기대효과와 지역의 문화와 관광지, 특산물을 소개하는 책자 『충청을 하나로路』를 몇몇 기자들과 더불어 공동 편찬했다. 이렇듯 몇 권의 책을 만들고 생겨난 자신감을 바탕으로 2010년 수필집 『오재잡기梧齋雜記』를 세상에 내놨다. 그리고 2015년 네 번째 저술 『음성고추, 서산마늘』을 출간했다.

 책이 출간될 때마다 각종 매체에 소개된 내 이름 앞에는 '책 쓰는 기자'라는 수식어가 붙었다. 그러면서 덩달아 '강의하는 기자'라는 수식어도 따라붙었다. 이 두 가지가 합쳐져 충청권에서는 '책 쓰고 강의하는 기자'로 이름이 알려지기 시작했다. 2013년부터 서각에 입문해 각종 미술대전에서 수상한 사실이 알려지면서 한 가지 말이 붙어 '책 쓰고, 강의하고, 서각하는 기자'로 수식어가 길어졌다. 덧붙여 대학원에 진학해 박사과정을 밟기 시작하고 각종 학술모임에도 참가하는 사실이 전해지자 이 모든 수식어는 하나로 통일돼 '참 부지런한 기자'로 통용되기 시작했다. '참 부지런한'이란 수식어는 달리는 내게 채찍질을 가하는 역할을 하게 돼 40대 이후 한가로운 시산을 느껴보지 못했을 정도로 바쁜 인생을 살아가고 있다.

우연은 없다 낚아채면 필연이다

청주에서 군 복무를 할 때 운전병 보직을 받아 경찰서에서 승용차를 운전했다. 의경생활을 하며 사회의 구조를 대충이나마 이해했고, 그러면서 언론에 관심을 갖기 시작했다. 당시 지방신문에 악성 기사 한 줄만 보도되면 아침부터 경찰서 분위기가 가라앉고 비상 모드에 돌입하는 것을 지켜봤다. 조직 내에서 잘 나가던 간부들도 기사 한 줄에 문책을 당하고, 좌천 성격의 인사 조치를 당하는 모습을 지켜봤다. 그러던 어느 날 경찰서 정문 앞에서 내가 MBC 기자와 접촉사고를 일으키는 일이 발생했고, 그 사고로 인해 언론의 막강한 힘을 다시금 실감하는 계기가 됐다.

그때 머리에 번뜩 '나도 기자를 해야겠다.'는 생각이 떠올랐다. 이후부터 경찰서를 방문하는 기자들을 붙들고 "어떻게 공부하면 기자가 될 수 있습니까?"라고 물었고, 휴가나 외박을 나갈 때마다 친구 아버지, 학교 선배 등 알 수 있는 인맥을 총동원해 현직기자들을 찾아다녔다. 또한 휴가나 외박을 나갈 때 반드시 방문하는 곳이 또 있었으니 그곳은 다름 아닌 '취업정보센터'와 '서점'이었다. 정보를 얻은 나는 『언론고시 국어』, 『시사일반 상식』, 『아카데미 토플』 등의 책을 구입해서 본격적인 수험공부를 시작했고, 자신감을 쌓아갔다. 그래서 졸업하던 해에 곧바로 내가 그토록 꿈에 그리던 직업인 '기자'가 됐다.

우연히 당한 접촉 사고를 처리하는 과정에서 기자의 힘을 실감하고 글쓰기에 자신이 있다는 나의 장점을 직업관으로 연결시키는

데 성공해 기자가 됐다. 그리고 기자가 천직인 줄 알고 살다가 우연히 찾아온 강연의 기회에서 짜릿한 성취감을 맛보고는 강사라는 분야에 새로운 눈을 뜨게 됐다. 기자로 재직한 지 20년 넘는 세월 동안 내가 한 일은 어떠한 정보나 사실을 세상에 빠르고 정확하게 알리는 일이었다. 그것은 다름 아닌 홍보였다. 나도 모르는 사이 20년이란 세월이 나를 홍보 분야의 전문가로 만들었다. 늘 홍보에 대해 생각하고, 각 조직의 홍보 담당자를 만나는 것이 일과였다.

세상의 많은 조직은 여전히 효율적인 홍보를 갈망한다. 포지티브성 정책이나 아이디어, 상품은 널리 알리려 하지만 반대로 네거티브성 사건은 최대한 숨기려 한다. 나는 그 노하우를 비교적 잘 알고 있다. 내가 가진 홍보의 노하우는 그것을 필요로 하는 이들에게 자양분이 될 것이다. 홍보전문가인 나는 핵심 메시지를 강렬하고 명료하게 전달하는 남다른 스킬을 갖췄다고 자부한다. 금상첨화로 체계적인 학습을 통해 기술을 익혔으니 첨단무기를 두루 갖추게 됐다. 오랜 기자생활을 통해 남들보다 몇 곱절 많은 생생한 이야깃거리를 알고 있으니 대중을 상대로 생동감 넘치는 실례를 섞어 뿜어낼 자신감을 얻었다. 그러니 강의는 내 운명이다.

홍보와 글쓰기의 달인, 관점획득의 달인

20년 이상 홍보 및 글쓰기와 관련된 일을 한 나는 분명 홍보와 글쓰기의 달인이다. 어떤 일이든 하루 3시간씩 꼬박 10년을 하면 1만 시간을 투자한 달인이 된다고 했다. 나는 하루 8시간씩 20년 넘게 홍보 및 글쓰기와 관련된 일을 했다. 그러니 달인이 맞다. 홍보와 글쓰기의 달인인 나는 또 하나의 달인 칭호를 받을 수 있는 분야가 있다. 그것은 다름 아닌 관점획득의 달인이다. 심리학 용어인 관점획득은 상대의 입장에서 의사표현을 전달하는 능력이다. 내 관점이 아닌 상대의 관점에서 상황을 이해하고 메시지를 전달하는 능력이다. 가장 논리적인 글이라는 기사를 20년 넘게 쓰면서 구축된 논리를 기반으로 한 나는 탁월한 관점획득의 달인이다.

세상엔 '아주 쉬운 이야기를 아주 어렵게 전달하는 이'가 있는가 하면 '정말 어려운 내용을 그대로 어렵게 전달하는 이'가 있다. 이들 모두 바람직한 정서를 공유하지 못하는 유형이다. 박식하지만 전달력이 없어 강의를 해도 수강생들이 알아듣지 못하는 것은 바로 관점획득의 능력이 떨어지기 때문이다. 그래서 강사가 갖춰야 할 능력 중 최우선 순위는 관점획득의 능력이다. 누구나 쉽게 이해할 수 있도록 상황을 설명하는 능력은 강사가 갖춰야 할 기본 중의 기본이다.

학교 다닐 때 맛보았던 그 짧은 10분의 휴식시간. 50분 수업과 50분 수업 중간에 갖는 10분의 휴식은 달콤하다. 그러나 나는 그 10분을 제대로 쉬어보지 못했다. 쉬는 시간 종소리와 함께 언제나 친구들이 내 주변으로 몰려들어 내가 뭔가 재미있는 이야기를 들려주길 원했기 때문이다. 같은 말이라도 내가 해야 재미있다면서 친구들은 몰려들었다. 바로 내가 가진 관점획득의 능력을 인정해 준 것이다. 기자 활동을 통해 겪은 정치·경제·사회·문화를 망라한 각 분야의 다양한 경험은 나의 관점획득 능력을 더욱 배양시켜 주기에 충분했다.

지방에서 태어나 지방에서 학교를 다녔고, 지방회사에 몸담아 일하며 살았다. 특별히 내세울 것도 없고, 잘난 것도 없다. 하지만 나는 가장 쉽고 강렬하게 메시지를 전달할 수 있는 능력을 지닌 끼 있는 강사이다. 우연히 찾아온 기회는 절대 놓치지 않는다. 어떤 것이든 낚아채서 내 것으로 만든다. 깊고 강하게 전달되는 정보를 원하는 이들을 위해 새로운 인생을 위해 쩌렁쩌렁한 목소리로 나는 마이크를 잡을 것이다. 세상을 향해 "여기 '아주 괜찮은 강사'가 한 명 있다."라고 소리치고 싶다. '쓰기', '읽기', '말하기', '듣기'가 취미이자 특기인 이 사람은 '강의 잘하는 강사'로 남은 인생을 살고 싶다.

김 진 홍

고려대 명강사 최고위과정 수료

인성지도사 1급 자격

명강사 명강의 1급 자격

CDCS(국제공인신용장전문가)

펀드투자상담사

재무컨설턴트(AFPK)

국가공인CS Leaders(관리사)

CS강사 / CS컨설턴트

前)우리은행 근무

미국법인본부장(VA, NJ, NY / CCO)

중앙기업지점장 / 하안동지점장

본점 CRM팀장

종합기획부, 재무관리부, 경영전략단 등 근무

잘 살고Well-living,
잘 죽기Well-dying 위한 리스크 관리

요즘 책이나 신문에서 리스크Risk 또는 리스크 관리Risk Management 라는 말을 흔히 보게 된다. 교과서에서는 리스크 즉 위험을 '장래에 예기치 못한 손실을 볼 수 있는 불확실성Uncertainty에 노출된 정도' 로 표현하고 있다. 일반적으로 기업의 경우 직면할 수 있는 리스크 를 크게 재무리스크Financial Risk와 비재무리스크Non-Financial Risk로 구별한다. 여기서 재무리스크는 신용리스크Credit Risk, 시장리스크 Market Risk, 유동성리스크Liquidity Risk 등으로 구분하며 비재무리스 크는 운영리스크Operational Risk, 평판리스크Reputation Risk, 법적리 스크Legal Risk 등이 있다.

그러면 실제로 앞서 언급한 리스크가 현실화된 대표적 사례를 보자.

우리나라가 1997년 말부터 뼈아프게 겪은 소위 IMF 구제금융 은 내 기억으로는 그 당시 당장 쓸 수 있는 외환 보유액이 거의 바닥 수준인 39억 달러 수준까지 급격히 감소하면서 발생한 외 환 '유동성리스크'가 현실화된 경우였다. 또 한 가지 최근 사례는

FTA 관련하여 투자자국가분쟁해결Investor State Dispute Settlement에 해당되는 사건이 진행되고 있다.

관심 있는 분들은 최근 신문, TV뉴스 등을 통해 피상적으로라도 알고 있겠지만 지난 2003년 부실은행이라고 판정된 외환은행을 아직까지도 소위 '먹튀' 논란이 있는 미국 사모펀드 론스타Lone Star 가 인수하여 현 하나금융에 재매각, 엄청난 수익을 가져갔다. 문제는 이후 그 론스타가 '외환은행 재매각 과정에서 한국 정부 승인이 늦어져 손해를 봤다.'며 2012년 11월에 세계은행 산하의 국제투자분쟁해결센터ICSID에 우리정부를 상대로 47억 달러(약 5조 원)를 배상하라는 분쟁을 제기한 것이다. 본건은 현재 2차 심리가 진행 중인 것으로 알려져 있다. 이것은 우리나라 입장에서 FTA 체결로 인한 국제적 '법적 리스크'가 현실화 될 수도 있는 사건으로 보인다. 2015년 우리나라 예산 규모가 376조 원 정도인데 5조 원 배상? 현실화된다면 걱정이 아닐 수 없다.

이제 초점을 좁혀 우리가 살면서 직면할 수 있는 리스크가 뭐가 있는지 짚고 넘어가 보자. 사족蛇足이지만 내가 어떤 리스크에 직면해 있는지를 안다고 해도 그 리스크 전부에 대해 대비책을 마련하거나 그 리스크를 100% 회피할 수 있는 방법은 없을 것이다. 내 기억으로 2000년에 첫 편이 개봉되어 5편까지 제작된 할리우드 공포영화 'Final Destination'의 주인공처럼 꿈속에서 주변인이 죽는 사고를 미리 보고 거기에 대비하는 능력이 있지 않는 한 말이다. 그렇다 해도 최소한 내게 닥칠 수 있는 리스크를 알아야 그 중 하나의 리스크라도 현실로 나타날 경우를 대비하여 손실을 줄일 수 있지 않을까? 특히 소위 인생 100세 시대라는 장수 시대에서 누구든지 겪게 될 생로병사의 리스크를 피하는Hedge 데서 한 걸음 더 나아가 내게 닥칠 수 있는 육체적, 정신적 고통을 최대한 줄일 수 있는 적극적인 리스크관리Manage 방안을 알아보자.

리스크라는 개념을 들이대며 그 종류를 나열한다면 보는 시각에 따라 아주 다양한 리스크 종류가 쏟아져 나올 수 있겠다. 예를 들어

- 우연히 다치게 되는 상해傷害리스크
- 사망 리스크(돌연死, 사고死 등, 자연사 제외)
- 중대한 질병에 걸릴 리스크
- 금융거래정보 유출로 인한 전자금융사고(Voice Phishing, Pharming, 신용카드 불법 복제 등) 리스크 등등.

하지만 여기서는 조금 단순화해서 누구에게나 닥칠 수 있는 리스크를 세 가지로 압축하여 나열해 보기로 하겠다.

첫 번째는 조기早期사망 리스크The risk to die too soon이다.

여기서 조기라는 의미는 출생 시부터 청소년기를 지나 일반적으로 가장 왕성하게 경제 활동을 할 나이인 4~50대 사이에 아깝게 사망할 리스크로 보면 되겠다. 기억하시겠지만 2014년 10월 17일 성남시 분당구의 유스페이스 광장에서 열린 공연을 조금 잘 보

려고 지하주차장 환풍구에 올라갔다 철제 환풍구가 붕괴돼서 안타깝게도 16명이나 사망했었다. 대부분 인근 회사의 3~40대 직장인들이었다. 이처럼 리스크는 항상 우리 주변에 있어도 잘 보이지 않는다.

두 번째는 장수長壽리스크The risk to live too long이다.

오래 사는 것이 무슨 리스크라고? 갑자기 웬 귀신 씨나락 까먹는 소리냐고 할지도 모르겠다. 질병 치료의 한계를 인정하지 않는 듯이 하루가 다르게 발전하는 현대 의학과 오래 살고 싶은 인간의 욕망이 시너지Synergy효과를 발휘하여 인생 100세 시대가 도래했는데 그것이 무슨 리스크란 말인가? 그러나 여기에도 분명 리스크가 있다. 지금부터 50년 전인 1965년에는 우리나라 남자 평균 수명이 56.6세, 여자 평균 수명은 62.4세였다고 한다. 평균 수명이 고작 56세, 62세였던 시대에서는 조금 과장해서 말한다면 아플 겨를도 없이 세상을 떠났을 것이다. 국내 K생명보험사의 자료를 보면

2015년 예상 평균수명은 남자 81세, 여자 87세로 되어 있다. 이렇게 평균 수명이 연장된 것이 아무런 리스크 없이 늘어난 것일까?

육류 위주의 기름진 음식, 패스트푸드 섭취 등 서구화된 식문화와 날로 치열해지는 경쟁과 물질적 고속성장에 밤낮으로 헌신한(?) 결과 스트레스로 인한 질병도 늘어났다. 2014년 9월 통계청이 발표한 2013년 우리나라 사망통계 자료에 따르면 1~10위까지의 남녀 주요 사망원인 중 압도적 1위는 암이다. 이와 함께 남자의 경우 자살(4위), 운수사고(9위)를 빼면 심장질환(2위), 뇌혈관질환(3위), 폐렴(5위), 당뇨병(6위) 등이 각종 질환이다. 다시 말해서 우리의 평균수명이 괄목할 정도로 늘어났지만 그 연장된 삶을 살면서 각종 질병에 시달리다 죽는다는 것이다. 주변에서 어렵지 않게 볼 수 있는 장수리스크를 정리해 보면

 - 암, 심장질환, 뇌질환 등 중요 질병Critical Illness에 걸릴 리스크
 - 외부 활동 시간이 늘어남에 따른 교통사고 등의 상해리스크
 - 수명 연장으로 환자가 점점 늘어가고 있고, 주변 가족에게도 가장 고통스런 상황이 되는 노인성 질환(중증치매, 파킨슨 병 등)리스크 등이 있다.

물론 경제적 여건이 되는 사람들은 첨단 치료기술과 약효가 뛰어난 고가의 치료약 등으로 만족할 만한 치료 효과를 보면서 살아가는 사람들도 있지만 전부가 그런 여건이 되는 것은 아니다.

위에서 말한 질병 관련 리스크와 성격이 다른 또 하나의 장수리스크는 은퇴 이후에도 오랜 시간 살아가야 하는 상황에서 발생할 수 있는 은퇴준비 부족리스크이다. 즉 이 땅의 대부분 가장이라는 이름을 가진 평범한 남자들이 가족을 부양하고 자녀 교육에 All-in하다 갑작스레 퇴직이라는 시점에서 아무런 경제적 준비 없이 은퇴를 함에 따라 처하게 되는 막막한 상황을 말한다.

세 번째는 보유자산을 증여 또는 상속할 때와 관련한 자산이전리스크Asset Transfer Risk이다. 물론 부동산, 주식 등 어느 정도 자산을 모아둔 사람들에게 해당되는 리스크가 되겠다. 자산이전리스크는 자산증식 활동재테크에 따른 자산 손실리스크와 다른 의미다. 아주 드문 일이기는 하지만 평생 모아둔 전 재산을 나름 숭고한 의미로 사회에 기부Donation하는 뜻 있는 분들이 있기는 하다. 하지만 대부분은 자녀들에게 증여 또는 상속하기를 희망한다. 거액의 부동산을 상속할 경우 상속세 납부에 적지 않은 현금 등이 필요한데 이 재원을 어떻게 사전에 준비할 것인지에 따라 최악의 경우 보유자산을 온전하게 상속할 수 없는 경우도 있다. 특히 보유한 자산이 많지만 대부분이 손실 없이 즉시 현금화하기 어려운 큰 부동산으로 이루어진 경우에는 미리부터 상속세 재원을 준비하지 않으면 상속세 납부 시 예상치 못한 큰 손실이 발생할 수 있다.

예를 들어 시가 100억 원 정도의 부동산을 상속할 경우 부동산의 평가기준과 배우자 상속공제 등을 감안해도 대략 20억 원 정도의 상속세가 부과될 것이다. 그런데 상속 후 6개월 이내에 상속세를 현금으로 납부할 상황이 못 되면 상속대상 부동산을 급매하거나 은행에 담보로 제공하고 대출을 받거나 또는 현물로 물납物納을 할 수밖에 없는데 이때 여러 가지 이유로 큰 손실을 입게 된다. 실제로 2010년에 강남 교대역 인근 5층 건물의 땅 소유주 두 사람 중 한 명이 사망한 후 그 상속인이 세금을 못 내 국세청 공매를 통해 소유주가 바뀌고 멀쩡한 건물이 절반만 남고 헐린 사례도 있었다.

조기사망리스크와 장수리스크는 빈부를 떠나 누구에게나 해당되는 리스크이다. 발생할 확률을 줄일 수는 없겠지만 발생했을 때를 대비해 작게라도 준비할 수는 있겠다. 그 방법으로는 뭐가 좋을까?

자산의 손실 없이 즉시 사용 가능한 수십억 원대의 금융자산을 이미 보유하고 있는 사람이라면 의료보험 적용도 안 되면서 질병 치료에 연간 1억 원이 훌쩍 넘는 신약을 쓰는 특별한 경우를 제외하고는 크게 고민할 필요가 없을지도 모르겠다. 그게 아니라면 적은 비용으로 유사시 큰 효과를 볼 수 있는 금융상품으로 해결하는 것이 좋겠다. 이쯤에서 눈치 빠른 사람은 이미 짐작하시리라. 바로 보험을 활용하는 것이다. 여기서 문제점 하나는 나 역시도 이런 경험이 있었지만 주변의 누구 아는 사람이 찾아와 보험 들라고 하면 아는 처지에 거절할 수 없어 보험의 조건이 어쩐지 관심도 없이 적은 금액으로 하나 하겠다고 하여 가입한 경우다. 각설却說하고 내가 권하는 보험은 딱 세 가지 보험이다.

그 첫 번째는 종신보험이다. 우리가 내일을 예측할 수 없어도 확실한 것 하나는 사람은 누구나 죽는다는 것이다. 다만 When?을 모를 뿐. 가장을 위한 종신보험의 경우 나름 의미가 있다. 가정의 생계를 책임지고 있는 가장이 잘못됐을 때 남은 가족들이 생활하는 데 조금이나마 도움이 되라고 나름 희생의 의미로 가입하는 것 아닌가. 최근 종신보험 중에는 사망 시 나오는 보험금의 7~80%까지 큰 병에 걸렸을 때 등 일정한 조건하에서 생전에 미리 쓸 수 있는 보험도 있다. 여기서 고려할 것은 사망 시 나오는 보험금이 얼마가 적정하냐 하는 것인데 보통은 보험가입대상자(피보험자) 연소득의 3~5배가 적정하다고 한다. 또한 종신보험에는 주된 리스크를 보장하는 내용인 주계약 외에 소위 특별약관이라고 해서 암이나 혈관 질환 등 여러 가지 중요 질병도 담보하는 보장내용을 추가

할 수 있다. 요즘 또 다른 이유로 종신보험의 수요가 있다. 그것이 바로 아까 말한 상속세 재원을 미리 마련하는 한 방법으로 종신보험에 가입하는 것이다. 즉 본인 사망 시 큰 부동산을 배우자, 자녀들에게 상속하는 경우 미리 가입한 종신보험의 사망보험금으로 상속세를 납부하는 것이다. 다만 이때 주의할 점은 종신보험 가입할 때 보험계약자와 수익자는 나중에 상속인이 될 배우자나 자녀 명의로 하고 피보험자를 본인으로 해야만 나중에 또 다른 문제가 안생긴다. 또한 만일 배우자나 자녀가 경제력이 없다면 미리부터 이들에게 사전 증여를 통해 보험료를 낼 수 있는 능력을 만들어 주어야 한다. 10년간의 증여 금액이 배우자는 6억 원, 자녀는 5천만 원(자녀가 미성년자인 경우는 2천만 원)까지는 증여세도 면제된다. 정리하면 사망 시 보험금도 나오면서 중요 질병에 대한 보장도 받을 수 있는 조건의 종신보험, 거기에 중증치매까지 담보할 수 있다면 더욱 좋겠지만 그 보험 하나로 조기사망과 장수리스크에 대비할 수 있다고 본다. 물론 자산이전리스크 대비용 종신보험이라면 그 사망보험금이 최소한 상속세를 납부할 수 있는 정도는 되어야 하겠다.

두 번째는 실손의료보험이다. 병원 치료비, 약국 비용 중에서 의료보험에서 지급되지 않는 부분(자기부담분)과 그 치료비 등이 아예 처음부터 의료보험으로 혜택 볼 수 없는 부분을 보장해 주는 실손의료보험은 나이 들면서 점점 의료비 지출이 많아지는 현실에서 반드시 있는 것이 좋다. 2012년 한 정부 연구기관 보고서에 의하면 한 사람의 평생 지출예상 의료비 중 65세 이후 지출하게 되는 의료비가 50% 이상이라고 한다.

　마지막으로 있어야 하는 보험은 연금보험이다. 보통의 직장인이
라면 50대 중 후반에 퇴직하고 특별한 수입이 없는 상황에서 국민
연금이 나오려면 또 몇 년을 더 기다려야 하고 연금을 받는다 해도
현재 국민연금의 소득대체율이 40%도 채 안 되는 상황에서 아직
도 살날이 한참 남았고 최소한 자식들 결혼이란 큰 짐이 남아 있는
상황에서 가지고 있는 집 한 채, 약간의 금융자산이 노후 생활에
충분하다고 생각하는 대범한 사람은 없을 것 같다. 따라서 별도의
연금 가입은 빠르면 빠를수록 좋다. 더욱이 연금보험은 일정한 기
간이 경과하면 이자소득세 또한 면제다.

　100세 시대가 왔다고 이제는 7~80세도 청춘이라 하며 좋은 이
야기가 많이 들린다. 100세 시대가 과연 축복인지 또는 재앙인지
는 각자의 조건에 따라 다르다고 본다. 충분한 경제적 능력이 있
어 좋은 환경에서 최신 의학기술의 혜택을 받거나 적은 비용으
로 리스크에 대비하는 보험이라도 있는 사람에게는 축복일 수 있
겠다. 하지만 나이 들어 몸이 아파도 병원 치료비도 감당 못해 병
원 가기를 포기하는 사람들도 주변에 많다. 국가의 지원으로는 먹
고 사는 데도 턱없이 부족한 이분들에게도 100세 시대가 축복이
라고 고개를 끄덕이기는 어렵겠다. 여기서 여담餘談 한마디. 인간
의 수명이 언제까지 늘어날 수 있을까? 어떤 신문에서 재미있는
글을 보았다. 미국 텍사스大 노화연구재단에서 장수비결을 연구

해 온 스티븐 오스태드 교수가 2000년 한 학술지에 "2150년까지 인간의 최고수명이 150세에 도달할 것."이라는 연구논문을 발표했다. 그러자 이를 본 일리노이大 스튜어트 올샨스키 교수가 "그런 일은 있을 수 없다."라고 반박했다. 그는 시카고大 사회학 석·박사로 오랫동안 인구문제를 연구한 사람이다. 두 사람은 각자의 주장이 옳다고 하며 내기를 했는데 각자 150달러씩 내서 2150년까지 150년간 주식시장에 묻어 두기로 했다. 그간의 주가 상승률로 보아 150년 후 이 돈은 약 5억 달러(약 6,000천 억 원)로 늘어날 것으로 예상된다. 그 돈은 이기는 쪽 후손이 가져가기로 했다. 지금 시점에서 어느 쪽 손을 들어 줄까? 딴지걸기 한 번. 애초에 유한한Mortal 인간이 과학이라는 도구로 점점 죽지 않는Immortal 존재로 되어간다면 신神의 고유 영역에 도전하는 걸로 밉보여 그분의 진노震怒를 불러올 재난리스크는 없을지.

지금까지 우리가 사는 동안 닥칠 수 있는 리스크를 알아보고 거기에 최소한 대비할 만한 방안을 제시해 보았다.

특히 질병발생이나 본인 유고 시 남은 가족들을 위한 대비책으로 보험을 활용하는 리스크대비 방안은 딱히 남겨줄 만한 재산이 없는 보통 사람들에게 필요한 선택이라고 본다. 중요한 것은 대비하는 것이다. 나와 내 가족에게 혹시라도 있을 수 있는 리스크가 뭔지 한 번 짚어보는 계기가 되기를 바라는 마음에서 중언부언重言復言 제안해 보았다. 요즘 Well-living이니 Well-dying이란 말이 자주 들린다. 죽음을 피할 수는 없겠지만 꼭 수십억 자산가가 아니라도 인간으로 최소한의 품위를 유지하며 살다가 최소한의 품위 있는 모습으로 죽을 수 있지 않을까? 리스크에 잘 대비한다면 말이다.

이 선 정

(사)한국이헬스발전협의회 수석연구원

서울특별시교육연구정보원 컨설팅장학지원단

서울시교육청 위촉 중등학교 컨설팅위원

연세대학교 졸업

연세대학교 교육대학원 석사과정 수료

서울대학교 음악대학 서양음악연구소 연구과정 수료

영락유헬스고등학교 교감 역임

서울교사교향취주악단 단원 역임

인천 청소년오케스트라 내레이터 역임

서울시교육감상

부총리 겸 교육과학기술부장관상

대한민국 옥조근조훈장

현재 ES 학부모교육원장

고려대 명강사 최고위과정 수료

인성지도사·명강사 명강의 1급 자격

저서 『유헬스영어』

클래식 입문-나의 스토리텔링

클래식 음악은 모두 이구동성으로 어렵다고 하는데 나는 어떻게 클래식과 친해졌을까?

내가 클래식 음악을 처음 접하게 된 것은 매우 감성적이었던 고등학교 2학년 음악 시간부터였다. 독일어 가사로 가곡의 왕 슈베르트의 '음악에An die Musik op88'를 들었다. 그때의 전율은 현재에도 생생하다. 40여 년이 지난 세월임에도 잊혀지지 않는 곡이다.

"아름답고 즐거운 음악이여,
마음이 서글프고 어두울 때
고운 가락을 고요히 들으면
언제나 즐거운 마음 솟아나
내 방황하는 맘 사라진다."

지금도 너무 공감이 가서 눈물이 난다.

대학에 입학 후 클래식 음악을 가까이 할 수 있는 여유가 있으리라는 기대를 가지고 대학 생활을 하던 중 대학 1학년 5월, 캠퍼스에서 우연히 한 사람으로부터 클래식 음악에 대한 깊은 열정을 배우게 되었다.

그는 의과대 학생으로, 아마추어로서 호른을 연주하며 클래식 음악에 대한 폭넓은 지식과 열정을 가지고 있는 풋풋한 음악 애호가였다. 단 한 번의 만남에서 마음속 깊은 곳으로부터 클래식 음악을 알고 싶은 도전과 열정이 일기 시작하였다.

그러나 주변에 별다른 음악 감상 시설이 없던 시대를 살아온 나로서는 라디오 FM 93.1에 의지하는 수밖에 없었다. 그 방송에서는 클래식 음악에 전문적인 지식을 가진 음악 전문가가 클래식 음악에 대해, 또한 작곡가에 대한 설명을 음악과 함께 들려주었다. 지속적으로 꾸준히 청취함으로써 아는 음악이 나오면 친근감이 생기며 음악과 작곡가에 대해 쉽게 이해할 수 있게 되었다.

또한 지인들과 있을 때에 몇 번 반복해서 들은 음악이 나오면 저절로 Storytelling을 하게 되었다. 이렇게 수십 년의 클래식과 함께한 생활 속에서 나의 클래식 사랑은 진도가 나가기 시작했다.

음악과 더 친해지고 싶어 대학의 서양음악연구소에서 연구 과정으로 음악 이론과 기악 연주과정을 수강하며 플루트 연주도 스스

로 즐길 수 있을 만큼 할 수 있게 되었다. 악기 연주를 하면서부터
는 청소년 음악회와 자선음악회를 기획 및 출연하기도 하며, 음악
공연장도 많이 찾아다니게 되었다.

신촌 세브란스병원 자선음악회 연주봉사활동 기획 및 출연

이렇게 열정적으로 활동하다보니 일이 일을 부른다고, 음악과
친숙해질 수 있는 많은 기회가 오기 시작했다. 고등학교의 영어교
사였던 나에게 10여 년간 청소년음악회, 가곡의 밤, 오페라 등 해
설이 있는 음악회 내레이터로 위촉되는 기회가 주어져서 열정적으
로 활동했던 기억이 생생하다.

무엇보다 대학 졸업 후 현재까지 교회성가대원으로서 고전 음악
의 진수라 할 수 있는 교회 음악을 지속적으로 연습하고 음악과 함
께 인생을 살아가며 같은 시공간에서 함께 호흡하며 연습하는 성
가대원들과 무언의 소통을 하고 있는 것 또한 음악으로 인한 생의
기쁨이리라.

인천 청소년 교향악단
광복 50주년 기념 경축 공연

음악은 가장 자연스런 공감이며 소통의 언어라 하지 않는가!

신촌 세브란스병원 자선음악회 연주봉사활동 기획 및 출연

클래식 음악을 쉽게 즐길 수 방법은?

클래식의 사전적 의미는 "사람들의 기본적 욕구를 충족시켜 단기적인 유행에 치우치지 않고 오랜 기간 동안 소멸되지 않은 채 지속되는 스타일"이라는 뜻이다.

가요, 팝송, 록, 힙합 등은 우리가 더 자주 접하며 친근한 음악이지만 말 그대로 대중가요라는 한계를 지니고 있다. 그리고 이러한 특징으로 말미암아 이 음악은 어느 날 소멸된다. 영원하지 않다는 뜻이다.

그에 반해 클래식은 18C 말~19C 초 약 100년 남짓한 기간 유럽에서 유행한 문학, 미술, 음악 같은 예술 분야의 공통적인 경향과 특징을 말한다. 음악에서는 바흐가 사망한 1750년도부터 베토벤이 사망한 1827년까지 모차르트, 하이든, 베토벤 등의 음악가들이 만든 음악을 뜻하는데 오늘날 클래식이란 말은 원래와는 조금 다른 의미로 사용, 원래 고전파 음악을 포함한 더 넓은 범위 17C~19C 음악을 가리키고 있다.

성인이라면, 클래식은 이미 초등학교에서부터 고등학교까지 음악 수업 시간을 통해서 누구나 접해보았기 때문에 클래식 음악을 즐길 자격은 이미 충분하다.

베토벤, 바흐, 모차르트, 슈베르트 등 작곡가의 이름은 이미 알고 있고, '운명', '비창', '백조의 호수' 등 유명한 곡 이름도 이미 알고 있다.

이 정도의 지식만으로도 충분히 음악을 들을 수 있다.

게다가 텔레비전, 영화, 라디오 등 매체의 드라마나 광고 등의 배경 음악을 통해 수많은 클래식 음악을 알게 모르게 우리는 많이 들어왔다.

그러니 이미 클래식은 누구나 경험해왔고, 지금도 경험하고 있고, 앞으로도 경험이 더 쌓여갈 것이다.

이제 클래식 음악을 쉽게 즐기는 다양한 방법이 있어 소개하고자 한다.

1. 클래식 방송 듣기

우선 시간에 구애받지 말고 일을 할 때나 쉴 때, 클래식 음악이나 국악 등이 나오는 방송을 편안하게 들어보자. 듣다 보면 순간적으로 좋아지는 곡이 반드시 생긴다. 그리고 이 곡을 더 듣고 싶다면, 인터넷 음악 동호회 사이트 등에 들어가서 원하는 곡에 대한 정보를 알아내고, 이 음반을 구매하여 듣는다면 이것저것 충동적으로 사서 듣지 않는 음반의 곡보다 그 곡을 훨씬 더 많이 이해하게 되고 사랑하게 될 것이다. 가장 쉽게 클래식을 즐기는 방법이다.

2. '음악가'나 '곡'에 대한 지식을 알고 클래식을 즐기기

작곡가, 연주자의 삶이나 에피소드 등을 책이나 매체의 기사 등을 통해 알게 되면 그들이 작곡하거나 연주한 곡에 대해 흥미가 쉽게 생긴다. 또 감상 곡에 대한 해설이나 지식 등은 곡에 대해 더 많은 이해를 도와준다. 특히 연주자에 대해 알면 알수록 음반을 고르는 재미도 커진다. 이것도 인터넷에서 찾아보면 많은 정보를 알 수 있다.

클래식 감상 코너엔 '감상 길잡이'와 '오케스트라', '실내악', '독주곡' 등 음악 감상 시에 필요한 지식과 음악가, 관련 곡, 역사 등에 대한 내용이 체계적으로 준비되어 있으니 많이 참고하시면 좋겠다. 또 '작곡가 정보', '연주자 정보', '곡 해설 정보' 등도 준비되어 있다.

3. 실제 연주회를 즐기기

음악에 대한 관심이 커지면 실제 연주장에 가서 음악을 들어보자. 인터넷이나 여러 매체를 잘 살펴보면 무료 연주회나 비교적 저렴한 연주회가 꽤 있다. 처음에는 자신이 좋아하는 곡의 연주회를 찾아서 가본다.

연주회장에 가서 전문연주자들의 실제 연주를 보고 들어본다면 오디오를 통해서 들었을 때와 다른 현장감과 생동감이 넘치는 음악 감상이 될 수 있다. 특히 2층의 앞자리에서 오케스트라를 내려다보면, 100여 명이 넘는 오케스트라 단원들이 일사분란하게 연주하는 것을 구경하는 것만 해도 참으로 즐거운 볼거리이다.

실제 연주회를 가상으로 즐기고 싶다면 DVD로 체험해보는 것도 한 방법이다. 개인적 경험으로는, 조셉 하이든의 '천지창조'를 DVD로 감상하고 받은 감동은 잊을 수가 없다. 제3부는 낙원에 거하는 아담과 이브의 모습을 노래하고 있다.

아울러 악기 연주에도 관심을 가지고 꾸준히 배워 소곡부터 연주하며 연주동호회에 참석하여 정기적으로 앙상블 합주를 해본다면 클래식 음악을 즐기기에 금상첨화일 것이다.

서울교사 교향취주악단 정기연주회 출연

지금은 클래식을 들을 시간!

우리가 지금은 빠르고 경쟁이 치열한 세상에서 살고 있다 하더라도, 느리지만 뚜벅뚜벅 걸어가는 투박한 삶, 서로가 좀 더 가까워지는 삶을 그리며 살아가면 좋겠다. 때로는 희로애락의 인생 여정에서 다른 이들도 음악을 통해 위로받고 여유를 누리며 꿈을 꾸기를 소망한다.

그렇게 좋은 것을 함께 나누고 격려하는 마음으로 오늘도 여전히 음악을, 인생을 그리고 꿈을 이야기한다. 음악은 장르와 경계를 넘어 우리 모두에게 감성과 여유를 준다. '생활 속의 음악'을 추구하며 공연장은 물론 삶이 있는 곳이라면 어디서나 보고 듣고 느낄 수 있는 우리가 되기를 바란다.

이제 클래식 여행을 떠나 볼까요!

낭만주의 열정의 화신인 로베르트 슈만과 클라라 슈만은 음악 사상 가장 완벽한 한 쌍으로 불린다. 남편은 작곡가였고, 부인은 탁월한 피아니스트였으니 이보다 더 이상적인 결합이 어디에 있었을까. 슈만의 작품에는 클라라가 있었고, 클라라의 연주에는 항상 슈만이 있었다.

슈만의 피아노 소품 〈어린이의 정경〉 중 '트로이메라이'는 그의 작품 중 가장 서정적인 곡으로 앙코르곡으로 많이 연주된다. 이는 슈만이 결혼 전 클라라에게 바친 곡으로, 어린 시절을 회상하며 동심을 간직하고 그 시절을 기억하고픈 어른을 위한 낭만적인 작품이라 한다.

언젠가 라디오 FM 방송에서 흘러나오는 슈만과 클라라 슈만의 완벽한 사랑 이야기를 들으며 알게 된 작곡가 슈만의 사랑과 슈만의 제자였던 브람스의 지고지순한 사랑을 받았던 피아니스트 클라라 슈만! 그 감격 때문일까. 나는 그녀의 이름으로 나의 영어 이름을 지었으며 34년 교직 생활 동안 클라라 영어 선생님으로 통했다.

다음으로, 슈베르트 가곡이 삽입된 영화 〈겨울나그네〉는 1984년도에 1년간 동아일보에 연재되어 1986년 감성적 연출로 유명했던 곽지균 감독이 메가폰을 잡고 안성기, 이미숙, 강석우, 이혜영이 주연했다. 이 영화는 군부독재와 정치적 혼란기로 대변되는 1980년대의 암울했던 시대, 방황하던 젊은이들의 고뇌와 아픔을 담은 러브스토리이다. 슈베르트의 연가곡 〈겨울나그네〉 중 '보리수'가 은은하게 울려 퍼지는 대학 캠퍼스. 자전거를 타고 가던 민우와 첼로를 안고 가던 음대생 다혜가 부딪히게 되며 스토리가 전개된다……. 아! 다시 보고 싶은 영화, 다시 듣고 싶은 음악이다.

성문 앞 샘물 곁에 서 있는 보리수.
나는 그 그늘 아래 단꿈을 보았네.
가지에 희망의 말 새겨놓고서.
기쁘나 슬플 때나 찾아온 나무 밑.
오늘밤도 거니네. 보리수 곁으로.

캄캄한 어둠 속에 눈 감아보았네.

가지는 흔들려서 말하는 것 같이

그대여, 이곳에 와서 안식을 찾아라.

끝으로 플루트 연주의 대표적인 레퍼토리인 작곡가 비제의 '미뉴에트'는 우아하고 격조 있는 멜로디로 '아를르의 여인'을 그려내고 있다 '아를르의 여인'은 국어 교과서에 실려 있던 '마지막 수업'과 '별'을 쓴 프랑스의 자연주의 작가 알퐁스 도데의 단편소설로 프랑스의 프로방스 시골마을에서 일어난 비극적인 사랑 이야기를 담고 있다.

다음 기회에는 스승의 아내를 사랑한 음악가

요하네스 브람스의 이야기로

19세기의 사랑법을 느껴볼까요?

최 영 미

(주)알로에마임 국장

(주)화진화장품 지점장

JS 그룹 본부장

통일부 사단법인 나라사랑 후원회 부회장

고려대 명강사 최고위과정 수료

인성지도사 1급 자격

명강사 명강의 1급 자격

일복? 돈복!

글 쓴 동기

요즘 나의 생활이 바쁘기는 하지만 어느 때보다 마음이 평화롭고 여유가 있는 것 같다. 이것이 과연 행복이라고 할 수 있는 것일까? 하지만 경제적인 만족과 지금의 생활에 만족해하면서 진정으로 행복하다고 생각하는 사람들은 얼마나 될까? 아마 행복하다고 느끼는 사람보다 그렇지 못한 사람이 더 많을 것이다. 누구 못지않게 힘겹게 살아가면서 얻은 인생의 교훈을 바탕으로, 현대사회에서 치열하게 일상을 살아가는 사람들에게 불행을 퇴치하는 방법을 제시하여 행복한 사회를 만드는 데 일조를 하고픈 마음에 글을 쓴다.

그리고 사내에서 사원들을 교육할 때 나만이 가진 한 가지 특별한 능력이 있다. 그것은 졸거나 떠들거나 산만하지 않고 수강생들이 차분히 강의에 경청하게 하는 것이다. 어찌 보면 강사에게 꼭 필요한 능력이라고 생각하기에 나는 명강사가 될 수 있는 자질이 충분히 있다고 믿는다.

그다지 행복하지 못했던 어린 시절

할아버지께서 나이가 많이 들어 결혼을 하셨는데 첫 아이를 잃고 나서 태어난 아이가 몸이 약해서 죽을까 봐 전전긍긍하셨다. 아이를 챙기는 할머니와 아들을 못마땅해 하시고 주사도 부리셨던 할아버지였기에 술을 드시고 오는 날에는 온 식구가 공포 분위기였다고 한다.

할아버지는 3남 2녀 중 장남이었던 아버지를 유독 미워했다. 어릴 때부터 할머니가 특별대우를 한 아버지는 밥상에서 자기가 좋아하는 반찬이 있으면 다른 사람들 생각은 안 하고 먼저 먹으려다가 밥상머리에서조차 할아버지의 미움을 받아 혼이 나곤 했다. 그래서 그런지 커서도 귀한 장남인데도 불구하고 할아버지와 사이가 좋지 않았다.

아버지는 머리가 좋고 끼가 많게 태어났기 때문에 공부를 더 하고 싶었는데도 불구하고 할아버지는 놀지도 못하게 하고 때리면서 기술을 가르치려고 하셨다. 초등학교를 졸업한 아버지는 진학을 하고자 했는데 반대하셨다. 가정형편이 나쁘지도 않았는데도 말이다. 아버지가 기어이 원서 살 돈만이라도 달라고 할머니를 졸랐는데도 할아버지의 불호령이 무서워서 감히 주지 못하셨다고 한다.

할아버지 생각은 자신이 나이도 많고 자식들도 많기 때문에 지금의 가정형편상 장남인 아버지에게 기술을 가르쳐 동생들을 책임지게 하려 했던 것이다. 하지만 아버지는 그런 의견에 반항하는 마음으로 어린 나이에 자원입대를 하고 말았다.

입대 후에 아버지는 '어린 나이에 뭐 좋은 곳이라고 자원까지 해서 들어왔냐'며 모진 고초를 겪으셨다. 학벌이 없는데도 머리가 좋아서 폭언과 구타를 힘들게 견디면서도 어려운 시험에 합격하여 결국엔 하사관이 되어 병사들 위에서 당당히 군림하며 군 생활을 하다가 중사로 제대하셨다.

그런데 제대 후 막상 가족을 부양하려니 딱히 할 줄 아는 게 없었다. 그렇다 보니 배운 게 도둑질이라고 결국 아버지는 할아버지께 배운 기술로 생계를 꾸려갔다. 또한 생활 때문에 원치 않는 일을 해서 그런지 가정형편이 그다지 넉넉한 편도 아니었다. 게다가 어머니는 일을 하지 않은 전업주부셨다.

당시 우리 가족은 부산 시내에서 살았기 때문에 지금 생각해보면 어머니께서 무슨 일이든 하셨으면 아마도 삶이 바뀌었을지도 모를 일이다. 하기야 아버지가 식구들을 구속하셨기 때문에 어머니가 일을 못 했는지도 모른다. 바람기가 가득하고 독선적인 성격 때문에 어머니와 자주 심하게 다투셨다.

우리들은 행복한 날보다 그렇지 못한 날이 많았다. 두 동생들의 마음은 어떠했는지 모르지만 나는 그런 틈에서도 항상 내일은 나아지겠지 하는 희망을 버리지 않았던 것 같다. 그 이유는 어릴 때부터 어머니께 꾸중을 듣고 나면 울다가 잠이 들곤 했는데, 잠에서 깨고 나면 언제 꾸중하셨나 싶을 정도로 맛있는 음식을 주면서 부드럽게 대해주셨다.

그때부터 나에게는 내일은 오늘보다 나아질 거라는 희망을 갖는 습관이 생겼다. 부모님을 미워하지도 원망하지도 않았다. 그리고 꿈을 잘 꾸지 않았었는데 간혹 예쁜 요정들이 나에게 날아오는 꿈을 꾸었다. 그래서 내가 어른이 되면 행복해질 거라고 믿었는지도 모른다. 그런 긍정적인 믿음이 내게는 어릴 때부터 싹트고 있었다.

평탄했던 결혼 생활의 위기

천성적으로 남을 미워한다든가 원망한다든지 하는 부정적인 성품이 아니어서 그런지 비교적 평탄하고 소박한 결혼생활을 해오고 있는지 모른다. 그런데 꿈을 크게 가지지는 못한 것 같다. 그저 나의 현실적인 여건을 벗어나지 않는 꿈만 꾼 것 같다.

예를 들어, 미래의 남편감을 그리는 것도 소박했다. "내 생각이 머무는 곳에 내 인생이 있다."라는 말같이 어쩜 꼭 그림만큼의 사람을 만나 원하던 대로 결혼을 했는지 모르겠다. 아들 하나와 딸 하나를 낳고 평범하게 결혼생활을 하며 살아갔다.

그러다 늦둥이 딸이 두 살이었을 때 큰아이 유치원 자모의 소개로 소규모의 화장품 대리점에서 마사지 강의를 한다고 해서 딸을 업고 몇 개월간 재미로 왔다 갔다 했다. 그런데 대리점 사장님이 말하길, 신입사원들의 판매 실적이 좋지 않아 임대료를 잘 못 낼 정도로 사정이 힘들어졌다고 하셨다. 그래서 왕초보 샐러리맨들을 데리고 횟집이 즐비한 포구에 아무런 가르침도 없이 풀어놓고 말았다(물론 우리 딸을 비롯한 아이들은 사장님이 직접 돌보셨다).

이 계기로 나는 판매라는 것을 난생 처음으로 하게 되었다. 끈질 긴 또순이 기질이 있어서인지 생각보다 영업에 미쳐서 열심히 뛰 어다니는 기질을 발휘했다. 그 결과 대리점 다른 왕초보들에게도 크나큰 동기부여가 되어서 급기야 모든 사원들이 판매가방을 들고 움직이기 시작했다. 그래서 대리점은 개척 영업으로 가장 판매를 잘하는 곳으로 소문이 나 사장님도 돈을 벌 수 있게 되었다.

바로 그때 공장장으로 일하던 남편이 친정아버지께 자금을 빌려 사업을 벌였다. 그런데 짧은 밑천으로 벌인 사업이 3개월이 채 되 기 전에 IMF가 와서 기본 생활비도 못 가져오는 악화일로를 걷고 말았다. 나는 그 시점에 처음 해보는 화장품 판매에 재미가 붙어 서 힘이 들면서도 일에 미쳐서 판매를 하고 다녔다.

아침에 눈을 뜨면 아들은 학교에 보내고 어린 딸은 유치원에 보 냈고, 그 후에 미친 듯이 영업을 나가서 저녁에 돌아왔다. 일이 없 는 남편은 미안한 마음에 일찍 퇴근해서 청소를 하고 늦둥이 딸을 씻기면서 가사를 담당했다.

저녁밥을 부랴부랴 해서 먹고 녹초가 되어 쓰러져 자면 남편은 내가 수금해 온 봉투에서 돈을 꺼내어 한 장 한 장 펴서 가지런히 해서 놓았다. 이러한 생활을 얼마나 했을까, 나중에 정신을 차리 고 생각해보니 남편이 계속 돈을 못 가지고 온 것임을 알게 되었 다. 그만큼 일에 미쳐서 나라도 열심히 돈을 벌어왔기 때문에 생 각만 해도 아찔한 생활고를 크게 겪지 않고 지나갔던 것이다.

만약에 내가 일을 하지 않았더라면 어떻게 되었을까? 아마도 남에게 돈 한 푼 빌릴 줄 모르는 내가 딸아이의 우유 값이나 생활비를 해결할 수 없기 때문에 남편을 가만두지 않고 바가지를 긁었을 것이다. 그리고 착하고 마음 약한 남편은 아마 술을 먹고 자책했을 것이며, 결국 가정이 파탄됐을지도 모를 일이었다.

몇 년 후, 남편의 사업이 조금씩 나아지면서 나는 앞으로의 비전을 보고 다른 화장품 회사로 직장을 옮겼다. 그 회사 회장님의 교육 중에 "한의 에너지가 불행을 끌어온다.", "일을 힘든 노동으로 생각하지 말고 재미로 즐길 때 복이 되어 불행에서 벗어나고 부(돈)를 끌어당긴다."라는 말씀을 듣고 사실 처음에는 이해를 못 했다. 하지만 반복해서 교육을 받고 지금까지 살아온 내 인생을 비추어 보았더니 이 말이 꼭 들어맞는다는 것을 발견했다.

남편의 사업에 문제가 생기기 전에 우연한 기회에 일을 시작하게 된 것을 큰 복이라 생각한다. 어린아이를 데리고 화장품 판매를 한다는 사실이 어떻게 보면 힘들고 불행한 일이어서 남편을 미워할 수도 있었다. 하지만 그런 생각조차도 못할 만큼 미쳐서 일을 하다 보니 그 사이에 불행은 지나가고 위기를 극복하게 되었다는 사실에 크나큰 자부심이 느껴졌다. 그리고 영업을 하면서 많은 고객과 사원들을 만나 상담을 통해 일과 돈의 관계, 한과 불행의 관계에 대해 잘 알게 되었다.

서민과 부자의 차이

'일을 열심히 하다 보면 돈은 열심히 벌리겠지?' 하는 막연한 생각으로 일을 하다 보니 부에 대한 욕심이나 인생의 구체적인 목표가 없었다. 그런데 지금은 생각이 많이 바뀌었다. 그동안 남에게 피해 안 주고 내 가정만 잘 꾸리면 된다는 생각으로 살았지만 지금은 생각이 바뀌어 내가 많이 부유해져서 주위의 더 많은 사람들에게 나누어 주고, 베풀어 주고, 사회에 공헌할 수 있는 사람으로 살고 싶다는 목표를 가지게 됐다.

일단 내가 부유해져야 힘든 사람들을 도와 줄 수 있다는 생각이 들었다. 새로운 목표가 생긴 후로 서민과 부자의 차이는 과연 무엇인지 알아보기 위해서 주위 사람들을 관찰하기 시작했다. 일은 서민이 더 많이 하는 것 같고, 부자는 쉽게 돈을 버는 것 같지만 자세히 들여다보면 꼭 그렇지도 않다.

서민은 먹고살기 위해 억지로 일을 하니까 한의 에너지가 나와서 불행을 끌어당겨 돈이 모이지 않는 것이지만, 부자는 일을 즐기고 감사하는 마음으로 하기 때문에 돈을 끌어당겨서 복을 받는다는 사실이 다르다.

그리고 상대가 아무리 잘못을 했어도 결코 미워하면 안 된다. 왜냐하면 한恨은 미워하는 사람의 몫이 되어 자신에게 불행으로 다가오기 때문이다. 말이 씨가 된다는 말이 있듯이 말이 거칠면 그야말로 거친 인생을 살게 되는 것 같다.

일복이 많다는 말이 있다. 이것을 두고 옛날 어른들은 복은 없고 쓸데없이 일만 많다는 부정적인 의미로만 해석을 했다. 그 이유는 농경사회에서 일을 고된 노동의 의미로 받아들이는 풍조가 있었기 때문이다. 그 영향 탓에 오랫동안 우리들 또한 일이란 생계를 위

해 억지로라도 해야 한다는 부정적인 인식에 사로잡혀 있다.

하지만 현대사회에서는 더 이상 그때와 같이 일을 부정적인 의미로 사용하지 않는다. 노동으로서 접근하면 돈이 생기지 않지만 즐겁고 감사한 마음으로 받아들이면 일은 곧 돈이 생기는 통로와 마찬가지이다.

그렇기 때문에 지금의 일은 노동이 아닌 곧 복과 관련이 있다고 생각한다면 한결 인생이 수월해지지 않을까? 일이 많아야 돈도 많이 벌 수 있다고 생각한다. 그렇기 때문에 "일복이 곧 돈복이다."라는 말은 우리가 좀 더 힘차게 살 수 있는 에너지를 제공해주는 훌륭한 동기부여가 될 것이다.

지금까지 복을 끌어오는 방법에 대해서 이야기를 했다. 이제 정리가 되었는가? 여러분의 삶을 진단하면서 부모님, 남편 등 주위 사람의 대한 미움과 원망을 거두고 자신의 처지를 비관하며 신세를 한탄하지 않고 자신을 사랑해야 남도 사랑할 수 있다.

무엇보다 가장 중요한 것은 일을 복으로 즐길 때 부와 행복이 따라온다는 사실이다. 그렇기에 일을 노동으로만 인식하는 옛날의 관점에서 벗어나 이제는 자신을 더 나은 삶으로 인도해주는 축복과도 같이 여겨야 할 필요가 있다. 이러한 마인드에 눈을 뜬 나는 반드시 그렇게 될 것임을 믿어 의심치 않는다.

최 은 서

예가인성형외과 상담이사

통일부산하 사단법인 나라사랑 중앙 본부장

사회복지 사랑나눔 실천재단 이사

고려대 2기 여학생회장

고려대 『명강사의 25시』 공저 저술

고려대 명강사 최고위과정 수료

인성지도사 1급 자격

명강사 명강의 1급 자격

인연의 색깔

삶이란 인생관

밝고 명랑하며 순박함을 지닌 나는 2남 3녀의 막내딸로 태어났다. 그런데 어린 17세에 아버지를 하루아침에 잃고 홀로 남은 어머니를 지독히 의지하고 사랑하며 살았다. 어느 누구나 부모의 사랑을 흡족히 받고 자랐겠지만, 유난히 사랑을 독차지하며 자란 내가 부모님의 품을 떠나 생활해 본다는 건 상상조차 할 수 없었던 일이었다.

아버지의 부재는 여린 나에게 너무도 힘겨웠다. 따뜻한 아버지의 사랑이 그리워 점점 더 우울증이 깊어만 갔다. 학교생활도 엉망이 되다 보니 휴학계를 내고 큰언니가 살고 있는 서울로 올라왔다. 하지만 언니와 생활한다 해도 낯선 서울에서 적응하는 시간은 너무도 힘이 들었다. 처음은 낯설고 부담스러웠으나 타향에서의 외로움은 혼자서 견디기엔 어린 나에게 너무나도 힘에 부치는 현실이었다.

그렇게 하루하루 열심히 살아가고 있던 중, 어느 날 갑자기 한

남자가 나타나 나를 여성으로 대해주기 시작했다. 매일같이 지극 정성으로 시간을 내서 내게 다가오는 그에게 차츰 마음의 문이 열렸다. 하늘의 달도, 별도 원하면 언제든지 품에 안겨줄 듯이 세심히 보듬어 안아주는 그는 내게 있어 구세주처럼 느껴졌다.

결국 스물 갓 넘긴 나이에 그 집념이 강한 남자와 결혼을 하였다. 외로움도 우울증도 사라지고 선택한 결혼생활에 최선을 다하자는 생각 외에는 그 어떤 잡념도 들지 않았다. 오로지 부끄럽지 않은 아내가 되어야겠다는 일념 하나로 결혼생활에 누구보다 충실했다.

그런데 당시 시어머니께서는 "저 애는 몸이 약해 살림이나 제대로 할 수 있을까 걱정되는데 어디 밥이라도 제대로 얻어먹겠냐? 생긴 건 여시같이 생겨가지고 말이야. 너 정신 바짝 차리고 살아야 한다!"라고 말씀하시면서 남편에게 당부하곤 하셨다. 아마도 내가 미덥지 않아서 그랬는지도 모른다.

하지만 그런 것에 전혀 아랑곳하지 않고 시어머니 봉양을 게을리하지 않으면서 남편 뒷바라지에 온갖 정성을 다 쏟았다. 시어머니와 남편, 자식들 모두에게 있어 부끄럽지 않은 사람으로 당당히 살아가고 싶었다. 그렇게 세월은 흐르는 물처럼 유유히 흘러갔다. 살림도 잘하고 아들도 낳고 건강하게 키우며 남편 뒷바라지에 정성을 다하자, 시어머니는 전적으로 이젠 내 편이 되어 주신다.

그렇게 15년이라는 세월 속에서 단아하게 변해가는 우리 부부를 주변에서 부러워할 정도였다. 이렇게 화목한 가정을 이루게 되니 아무 부족함이 없었다. 그러나 한순간의 경솔함, 자만심, 사회적 감투 욕심이 지나치게 커지면서 남편은 15년 동안 쌓아올린 모든 것들을 단숨에 허물어버리고 말았다.

호랑이 같은 시어머니 슬하에서 며느리 넷 중 가장 사랑과 인정을 받으며 살아온 나에게는 마른하늘에 날벼락이었다. '참으로 세상살이라는 게 이럴 수도 있구나!', '세상에 이런 일도 있는 거구나!' 하는 생각에 실망과 좌절감에 빠져 하늘이 무너지는 느낌이었다. 아무 의욕이 없는 나날 속에 정신은 피폐해지고 우울증은 더욱 심해졌다. 그렇게 의미 없이 2년이라는 세월 속에 내가 미쳐가고 있다는 걸 깨닫는 순간 소름이 돋았다.

그런데 한창 예민한 사춘기에 접어든 아들이 염려가 되어 서로 눈이 마주칠 때면 도리어 아들이 엄마를 안아주는 대견함을 발휘했다. 이런 아들이 없었더라면 나는 어떠한 길을 선택했을지 모를 일이었다. 아들의 눈망울이 울고 있었다. '엄마, 힘내세요. 엄마는 현실을 이겨낼 수 있어요.'라고 눈빛이 말을 하고 있었다. 그런 눈을 보니 도저히 이대로 주저앉을 수가 없었다.

결국 남편의 그늘에서 벗어나 홀로서기를 하기로 결심하고 친척 언니의 성형외과를 찾았다. 전문적인 교육을 받고 성형 상담을 시작했는데 지금은 어느덧 10년이란 경력을 가지게 되었다. 성형외과와 인연을 맺은 후에 긍지와 희망을 갖고 또다시 노력하면서 정열을 쏟다 보니 어느새 힘들었던 기억들은 사라지고 마음도 안정이 되어 점점 더 일이 즐거워졌다.

이제는 자연스럽게 고객관리를 하면서 수입도 만족스럽게 들어와 흥겹고 행복한 날들을 보낼 수 있게 되었다. 우리나라 여성의 수입으로는 썩 괜찮은 편에 속하기 때문이다. 과거 남성 중심의 사회에서 조금씩 여권이 신장되고 있는 오늘날에는 여성도 얼마든지 남부럽지 않은 사회적 · 경제적 여건을 갖출 수가 있다. 그리고 이 모든 일들을 통해 자신의 의지와 노력으로 마음을 잘 컨트롤한다면 안 되는 일이 없다는 것을 새삼 다시 느낄 수 있었다.

이 세상에 죽음을 선택하는 용기보다 더 큰 용기는 없다고 생각한다. 끝까지 가려고 마음먹었던 내가 홀로서기로 10년이라는 세월 속에 떳떳이 설 수 있었던 것은 바로 용기 덕분이다. 의지를 품고 무엇이든지 포기하지 않고 끝까지 계속하고자 하는 용기 앞에서 무엇이 두렵고, 어떠한 장벽이 겁날까? 겁난다고 피하고 몸을 사린다면 적자생존만이 살아남을 수 있는 세상을 어떻게 이겨낼 수 있겠는가? 엄마의 홀로서기를 지켜본 아들도 이젠 독립하여 기대 이상으로 열심히 사회의 일꾼으로서 생활하고 있다.

미래의 창은 목표라는 그림이다. 그림에 색칠을 하고 모양을 내는 건 본인의 몫이다. 인생은 남이 대신 살아주는 것도 아니기에 스스로 만들어나가야 하는 것이다. 이렇게 내가 성공할 수 있었던 노하우를 몇 가지 예를 들어 설명해보겠다.

아름다워지려는 이유
성형을 하고자 하는 사람들의 이유는 무엇일까? 한마디로 아름답고 싶어서이다. 다른 누구보다 예쁘다는 소리를 듣고 싶어 하고, 시선을 받고 싶고, 대우를 받고 싶어 하는 건 인간이 모두가 지닌 바람이 아닐까?

특히 여자에게는 남자의 시선을 끌고자 아름답게 보여주고픈 욕구가 더욱 크게 존재한다. 남자가 미인을 얻고 싶어 하는 본능에 따라 경쟁하듯이 여성 또한 자신만의 아름다움을 갖추어 더 멋지고 능력 있는 남성과 만나기를 원한다. 그래서 여성은 아무리 나이가 들어도 "예뻐졌다.", "아름답다."라는 칭찬에 약해질 수밖에 없다. 내가 더 예뻐 보여야 한다는 생각이 성형의 욕구로 이어지는 것이 현실이다.

20세기 최고의 미녀로 칭송을 받던 엘리자베스 테일러가 "다음 생에 다시 여자로 태어난다면 지금보다 조금 더 아름다운 여성으로 태어나고 싶다."라고 말한 표현은 우리에게 시사하는 바가 매우 크다.

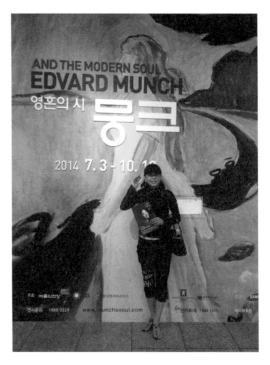

지금까지 상담해오면서 느끼는 바로는 거의 다 여자는 남자에게, 남자는 여자에게 관심을 끌고자 하는 동기로 오는 경우가 많았다. 물론 자기만족의 성형도 충분히 존재할 수 있지만, 자세히 속마음을 들여다보면 이성에게 향하는 눈길을 감출 수는 없는 것이다. 물질만능주의와 외모지상주의가 판치는 시대에서 자신의 모습과는 상관없이 오로지 취향에 맞는 상대를 만나기란 결코 쉽지는 않다. 어딘가 모를 부족한 부분을 보완하여 자신감을 갖는 것이 삶의 활력소가 될 수 있다.

외형적으로 이루어지는 성형이 마음까지 성형시킨다는 것은 창조적인 개념에서 오는 자신감인 듯하다. 자신의 동기부여는 물론 사회경제의 발전에도 활력을 불어넣게 되고 인생을 살아가는 데 있어서도 현명한 방법 중에 하나임은 사실이다. 보기 좋은 떡에 눈과 손이 저절로 가는 법이 아니겠는가?

그럼 어떻게 해서 주변 사람들의 시선 때문에 아름다워지는 것을 망설이던 분들이 성형을 하기로 결정을 하게 되었는지에 대해 알아보자.

1. 사업의 성공은 지식보다 성격에 달려 있다

무엇보다도 시작부터 인상적이어야 한다. 성격이란 것은 뭐라고 규정하기 힘든 다소 막연한 것이라서 변화하는 법을 안내하는 지침서를 만드는 것은 거의 불가능하지만, 몇몇 제안들을 이행한다면 최상의 효과를 볼 수 있다.

2. 피곤할 때는 고객을 만나지 마라

고객을 만나기 전에는 충분히 쉬면서 피로를 회복해야 한다. 즉 에너지를 충전한 다음에 미팅을 해야 하는 것이다. 예를 들어 사우나, 영화관, 마사지, 수면 등으로 컨디션을 한껏 업 시켜놓고 미팅을 하는 것이 훨씬 효과적인 결과를 낳는다.

3. 중요한 미팅이나 상담을 할 때는 소식하라

배가 부르면 정신이 나태해지고 세심한 면이 떨어져서 고객과의 명확하고 원활한 의사소통이 방해된다. 그렇게 되면 핵심을 놓치고 마음이 느슨해지므로 결국엔 적극성이 떨어져 원하는 성과를 이루내기가 힘들다.

4. 깔끔하고 매력적인 옷을 차려 입어라

옷을 맵시 있게 잘 차려입었다는 건 스스로의 자존심을 높여주고 자신감을 증대시키는 바람직한 모습이다. 이런 사소한 것들이 고객들의 마음을 사로잡아 성과에 지대한 영향을 끼친다는 사실을 기억한다면 한껏 수월할 것이다.

5. 미소를 지어라

고객과 상담을 할 때는 상체를 곧추세우고 다리는 의자에 딱 붙인 채 '당신을 만나 함께할 수 있어 기쁘다'는 미소를 멈추지 말아야 한다. 관심 있는 애정이 담긴 미소는 친근감을 배가시키기 때문에 상담이 수월해진다.

이미 찾아와서 상담을 할 땐 50%의 확률을 갖고 시작하는 것이기 때문에 거의 80%는 성과를 이루는 편이다. 사실상 반은 먹고 들어가는 것이기 때문에 상당히 유리한 조건에 있다고 할 수 있다. 위의 수칙들을 잘 지킨다면 훌륭한 성과를 이끌어낼 수 있을 것이다.

결국 고객 상담이란 다음의 세 단계로 이루어짐을 알 수 있다.

서론– 어떠한 문제를 고민하고 찾아왔는지 파악한다.
본론– 서론의 문제점을 정리 정돈해 이해하기 쉽게 설명하면서 핵심 부분을 코칭해준다.
결론– 이러한 장점과 단점을 취합해 최선의 방법을 제시하여 고객 스스로 결정을 내릴 수 있도록 한다.

인간의 예뻐지려는 욕망은 아름다운 것이다. 그렇기 때문에 성형수술이 무조건 비난을 받아서만은 안 된다고 생각한다. 성형수술은 일종의 자기계발이기 때문에 여자들이 아름다워지려는 욕구는 자연스러운 것이고, 아름답게 보이기 위해 노력하는 것도 미래지향적인 투자라 할 수 있지 않을까?

운동으로 몸매를 가꾸고 화장을 하고 성형수술을 하는 이 모든 것들은 자신을 좀 더 매력적으로 꾸미기 위한 노력들이다. 아무것도 꾸미지 않은 자연적인 모습도 아름다움이지만, 자신의 노력으로 가꾼 모습 또한 매력적으로 어필하는 아름다움이 될 수 있다. 물론 너무 외적인 아름다움에만 치우쳐 성형 중독에 빠지는 것도 문제이지만, 스트레스 받는 자신의 외모를 보완하여 자신감을 충족시키는 것도 인생을 살아가는 하나의 지혜이다. 그렇기에 성형수술을 무조건 부정적으로만 바라볼 것이 아니라고 생각한다.

무엇보다도 가장 중요한 것은 내면의 아름다움을 함께 가꾸는 것이다. 지성, 실력, 따뜻한 마음과 더불어 자신의 내면을 아름답게 가꾼다면 못난 외모는 그리 문제가 되지 않는다. 여러분도 앞으로의 남은 인생길에서 외면도 내면도 모두 아름다운 색깔을 지니며 살았으면 좋겠다. 인생의 주인공이 우리가 될 수 있도록 함께 노력하자.

탁 경 운

가.족.소.통.실.천.가.

現 [가족소통연구소] 대표

現 행복한아버지학교 총동창회 부회장

現 네이버 아빠놀이카페 전문위원 / 네이버 아빠학교 선생님

KBS1 굿모닝 대한민국 [두 딸과 무인도] 출연

KBS1 가족의 달 특집다큐 [아버지의 뜰] 출연

KBS2 출동 안전지대 [가족폭력 예방법] 출연

경향신문, 중앙일보, 여성중앙, 월간 퀸 인터뷰 外 다수

고려대 명강사 최고위과정 수료

저서 『아빠와 함께하는 10분 생활놀이』(공저), 『나의 직업은 아빠입니다』

돈이 아닌
행복을 법시다!

'소통'이 무엇보다 중시되는 시대이다. 대통령을 비롯한 고위급 인사들이 입을 모아 소통의 정치를 강조하고 '불통'으로 지목되는 정치세력은 국민들의 질타를 받기도 한다. 오랫동안 계속되어 온 '불통'의 정치에 국민들의 신뢰를 잃은 탓이다. '소통'이 없이는 '신뢰'도 있을 수 없다는 것이 많은 사람들이 생각하는 소통정치의 핵심이다.

한편 기업 역시 '소통'의 중요성에 눈을 돌렸다. 조직을 이끌어나가는 리더의 바람직한 리더십이 고전적인 카리스마형, 지시형 리더십이 아닌 먼저 실천하고, 자주 구성원과 소통을 시행하는 소위 서번트 리더십, 소통 리더십으로 바뀌어 가고 있는 것이다.

이를테면 친구들과 함께 어딘가로 여행을 간다고 하자. 자연스럽게 구성원들은 집단 내에서 여러 가지 역할을 맡게 될 것이다. 그러면 이러한 구성원들을 이끌어가는 리더가 또한 자연스럽게 생기게 될 것이다. 이러한 리더들이 집단을 이끌어가는 방식에도 여러 가지가 있다.

팀원들에게 이것저것 주문하며 무언가 시키는 것에 중점을 두는 사람이 있는가 하면 팀원들에게, 그리고 조직에게 무엇이 가장 필요한 것인지 연구하고 생각하면서 가장 힘든 일을 도맡아 하고 자연스럽게 팀원들이 그를 따라 행동하게끔 하는 사람도 있을 수 있다. 전자의 대화 방식은 명령이며 후자의 대화 방식이 소통이다.

그렇다면 '소통'은 비단 정부 내에서, 기업 내에서, 학교 내에서만 필요한 것일까? 사회에 가장 필요한 요소가 소통이라면 분명 사회 속 정부, 기업, 학교 모두 소통이 필요할 것이다. 하지만 정부, 기업, 학교를 형성하는 더 작으면서도 근본적인 집단, '가정' 속에서의 소통은 정부, 기업, 학교에서의 소통에 비해 조명을 받기도 어렵고 중요하게 다루어지지도 않았던 것이 현실이다.

지난해 여름, 경기도의 한 초등학교에서 학부모들을 대상으로 강의할 기회가 생겼다. 결혼 이후 가족 간의 소통에 남다른 가치관과 실행력을 보여 왔다고들 하는 소리를 들었는데 이번엔 특히 지인들의 입소문으로 초청된 강연이어서 매우 쑥스러운 자리이기도 했다. 학교 대강당에서 벌어진 가족 소통 강의는 두 시간 남짓 이어졌다. 그간 가족 내 소통에 대해 신경 쓸 겨를이 없었거나 신경 쓰고 싶어도 어떻게 현실을 바꿔나가야 할지 가닥을 잡지 못했던 학부모들은 본격적으로 다뤄지는 가족 내 소통에 대한 이야기에 열정적으로 반응하며 집중했다. 다양한 이야기들이 오갔지만 강의가 끝나고 조금은 쑥스러운 듯 넌지시 내게 이야기를 건넨 40대 후반 정도로 보이는 한 아빠의 말이 인상적이었다.

"정말 우리 큰딸아이와 단 1분도 제대로 소통이 안 돼요."

어찌 보면 이 시대의 수많은 부모님들이 하고 싶고, 또 공감할 수 있는 말이 아닐까? 그 분의 답답한 심정이 그대로 전달되는 듯했다. 이어지는 말에도 나는 귀를 기울였다.

"이제 대학생이 되었는데, 아예 아빠 말에 귀를 열지 않네요. 완전 남남이 한집에 사는 것 같기도 하고, 같이 있을 땐 말을 꺼낼까 겁이 날 지경이라니까요. 지금 생각해보니, 애가 어릴 때 바쁘다는 이유로 너무 소통에 소홀했던 것 같아요. 오늘 강의를 들어보니 가족 간의 소통이 이렇게 쉽고도 즐거운 놀이 같은 것이었는데 말이죠."

진지하게 강의를 듣고 얻은 것이 있다 하니 강사로서 정말 감사한 일이었다. 하지만 한편으론 안타까운 이야기였다. 이 세상 그 무엇과도 바꿀 수 없는 가장 소중한 가족과 소통이 전혀 되지 않는다는 건 얼마나 가슴 아픈 일일까? 다른 사람도 아닌 가족과 한 집에 있으면서도 남과 같은 집에 있는 것 같은, 아니 그보다 더한 냉기를 느낀다면 그 얼마나 안타까운 일일까? 가정 내 소통에 익숙하지 않다는 이유만으로 이러한 고통을 숨기며 참고 살아가는 사람들이 대부분이라는 점에서 더욱 안타까웠다. 하지만 그분이 미소 지으며 덧붙이는 말에서 희망이 묻어나 조금은 안도할 수 있었다.

"강의 듣는 내내 우리 집에는 소통할 수 있는 고정 채널이 너무 미약하다고 생각했어요. 큰딸은 너무 늦었지만, 초등학생 막내를 위해서라도 잘 해봐야겠어요. 너무 고마왔습니다"

자녀들이 다 크면 육체적으로나 정신적으로 성숙하면서 부모들이 '통제'하는 것은 사실상 어려워진다. 그렇기 때문에 더 이상 '소통'도 어렵다고 생각하는 부모들도 많다. 하지만 '통제'와 다르게 '소통'은 관계가 살아 있다면 얼마든지 시작할 수도 있고, 지속할 수도 있다. 나는 부디 부녀간에 행복을 가져올 소통채널이 다시 형성되고 재개되었으면 좋겠다는 바람을 갖고 그분의 눈을 쳐다보며 또렷하게 대답했다. '소통'을 위해 강인한 의지를 전달하고 싶다는 또 하나의 바람이 담긴 대답이었다.

"앞으로도 부모 자식 간의 관계를 3~40년은 지속하실 텐데 큰딸도 절대로 늦지 않았습니다. 작고 사소한 소통부터 담쟁이 기어오르듯 시작해보세요!"

나의 거듭된 강조에 그분은 흡족해하시며 인사를 청해 왔다. 나는 경쾌한 분위기 속 하이파이브로 응답하며 그분의 소통 성공을 빌었다.

고혜성쇼

이렇게 가족은 전체 사회의 기본 단위인 만큼 가족 간 소통도 사회적 소통에 직결되는 중요하고도 귀중한 과정이라고 할 수 있다. 하지만 우리는 그간 이렇게 중요한 가족 간 소통을 무관심으로 대해 왔었다. 과연 무엇 때문이었을까?

가장 큰 이유는 가족은 가장 가깝기 때문에 소통이 없어도 관계가 유지될 것이라는 생각이 아닐까 싶다. 우리는 흔히 가족은 일심동체로서 자연스럽게 이심전심으로 서로의 마음을 이해하고 관계를 유지시켜 나갈 것이라는 생각을 하곤 한다. 하지만 안타깝게도, 아무리 진심으로 사랑하는 가족 관계라고 해도 명확하게 드러나는 '소통'이 존재하지 않는다면 관계는 점차 힘을 잃고 사그라지기 시작할 것이다.

지구상에 존재하는 모든 물질 중 산소보다 소중한 물질은 우리에게 없을 것이다. 산소가 없으면 우리는 단 몇 분도 살아 있을 수 없으니 말이다. 하지만 눈에 보이지 않고 잡히지도 않는 산소가 우리 주변에 항상 존재한다는 사실을 우리는 수시로 망각하곤 한다. 그것이 없으면 살아갈 수 없다는 사실을 알면서도 말이다.

하지만 만약 우리가 물에 빠져 위기상황을 맞이했다면 그 순간 우리는 산소가 얼마나 우리에게 귀중한 물질인지, 소중한 물질인지 뼈저리게 깨닫게 될 것이다. 그 순간 산소가 우리 주변에 없고 그것 때문에 위기에 빠졌다는 사실을 잘 알기 때문이다.

가족도 이와 같지 않을까? 가족 간의 관계는 우리에게 그 무엇보다도 중요한 것이지만 우리는 항상 곁에 있다는 이유만으로 그 중요성을 간과하곤 한다.

강의 이후 나는 그 무엇보다도 중요한 '가족 내 소통'에 대해 글을 쓸 필요성을 느끼게 되었다. 그 이유엔 여러 가지가 있지만 강의를 하면서 가족 소통의 중요성을 알게 되고 절실하게 소통을 원하지만 이미 끊겨 버린 소통을 어떻게 하면 살려내고 되돌릴 수 있는지를 알지 못해 답답해하는 부모들의 심정을 현장에서 깊숙이 접했기 때문일 것이다.

2년 전 '아빠놀이'에 관한 공저(아빠와 함께하는 하루 10분 생활놀이)를 쓴 경험은 많은 도움이 되었다. 이러한 집필 경험을 바탕으로 삼아 지난 18년간 직접 해왔던 가족 소통에 관한 좌충우돌의 실체를 최대한 살려내려고 노력했다. 무엇보다 중요한 것은 가족 소통의 실질적인 방법이었다. 학부모들 대부분은 실질적으로 도움이 되는 가족 내 소통의 노하우를 절실히 원하고 있었다. 그래서 내가 직접 실천해 온 가족 소통과 그 과정에서의 경이로운 노하우들을 세밀히 묘사하려고 노력했다. 이렇게 노력하다 보니 어느새 한 권의 책이 완성되어 있었다. 그 책의 제목은 많은 고민 끝에 '나의 직업은 아빠입니다'라고 명명하였다.

지금은 이 책을 토대로 예상외의 바쁜 일정을 소화하고 있다. 가족 소통에 대해 관심을 갖고 가족 소통을 회복하기 위해 노력하는 분들이 내 생각 이상으로 얼마나 많은지에 대해 다시금 깨닫게 되는 순간이었다. 그러면서 다시금 조금이라도 더 많은 분들에게 내가 가진 가족 소통의 노하우를 알려드리고 싶다는 생각을 하게 되는 것이다.

어찌 보면 아주 소소한 가족 간의 소통에 얽힌 이야기이지만, 가정 내에서의 불통과 먹통이 자연스럽게 소통으로 흘러가는 반전을 맛보면서 기적이 따로 없다고 피드백해주시는 분들이 하나둘씩 늘어나고 있다. 얼마나 보람을 느끼는지 모른다. 이젠 보람의 차원을 넘어 일종의 사명감을 느끼고 있다. 책을 처음 낼 때는 예상치도 못했던 이 바쁜 일정을 꾸준히 소화하며 어려움보다는 기쁨과 행복을 느끼게 되는 것도 바로 이 사명감 때문이다.

문득문득 처음 가족 소통을 시작하고 효과적인 소통을 위해 여러 가지 방법을 강구하며 겪었던 좌충우돌 이야기가 생각난다. 우리 가족이 사는 집이라는 공간을 '가족 놀이터'라 칭하고 아빠로서의 역할에서 정신줄을 놓지 않기 위해 안간힘을 쓰던 때가 있었다. 그때나 지금이나 일관성을 지키며 유지시켜 나가고 있는 나의 소통 방식은 놀이와 이벤트라는 기본 플랫폼에 유익과 재미를 담고 그 실행에 따른 유, 무형의 보상을 게을리하지 않는 것이다.

내가 경험한 가족 소통의 실례를 살짝 들어보자면 다음과 같다.

매월 한 번씩 하는 가족회의를 가장 처음으로 들 수 있을 것이다. 가족의 일정을 기본으로 사소한 일에서부터 중차대한 집안일들까지 가족 모두가 민주적으로 공유하는 가족회의는 가족 소통 시스템의 가장 중심에 있다. 자진해서 받쳐주고 움직이는 리더가 소통의 리더십을 얻는다. 이처럼 집안일을 부모님이 독단적으로 끌어갈 것이 아니라 자녀들에게도 알 권리와 비판과 의견을 제시할 수 있는 기회를 준다면 자연스럽게 가족은 소통에 익숙해지게 될 것이다.

매월 한 번씩 숱한 산봉우리를 오르며 함께 땀을 흘리고 소원했던 감정들을 나누며 하산길에는 보물찾기로 아이들의 흥미를 유발해가며 지속한 가족 산행도 처음에는 많은 어려움을 겪었지만 지금은 정착된 지 오래다. 가정도 회사처럼 워크숍을 가자고 하여 우리 가족의 독특한 점들을 난상토론을 통해 규정해보고 늘 마음에 새기는 작업도 즐거운 여정이었다. 생각해 보면 소통을 하고자 하는 초

창기에는 어찌할 바를 몰라 아이들의 손톱을 깎아주며 시덥지 않은 농담과 유머를 해가며 눈높이소통을 실천하였는데, 지금도 그렇게 아이들과 썩소를 자아내는 유머로 손톱을 깎아주고 있다.

또한 가족생일이라 명명한 결혼기념일에는 온가족이 엄마 한 사람을 위한 이벤트를 꾸미며 놀라움과 감동을 주려 노력했던 지가 벌써 19년째에 이른다. 이 과정이 아이들에겐 얼마나 흥분되는 놀이이자 이벤트였는지 모른다. 아이들의 창의력과 실행력은 우리 부부가 예상할 수 없을 만큼 놀랍기까지 했다. 알고 보면 그것을 살려줄 수 있는 계기가 필요할 뿐이었다.

'남들과 똑같이 하지 말자'라는 기치 아래 생일이 되면 온가족의 세족식을 진행하며 깔깔대고 박장대소하는 과정 역시 우리 가족이 늘 하나가 되기에 충분했다.

2011년 가족회의 모습

용한 놀이에 익숙했고, 그 놀이를 통해 사회성과 창의성 그리고 수많은 인성의 중요한 요소들을 익혀왔다. 가족운동은 또 어떤가? 게을러지기 쉬운 아이들에게 용돈 프로그램과 맞물린 운동을 제안하여 늘 줄넘기와 윗몸일으키기, 108배를 운동 삼아 경쟁하듯 놀기도 한다.

그래서인지 중학생 딸아이는 줄넘기 1,000개를 한 번에 하는 것쯤은 그리 어려운 일이 아니다. 이제 초등 1학년인 막내 현우도 채 한 달이 되지 않았지만 윗몸일으키기를 한 번에 100개씩 하여 300개는 어렵지 않게 하는 수준이 되었다. 많이 시켜서가 아니라 과정이 즐거우니 그만 하라고 해도 자발적으로 즐거워하는 진풍경이 생기는 것이다.

이 밖에도 셀 수 없는 가족 소통을 위한 채널들이 씨줄과 날줄처럼 엮여 있다. 중도에 포기한 소통 채널들이나 소통을 위한 불가피한 불협화음은 헤아릴 수 없을 정도로 많았지만, 지금은 아름다운 기억으로 남아 있다. 이러한 시행착오의 과정들조차 내게는 어마어마한 행복을 가져다주었고, 믿기 힘들겠지만 그로 인해 밖(사회)에서의 과감한 모험이 시작되었고, 용기를 낼 수 있었으며, 일의 능률과 효율은 상상을 초월했다.

우리의 아이들에게 제대로 관심을 기울여주고 올바른 격려를 해줄 마음만 있다면 아빠로서의 가족 소통의 준비는 절반은 끝난 셈이다. 바쁘다, 시간이 없다, 아이디어가 없다, 피곤하다 등의 설득

력 있는 명분을 가졌던 아빠들은 내가 제시하는 놀이 같은 소통의
이벤트 앞에서 무력해지곤 한다. 그리곤 당장 돌아가서 세족식을
결행했고, 가족운동을 시도했으며, 아이에게 편지를 써 보았다는
피드백을 해주며 환한 웃음을 지었다.

아빠 요리로 주말을 보내고 아내의 날을 만들어 아내를 즐겁게
해주었더니, 밥상의 반찬이 달라질 뿐 아니라 식사시간이 화기애
애한 시간으로 탈바꿈하더라는 식의 이야기가 이어지며 가족 소통
에 자신감을 얻었다고도 한다. 이 얼마나 보람된 일인가?

13주년 가족생일(결혼기념일) 기념 프로포즈 이벤트 중

나의 조각과도 같은 경험에 비추어 보면 내 스스로 가족 이야기
를 많이 하면 할수록, 사람들의 가족 이야기를 많이 들으면 들을

수록 우리는 자신의 가족을 더욱 많이 떠올리게 된다. 당연한 이치다. 일터에서도 모임에서도 어디에서도 가족 이야기를 할 수 있다는 것은 그만큼 진솔하다는 증거일 뿐 아니라 매사에 가짜가 아닌 진짜가 되는 길이기도 하다. 내 가족을 걸고 하는 일에 부정이 끼어들 틈이 없을 것이며 내 가족을 떠올리며 사람과 교류할 때 가식이란 발붙일 곳이 없을 것이다. 무조건 모범적이고 무조건 교과서적인 고리타분한 세상을 만들자는 것이 아니라 우리가 착각하여 좇고 있는 가짜 행복, 허상의 행복이 아니라 가족을 중심으로 한 진짜 행복, 바로 내 집에 있는 파랑새를 찾았으면 하는 바람인 것이다.

가족 간의 소통에도 부익부 빈익빈의 법칙이 존재한다. 이제 우리는 재물의 부자도 좋지만 소통과 행복의 부자로 거듭나자는 게 나의 주장이다.

옳고 그름의 시대를 지나 유익·무익의 시대라고들 한다. 물건은 물론 사람조차도 유익과 무익을 따져 내게 무익하다고 여겨지면 사정없이 내치고 돌아보지 않는 것이 지금의 세태이다. 그럼에도 불구하고 가족만큼은 다르다. 내게 유익한지 무익한지만으로 해결될 수 없는 것이 또한 가족이다. 꿈을 잃은 많은 아빠들이 가정의 원활한 소통 속에서 자신의 꿈을 찾아 가정을 되살리고 사회에 기여하는 세상을 꿈꿔본다. 그러기 위해 이제 우리 모두 가족 이야기를 할 수 있는 세상을 만들어가야 한다. 그래야 나도 살고 가정도 살고 이 사회도 발전하며 국가도 번성할 수 있는 것이다. 거창한 무언가를 할 필요는 없다. 오늘 저녁 퇴근하여 우리의 가족들에게 작은 관심을 가지고 격려하는 것으로 시작되는 것이다. 일주일의 일정표에 식구들의 일정을 집어넣기만 하면 되는 것이다. 참 쉽다. 가족 이야기 하는 세상은 분명 대한민국을 훨씬 더 행복하게 만들어 줄 것이다. 이젠 돈이 아닌 행복을 벌어야 할 때가 도래한 것이다. ♪

둘째딸 민지와 서울숲 산책 중

3장

感謝

감사

김 옥

미방건설 대표이사

뷰티토탈 대표

나라사랑문화예술단장

아주대 CEO과정 수료

크리스토퍼 CEO과정 수료

고려대 명강사 최고위과정 수료

인성지도사 1급 자격

명강사 명강의 1급 자격

김옥의
20년 쇼윈도 부부 탈출기

모든 부부는 행복한가

페이스북을 보고 카카오스토리를 본다. 인터넷을 뒤적이며 블로그며 카페를 서핑한다. 어쩌면 그리도 행복한 사람들이 많은지, 나 자신이 초라하게 여겨진다. 세상에 사람이 모두 행복한데 나 혼자만 외롭고 불행한 것 같아 초조해지고 불안감이 밀려온다. 이렇게 건조하게 살고 있는 내 삶이 비참하고 초라하게 느껴진다. 어쩌면 그리도 아름답게들 살고 있는지, 어쩌면 그리도 다정한 부부가 많은지…….

그러나 나는 인터넷을 떠도는 많은 사람들의 행복을 액면 그대로 받아들이지 않는다. 어쩌면 이들 중 절반 이상은 무늬만 부부로 살아가면서 철저하게 남에게 보여주기 위해 행복한 척 애쓰고 있는지 모른다는 생각이 든다. 아니 절반 이상이 실제로는 행복하지도 않으면서 굳이 행복해 보이려고 부단히 애쓰고 있다고 느껴진다. 결혼 후 지속된 나의 생활이 바로 그러했기 때문이다.

꼭 내가 그런 생활을 해서가 아니라 주변 사람들과 가족사와 관련해 진지한 이야기를 나누다보면 무늬만 부부인 채로 아무런 교감 없이 살아가고 있는 부부가 의외로 많다는 것을 알게 된다. 쇼윈도 속에 전시된 마네킹처럼 방긋방긋 웃으며 화려한 자태를 뽐내지만 실상은 아무런 즐거움도 여유도 없는 그저 건조한 상태의 삶. 이런 모습으로 살아가는 부부가 이 나라에는 너무도 많다.

가정이 불행하니 삶이 즐거울 수 없었다. 매사가 고통스럽고 짜증스러운 삶을 너무도 오래 살았다. 다행스럽게도 나는 그토록 지긋지긋한 쇼윈도 부부의 삶을 극복하고 이제는 당당히 행복한 부부의 모습으로 살아가고 있다. 그래서 이 땅의 수많은 쇼윈도 부부들에게 진정 즐거운 삶, 너그럽고 평안한 삶을 되찾으라고 주문하고 싶다. 아니 도와주고 싶다. 그래서 당당히 그들 앞에 서서 마이크를 잡기로 했다. 나의 쇼윈도 부부 탈출기를 세상의 고통스러운 부부들에게 소개하고 싶다.

철부지 스무 살의 상경

고향 광주에서 고등학교를 졸업하고 곧 상경했다. 뚜렷한 재능도 없었고, 학구적이지도 못해 공부를 간절히 하고 싶지도 않았다. 형부와 언니가 서울에서 넥타이 제조업과 유통업을 하며 자리를 잡고 있던 터라 큰 부담 없이 나의 서울 생활은 시작됐다. 사무직으로 일을 배우기 시작했지만 내 성격상 영업이 맞을 것 같아서 백화점 판매직으로 자리를 옮겼다. 그래서 롯데백화점 잠실점에서 넥타이 판매를 했고 하루하루 즐거운 시간을 보냈다.

그럭저럭 서울 생활에 잘 적응했고, 별 걱정 없이 직장 일을 잘 하고 있다가 운명같이 한 남자를 만나게 됐다. 바로 지금의 남편 이다. 22세 되던 해 부천역 지하상가를 지나다 우연히 방문한 레 코드 가게에 번듯한 외모의 상냥한 남자가 나를 반겼다. 첫 만남 부터 우리는 호감을 갖기 시작했고 손님과 가게 주인 사이로 인연 이 시작돼 갈수록 정은 깊어만 갔다.

뜨겁게 사랑을 했고 그와 만나는 시간은 달콤했다. 2년여의 만남 이 지속되다가 둘 사이에 뱃속 아이가 생겨나게 됐고 그로 인해 24 세가 되던 해, 일곱 살이 많은 남편과의 결혼 생활이 시작됐다. 마 음의 준비도 미흡한 상황에서 갑작스럽게 결혼이 이루어졌고, 철 부지의 인생은 롤러코스터를 타기 시작했다. 행복할 시간도 없이 신혼 초기부터 윤기라고는 찾아 볼 수 없는 건조한 삶이 시작됐다.

너무도 다른 부부

남편은 지독히 가난한 집안의 아들이었다. 너무도 혹독한 가난을 극복하기 위해 중동 근로자로 파견을 다녀왔고 거기서 마련한 종잣돈으로 지하상가에 레코드점을 차려 기반을 이어갔다. 그러나 주변에서 남편을 도울 수 있는 형편을 가진 이는 아무도 없었다. 오히려 남편에게 짐이 되는 가족들만이 즐비했다. 그런 상황을 전혀 알지 못했던 나는 보증금 200만 원에 월세 10만 원을 내는 월세방에서 신혼을 시작해야 했다.

처음 겪어 보는 가난이었다. 철부지 어린 내가 감당하기에는 너무도 벅찬 가혹한 삶이었다. 남편은 근면 성실하고 도덕적이면서 완벽을 추구하는 유형의 사람이었다. 반면 나는 너무도 자유분방하고 무엇인가에 얽매이는 것을 싫어하는 호탕한 성격의 소유자였다. 각자가 추구하는 삶이 너무도 달랐다. 더구나 남편은 철저한 아침형 인간으로 저녁에 이른 시간이면 잠자리에 들었다. 나는 정반대로 밤에는 새벽까지 잠을 이루지 못하다가 아침에는 눈을 뜨지 못하는 생활을 고집했다.

둘의 삶은 너무도 달랐고, 나는 젊음을 꽃피워보기도 전에 가혹한 삶의 무게 앞에 절망을 온몸으로 느끼며 살아야 했다. 하루가 멀다 하고 다툼은 이어졌고, 행복이란 단어는 내 주변에서는 도저히 찾아볼 수 없는 남의 것이 되었다. 아침에 눈을 뜨면 억울하다는 생각으로 하루를 시작했다. 이 고통스러운 삶이 언제 어떻게 끝이 날 줄 모른다고 생각하니 절망의 크기는 더욱 커져만 갔다. 아이가 없었다면 내 결혼 생활은 이어지지 않았을 것이다.

하지만 우스운 것은 이렇게 불편한 삶을 살아가면서도 나와 남편은 남들 앞에서는 아주 행복에 넘치는 보통의 부부 모습으로 살았다는 점이다. 남편도 그걸 원했고 나 또한 나의 불행이 남들 앞에 비쳐지는 것이 싫었다. 그래서 우리는 속으로 썩어가면서도 겉으로는 아무 이상 없는 부부의 모습으로 태연하게 살았다. 당연히 주변인들은 우리 부부가 별다른 문제없이 그저 평범하게 살아가는 것으로만 알았다.

시련은 끝이 없고

레코드 가게의 운영이 여의치 않자 남편은 자신의 주특기를 살려 건설 현장에서 미장일을 시작했다. 너무도 각박한 살림이었기에 일손을 보탤 수밖에 없는 처지여서 남편이 일을 나갈 때 나도 따라 나갔다. 미장에 필요한 모르타르를 만들어 주는 것이 내 주된 일이었다. 아직 20대인 나는 꼭두새벽부터 건설 현장에 나가 모래를 체에 쳐서 물을 길어다 모르타르를 만드는 험한 일을 피해 갈 수 없는 상황이었다.

건축 일은 힘든 만큼 그런대로 수입이 괜찮았지만 힘들여 일을 해놓고도 노임을 제때 받지 못하는 경우가 허다했다. 한두 번도 아니고 그 힘든 일을 해놓고도 노임을 제대로 받지 못할 때는 밀려오는 좌절감을 감당할 수 없었다. 하지만 악착같이 돈을 모았고, 1억 원이란 적지 않은 돈이 만들어졌다. 지인의 소개로 대전에 있는 한 예식장에 지분 투자를 하게 됐다.

투자를 유도할 때는 금방이라도 벼락부자가 될 수 있을 것 같이 말했지만 막상 투자금에 대한 아무런 수익을 받지 못했다. 예식장은 경영 부실로 부도 처리됐고 폐업 후 3년간 송사에 휘말려 시간과 비용을 허비해야 했다. '어쩌면 이리도 삶은 가혹한 것인가.' 땅바닥을 치며 울었지만 아무도 도와주는 이는 없었다. 몇 번이고 죽음을 생각했던 참담한 시기이기도 하다.

좌절로 인해 방황을 하면서도 '그래도 우리 살 길은 이것밖에 없나 보다.'라고 생각하고 건설 현장으로 돌아왔다. 허무했지만 어쩔 수 없었다. 건축 일과 더불어 도배 일을 배우게 됐다. 도배 일은 수입도 괜찮은 편이었고, 노임을 떼이는 일도 없었다. 나중에는 직접 일을 맡아서 하는 수준에 이르니 수입은 한결 나아졌다. 건축 일과 도배 일을 동시에 진행하며 하도급을 받는 업체를 만들고 나서 그런대로 생활은 개선되기 시작했다. 하지만 여전히 마음은 상처로 가득했다.

남편은 성실하고 바른 사람이었지만 입이 거칠었다. 내뱉듯이 던지는 남편의 말에 상처를 입은 것이 한두 번이 아니었다. 모진 삶에 지쳐 쓰러질 듯 괴로울 때 남편 입에서 쏟아지는 거친 말을 들었을 때는 분노의 조절 기능을 상실하게 됐다. 싸움이 계속되는 사이 나의 생활은 대범해졌다. 남 앞에서 아무 일 없는 부부처럼 비쳐지며 살아가는 것 자체가 너무도 견디기 어려운 현실이었다. 나의 저항과 반항은 몇 차례 가출로 이어져 부부 생활은 최악의 위기를 맞았다.

아이들은 사춘기를 맞았고, 가정은 더욱 피폐해져 갔다. 매일 반복되는 부부 싸움과 엄마의 가출 등이 아이들에게는 씻을 수 없는 상처가 될 것이라고 판단해 아이들을 외국으로 유학 보냈다. 그나마 빠듯한 살림에 수입의 대부분은 아이들 유학 경비로 지출했고 우리 부부는 보증금 500만 원에 20만 원 월세의 생활로 복귀하게 됐다. 이런 최악의 상황은 내 나이 40대 초반에 이르도록 계속됐다.

쇼윈도 생활의 종지부를 찍다

결혼 초기부터 방황은 시작됐지만 그 시련은 예식장 사업에 참여했다가 모든 것을 잃고 난 후부터 약 4년간 절정을 이뤘다. 인생을 포기하다시피 내 멋대로 행동했고, 더 나빠질 것도 없다는 절망 속에서 하루하루를 보냈다. 남편을 향해 지속적으로 이혼을 요청했지만 남편은 받아주지 않았다. 이때도 남편은 남들 앞에서 우리가 다정한 부부의 모습으로 비치도록 행동했다.

그러나 4년 여를 절망 속에 살다보니 내가 지쳤다. 어느덧 40을 넘어서는 나이가 됐다. 불연 듯 '내가 왜 이렇게 살고 있지?'라는 자문이 생기더니 정신을 차려야 한다는 생각이 번뜩 들었다. 그러면서 방황의 종지부를 찍고 다시 일어서야 한다는 생각을 했다. 남편에 대해서도 더 이상의 미움을 끊고 사랑으로 대해 주어야겠다는 생각을 했다. 마음을 고쳐먹고 나니 세상이 달라보였다. 내 나이 이제 40인데 지금도 늦지 않았다는 생각이 들었다.

이 무렵 남편이 영세한 규모로 전문건설업을 시작했다. 남편 일이 잘 될 수 있도록 최선을 다해 도왔다. 그러면서 나의 일을 시작했다. 결혼 후 줄곧 남편이 하는 건축 관련 일과 도배 일을 거드는 데 집중했지만 이제는 내가 하고 싶은 일을 해야겠다고 마음을 고쳐먹었다. 그래서 40이 넘은 나이에 미용 일을 배우기 시작했다. 내가 평소 관심 있던 분야의 일을 시작하니 재미가 붙었다. 어떻게 시간이 가는 줄도 모르고 미용 일에 매달렸다.

내가 마음을 고쳐먹으니 가정이 밝아지기 시작했다. 부부가 잃었던 정을 회복하고 가정이 화목을 되찾으니 덩달아 사업도 번창하기 시작했다. 남편은 전문건설업을 시작한 이후 일취월장 성장을 하더니 몇 년 사이에 사세를 몰라보게 키웠다. 지금은 연매출 40억 원을 올리고 직원 40명을 두고 일하는 번듯한 회사의 경영주가 됐다. 워낙 성실하고 반듯한 성격의 소유자인 남편은 가정의 화목을 밑바탕 삼아 믿어지지 않을 정도의 사업적 성공을 이뤄냈다.

작은 미용실을 시작한 나도 불과 3년 만에 100평 규모 매장에 종업원 20명을 두고 경영하는 수준으로 사업을 확장시켰다. 물론 남편의 뒷받침이 있었기에 가능한 일이었다. 이 또한 가정의 화목이 뒷받침된 것은 두 말할 나위가 없다. 내가 좋아하는 일을 하면서 나의 발전도 가속도가 붙었다. 지금은 현재 운영하고 있는 매장과 비슷한 규모의 제2호 매장을 준비하고 있다. 남편 못지않게 나 또한 괄목상대할 성장을 이뤄가고 있다.

뼛속까지 느낀 '가화만사성'

내 인생을 돌아보면 천당과 지옥을 오가는 롤러코스터가 분명하다. 고향에서 보낸 20년은 그저 철부지에 지나지 않았다. 상경해서 결혼을 하고 처음 20년간은 지옥이 따로 없는 아비규환이었다. 미움과 상처, 증오와 원망으로 가득했던, 생각하는 것조차 끔찍한 시간이었다. 그 후 10년은 심경의 변화를 바탕으로 내 삶이 급격히 변해 마음의 평화와 안정을 되찾은 시기이다. 더불어 경제적으로도 상처에 새살이 돋아 올라오듯 아물고 성장을 이룩한 시기이다.

이렇듯 안정된 삶을 회복하기까지 내게 주어진 시간은 너무도 가혹했다. 그러나 기나긴 고통도 결국은 종지부를 찍었다. 그래서 나는 경제적 안정을 이루었고, 가정의 평화를 되찾았다. 중요한 것은 말 그대로 '일체유심조 一切唯心造'였다는 점이다. 내가 마음을 너그럽게 먹고 긍정적으로 생각하니 환경이 바뀌기 시작했다는 점이다. 가정이 화목해지니 안 될 일도 되더라는 점이다. 세상의 모든 기쁨과 슬픔은 역시나 내 마음 속에 있었다.

남편은 결혼 후 지금까지 줄곧 나를 끔찍하게도 사랑해주었다. 거친 언사로 내 마음에 상처를 안긴 적도 많지만 그래도 나를 많이 사랑해주었다. 내가 방황하고 저항할 때도 묵묵히 기다려주었다. 내가 이혼을 하자고 집요하게 요구할 때도 남편은 쓰라린 속을 달래가며 나를 설득해주었다. 그토록 극진한 오랜 사랑에 내 마음이 녹았고, 내 마음이 녹아 가정에 찾아온 평화로 인해 우리 가정은

긴 방황의 터널에서 벗어나 빛을 찾을 수 있게 됐다.

혼자 알고 있기 아까운 이야기

나는 무척 솔직하고 적극적인 성격의 소유자이다. 감추기보다는 드러내는 것이 편한 사람이다. 애써 포장하기보다는 있는 그대로의 모습을 드러내는 사람이다. 그래서 자신 있게 말할 수 있다. 지금 이 순간 겉으로는 아무렇지 않은 척, 행복한 척 하지만 내면적으로는 부부가 아닌 부부로 살아가는 많은 이들에게 내가 전하고 싶은 메시지는 너무도 많다.

쇼윈도 부부의 청산은 오로지 자신의 마음에서 비롯된다. 희생과 양보가 없이는 행복한 부부로 살아갈 수 없다. 행복하지 않은 부부가 화목한 가정을 꾸린다는 것은 어불성설이다. 20년 세월 한결같은 마음으로 나를 기다려준 남편은 우리 가정의 평화를 회복시킨 일등공신이다. 남편의 희생이 뒤따르지 않았다면 우리 가정의 행복은 없었을 것이 자명하다. 내가 어느 순간 번뜩하며 찾아온 자성의 시간을 받아들이지 않았다면 나의 불행은 지금도 이어졌을 것이다.

이제야 마음에 여유가 생기고 가슴 속 깊은 곳에 숨었던 울화가 가시기 시작한다. 지금의 내 웃음은 진정한 웃음이다. 내가 웃음을 회복한 뒤 남편은 고쳐지지 않을 것 같던 말버릇을 고쳤다. 하루가 멀다고 상처를 안기던 그의 입은 이제 내게 격려와 용기를 주는 입으로 바뀌었다. 남편은 나의 사회생활을 돕는 가장 강력한 후원자 역할을 하고 있다. 나는 남편의 가장 열정적인 반려자의 역할을 다하고 있다.

나는 나의 이 같은 과거 청산의 개인 역사를 쉴 새 없이 토해낼 것이다. 세상에 너무도 많은 쇼윈도 속의 부부들에게 나의 불행 탈출기를 전할 것이다. 가출, 이혼 요청, 자살 충동으로 얼룩진 젊은 시절의 방황을 극복한 나의 이야기를 세상에 알릴 것이다. 가정의 평화를 되찾고 더불어 사업적으로 성공이라는 큰 성과를 얻어낸 나의 과거를 많은 이들에게 알릴 것이다. 세상에 쇼윈도 부부가 사라지는 그날까지 나의 강연은 계속될 것이다.

박 정 희

수원여자대학교 사회복지학 전공

방송통신대학교 교육학사

대림대학교 CEO 최고위과정 수료

성결대학교 사회복지대학원 사회복지학 석사

예명대학원대학교 사회복지학과 박사과정

성남 YMCA 노인복지센터 근무

효행노인요양공동생활가정, 주 · 야간보호센터 대표

효행요양센터장, 효행복지교육원장

사회복지현장실습 지도교수

요양보호사 교육강사, 노동부 직업훈련강사

통일부 미래진로지도 교육강사

고려대 명강사 최고위과정 수료

인성지도사 · 명강사 명강의 1급 자격

공저 『사회복지 실천론』(2015 도서출판 에듀컨텐츠 휴피아)

아직도 늦지 않았어, 다시 시작이야!

길어진 노년의 삶

이제 우리 사회는 100세를 바라보는 시대가 되었다. 눈만 뜨면 TV, 인터넷, 잡지 등 건강·운동 프로그램이나 건강보조식품 등에 관한 정보들이 넘쳐나고 있다. 정보의 홍수 속에서 살고 있는 것이다. 그러나 노인복지 현장에 몸담고 있다 보니 100세의 삶보다는 건강한 삶에 대해 자주 생각한다. 매일 눈뜨면 거동이 불편한 할머니, 할아버지들을 만나면서 나이 들어 쇠약해지고 병들어 가는 과정은 어쩔 수 없다고 하지만 평소의 잘못된 생활 습관을 조금만 바꿔도 삶이 확연히 달라질 수 있음을 알기에 안타까움이 크다.

건강은 젊어서부터의 생활 습관이 좌우한다는 것을 절실히 느낀다. 어느 누구도 장담할 수 없는 것이 건강이다. 건강하게 보였던 사람이 어느 날 갑자기 뇌졸중을 만나 쓰러지는 경우를 지켜보기도 했고, 치매가 진행되고 있었지만 모르고 생활하다가 문제가 발생하고 나면 그제야 병원을 찾게 되는 경우를 종종 보게 된다. 노인의 경우, 인지상태는 유지하면서 거동이 불편한 경우도 있고,

거동은 자유로우나 인지가 손상되어 일상생활을 할 수 없는 경우가 있다. 전자의 경우는 너무 자신의 처지를 비관하여 우울증을 동반하기도 쉽고, 후자의 경우는 낙상이나 사고의 위험으로 이어질 가능성이 크다. 어떻든 시간이 지날수록 이차적인 병이 진행되는 것은 피할 수 없게 된다. 이러한 노년기의 삶은 누구나 피해갈 수 없는 숙명적 삶의 과정이라고 생각된다.

나는 2008년 노인장기요양보험 제도가 도입된 후 이에 편승하여 노인들의 마지막 생을 책임지는 노인 장기요양 사업에 참여하여 요양원 등 노인 돌봄 사업을 운영하고 있다. 그중 요양원은 70세 후반부터 90세 초반까지 대부분 혼자 힘으로는 생활이 어렵고 누군가의 도움이 꼭 필요한 분들이 입소하고 있다. 이분들도 젊은 날에는 왕성한 활동과 지위를 가지고 생활하였지만 세월은 피할 수 없어 스스로의 의지로 활동이 불가능하여 요양원에 입소하시게 된 분들이다.

이미 우리 사회는 산업사회를 넘어서는 과정에 있고 이전 사회의 대가족제도나 가부장적 사회에서 자연스럽게 이루어지던 노인 부양문제가 사회 환경이 변화하면서 크게 이슈화되고 있다. 현대사회는 의료기술의 발달로 인구 고령화가 심화되고 더불어 저출산과 핵가족화가 사회 현상으로 나타나고 있다. 저출산은 고령화 사회를 가져오고 핵가족화는 노인 부양 문제를 사회 전면으로 끌어낸다. 즉 노인 부양 의식이 점차 약화돼 노인문제가 사회문제화되는 것도 현대사회의 특징이다. 또한 사회적 환경변화로 노인부양 문제를 가족들이 전담하기에는 너무 벅찬 상태에 이르렀고 여성들의 사회적 진출과 맞벌이 부부의 증가 등으로 마음이 없어서가 아니라 시간적 여유가 없어 노인부양이 불가능한 시대가 도래하게 되었다. 이에 따라 사회나 국가가 나서서 일정 부분을 분담하는 것이 불가피해졌다.

이미 고령화 사회를 맞은 우리나라의 경우, 2008년부터 노인장기요양보험제도가 도입되어 요양을 필요로 하는 어르신들이 국가로부터 지원을 받고 있다. 충분하지는 않지만 국가가 이러한 문제점을 인식하고 제도적으로 보완을 시작하게 된 것은 다행스러운 일이다.

사람이 병들어 몸을 움직일 수 없을 때에는 누군가에게 도움을 받아야 한다.

젊어서 말로는 자녀들에게 의지 않겠다고 하지만 막상 건강에 이상이 생기고 나면 병원과 자녀들에게 도움을 받다가 요양병원이나 요양시설로 입소하는 일이 다반사이다. 사람의 일이란 모르는 일, 입찬소리를 하면 안 될 것 같다. 사람들은 늙어서 자녀와 같이 살지 않고 양로원이나 요양원으로 간다고 말하는 경우가 많다. 자식에게 부담을 주지 않겠다고 선언적으로 말하는 경우도 많다. 하지만 이런 이야기는 함부로 하지 않는 것이 좋다. 지금 당장은 건강하고 젊어 생각하기에는 내가 늙어서 돈이 없을 것 같지도 않고 치매에 걸리거나 큰 병에 걸릴 것 같지도 않지만 사람 일이란 알

수가 없는 노릇이다.

　늙어서 사기를 당해 빈털터리가 되기도 하고 치매에 걸려 자신은 물론 주변을 힘들게 하는 경우도 발생하게 된다. 타인에게 수발을 받고 싶어하는 사람이 어디 있겠는가? 내 힘이 닿는 대로 자립해서 살고 자녀에게 부담을 주지 않아야겠지만 만약을 대비해서 인생 말년에는 자녀에게 얹혀 살 수밖에 없다는 것을 인정해야 한다. 그래서 자녀에게 마음의 준비를 시키는 일이 중요하다. 사회복지제도가 아무리 완벽하다 할지라도, 아무리 돈이 많아도 인생말년에는 자녀의 보살핌을 받으면서 가족과 함께 사는 것이 가장 인간다운 행복한 삶이라 할 수 있다.

　나 역시도 내가 직접 요양원을 운영하기 전까지는 이 같은 사실을 깨닫지 못했다. 아무리 최상의 서비스를 제공한다 할지라도 인간의 본능은 어쩔 수 없나보다. 아무리 정신이 없어도 부모가 자식을 생각하는 마음이 얼마나 뼛속 깊이 사무쳐 있는지 자녀들은 알지 못하는 것 같다. 하기야 부모가 자녀에게 쏟은 정성 반만이라도 자녀가 부모에게 보답하면 효자·효부 소리를 듣는다 하지 않던가! '열 자식이 한 부모를 못 모신다.'는 옛말이 틀린 말이 아니니 말이다.

　요양원에 입소하신 어르신들의 갖가지 사연을 접하면서 부모 부양에 대한 가치관의 변화를 실감하게 된다. 치매에 걸려 재산을 미처 정리하지도 못하고 요양원에 들어오다 보니 자녀들 사이에서 재산을 둘러싼 분쟁으로 가족 불화가 끊임없이 이어지기도 하고, 재산을 자녀들에게 미리 나눠 주는 바람에 결국 오갈 곳이 없어서 요양원에 입소하는 경우도 보게 된다. 차마 요양시설에 보내면 큰일 난다 싶었는지 몸이 성치 않은 노모를 아들과 딸 집에 번갈아 가면서 모시는 경우를 보면 딱하기 이를 데 없다. 노후 설계는 정신이 멀쩡할 때 미리 해야 한다. 전문가의 도움을 받아서라도 미리 대비해야만 자손들의 갈등을 최소화할 수 있다.

요즘은 노후대책의 인식을 경제적인 부분에 우선순위를 두고 생각하는 경우가 많다. 사실 노후 대책에 있어서 경제적 부분의 비중은 매우 큰 것이 사실이다. 특히 의료 관련 비용의 부담이 크다. 의료비 외에도 노년을 걱정 없이 보내기 위해서는 적지 않은 비용이 필요하다. 오랜 노년 시간을 보내면서 수중에 돈 없이 산다는 것은 생각보다 훨씬 고통스러운 일이다. 우리가 잘 산다는 것은 많은 의미를 포함하지만 일반적으로 품위를 지키며 살아가는 것을 의미한다. 물론 돈보다도 자녀와의 사랑, 가족 간의 소통이 더욱 중요하다. 하지만 사랑과 소통과는 별개로 나이 들어 내 생활이 가능할 정도의 경제적 준비를 소홀히 해서는 안 될 것이다.

내 안에 갖고 있는 마음 바꾸기

노년기에 접어들어 삶의 여유를 찾는 것은 진정한 행복이다. 자

신이 즐길 수 있는 것은 무엇이고, 자기 인생에 간절히 원하는 것이 무엇인지를 찾는 것도 진정한 행복이다. 더불어 마음을 비우면서 자기 자신에 대한 집착에서 자유로울 수 있어야 성공적인 노화라 할 수 있다. 그러나 누구나 여유 있고 근사한 노년기를 맞을 수 있는 것은 아니다. 대부분 사람들은 노인에 대해 '고집이 세어지고 주변과의 대화도 안 통할 뿐 아니라 변화를 싫어한다.'고 부정적인 이미지를 가지고 있다.

노인들은 당면하는 신체적·심리적 문제로 고통을 받는다. 우선 감각기관이 노화하면서 시각, 청각, 미각, 후각 등 신체기관의 기능이 저하됨을 실감하고 자신이 늙어 간다는 사실을 인지하게 된다. 기억력도 급격히 감퇴해 최근에 있던 일도 잘 기억하지 못하는 경우도 생겨난다. 쉽게 노여움을 타는 것도 가장 큰 특징이다.

인생에서 실패했다는 상실감으로 사소한 일에도 쉽게 화내고 섭섭해 하기도 한다. 반면에 이기적이 되기도 하고 소유욕도 커지게 되면서 물질에 대한 집착으로 돈을 잃어버렸다고 하는 의심도 많아지게 된다. 매사에 흥미가 줄어들어 새로운 것을 받아들이는 데 어려움을 겪기도 하고 지나치게 의존적으로 변하게 되거나 반대로 무엇이든 혼자서 다 할 수 있다는 고집으로 자녀들과의 갈등을 초래하기도 한다.

누구든 가장 이상적으로 추구하는 삶은 건강을 유지하면서 주체적으로 살아가는 것이다. 그 이상적인 삶을 위해 내가 좋아하는 것, 재미있는 것은 무엇이고 그동안 해온 것은 무엇이며 앞으로 내가 하고 싶은 것이 무엇인지를 정리하여 자신의 로드맵을 작성해 볼 필요가 있다. 새로운 분야의 친구를 만난다든가 끊임없이 배우려는 열정적인 도전 정신이 있느냐, 없느냐에 따라 각자의 삶이 달라진다. 삶은 운명이 아니라 도전이고 자신이 원하는 바를 성취하여 창조적으로 이끄는 것이다. 건강한 삶을 살기 위해서는 자기 자신에 대한 개혁과 혁신을 가져오기 위한 노력을 게을리하지 말아야 한다.

'오늘도 나는 내일을 향한 꿈을 꾼다, 꿈꾸지 않으면 이룰 수 없다.'라는 비전을 갖고 끊임없이 배우고 변화를 받아들이면서 타인과의 관계 속에서 소통하는 것이 건강을 유지하는 방법이요, 곧 행복해지는 비법이다. 꿈꾸는 사람은 살아가는 힘이 있다. 어떤 꿈을 꾸느냐에 따라 그 사람의 일생은 여러 가지 모양으로 나타난다. 긍정적인 사람은 늘 꿈을 지니고 있다. 그리고 언젠가는 자신이 그 꿈을 이룰 날이 있으리라는 확신을 가지고 미래를 준비한다. 이런 사람은 자신 앞에 시련과 역경이 닥쳐와도 슬기롭게 극복해 낸다. 오랫동안 간직하고 있는 꿈은 언젠가는 이룰 수 있다. 꿈은 간직하고 있는 것만으로도 행복해질 수 있다.

아직도 늦지 않았어, 다시 시작이야!

여고를 졸업과 동시에 취업을 하게 되면서 나의 사회생활이 시작되었다. 같은 직장에 근무하며 사귀게 된 속 깊고 따뜻하고 배려심 많은 남편을 만나 결혼하게 되어 결혼을 이유로 당연하다는 듯 다니던 직장을 그만두게 되었다. 결혼 이후로 나는 아내로서, 엄마로서, 육아와 가사로 지극히 평범한 여자의 일생을 살아왔다.

젊은 시절 이루고 싶었던 꿈은 대학진학으로 이것에 대한 아쉬움이 있었지만 결혼을 이유로 너무도 쉽게 포기하고 말았다. 아내로서, 주부로서의 역할에 충실하며 일상이 주는 평범한 행복을 누리면서 살았다. 하지만 마음 한구석에 항상 미련이 남은 것이 있었으니 이는 어쩔 수 없었다.

아이들이 대학에 진학하고 난 뒤부터 배움에 대한 갈망이 용솟음쳤다. 하지만 사회는 변하여 보잘것없는 내 실력으로는 새로운 직장 생활을 할 수도 없었고 받아주는 곳도 없을 것이라는 절망감에 빠져 있었다. 하지만 그대로 주저앉을 수는 없었다. 방법을 찾아야 했다.

당시 나는 사회문제에 대해 적지 않은 관심을 가지고 있었다. 그래서 내가 거주하고 있는 지역사회를 중심으로 가정폭력 및 성폭력과 그 밖의 자신의 문제로 고통 당하고 갈등하고 있는 여성들의 인권문제와 생활문제가 눈에 들어오기 시작했다. 우선 내가 할 수 있는 일을 찾아 나섰고 그 결과 '한국 여성의 전화' 안양지부에서 상담 봉사를 시작했다.

그러자 더불어 나의 성향에 가장 맞고 내가 하고 싶었던 사회복지를 체계적으로 배우고 싶다는 생각을 갖게 됐다. 45세라는 적지 않은 나이에 수원여자대학교 사회복지학과에 진학하였다. 주변에선 "그 나이에 공부를 해서 어디다 쓸 것이냐."는 따가운 시선을 보냈지만 이에 아랑곳하지 않고 설렘과 두려움으로 나의 목표를 향해 첫걸음을 내디뎠다. 딸아이 또래들과 같이 공부하면서 나의 대학 생활은 정말 꿈같이 시작되었다. MT를 비롯해 학교 행사에 빠짐없이 참가하고 수업은 물론 힘에 부쳤던 사회복지 현장 실습을 다 수행했다. 그러는 사이 2년의 학교생활은 눈 깜짝할 사이 흘러갔다. 공부에 재미를 붙인 나는 방송통신대 교육학과로 편입하여 교육학사 자격을 취득하였다.

사회복지사 1급과 교육학사 자격을 취득해 성남 YMCA 노인복지센터에 사회복지사로 취업을 하게 되었다. 노인복지관 업무의 주 대상자는 기초생활 수급권자와 저소득층 어르신이었다. 대상자를 방문해 가정봉사원을 파견시켜 서비스를 제공하고 후원자를 발굴하여 독거 어르신들과 연계해 주기도 했다. 틈나는 대로 일일찻집, 밑반찬, 도시락 지원, 벽지·장판 지원, 김장 나눔 후원 등 '노인 종합 돌봄 서비스' 사업에 온 정열을 쏟아 책임을 다했다. 노인복지 현장에서 근무하다 보니 사회 현상에 대한 변화가 보이기 시작했다.

우리나라는 불과 18년 만에 세계에서 유래를 찾아볼 수 없는 속도로 급속하게 고령화가 진행됨에 따라 가족의 노인수발에 대한 부담을 덜 수 있는, 국가가 책임지는 노인장기요양보험제도가 도입됐다. 노인복지사업에 참여하고 현장 실무를 경험하면서 노인장기요양보험제도의 현안에 대한 문제점과 서비스 질 개선 방안에 대해 고민을 하게 되었다. 그런 연유로 사회복지대학원을 진학하여 '요양보호사의 임파워먼트가 서비스 질에 미치는 영향'–The Impact of Caregiver's Empowerment on Service Quality 논문으로 석사학위를 취득했고 현재는 예명대학원에서 사회복지 박사과정 중에 있다.

매력적인 명품여성

나는 다년간 노인복지 현장에서 업무를 수행하면서 쌓은 실천 경험과 지혜를 나와 같이 경력이 단절되어 변화를 원하는 많은 여성들에게 전달하고 도움이 되고 싶다는 생각을 갖고 있다. 요양보호사 교육원에서 강의를 하였고 통일부 주관 미래진로지도를 통해 탈북 여성을 위한 요양보호사자격반에서 강의에 참여한 경험이 있다. 더불어 노동부 직업훈련강사로도 활동하고 있다. 이러한 강의 경험을 통해 경력 단절 여성들에게 희망을 주고 노하우를 전수해 줄 수 있는 기회를 갖고 싶다.

사회복지학은 인간과 사회복지제도를 대상으로 연구하는 응용 학문으로 개인, 가족, 집단, 지역사회, 국가차원의 복지문제를 이해하고 해결방법을 연구하고 실천하는 학문이다. 나의 강의는 이론적 배경 설명과 함께 생생한 사례가 동반되기 때문에 학습자들에게 호응도가 높은 특징을 지닌다. 특히 수강생들 개개인으로부터 고민을 접수 받아 직접 상담을 해준다. 상담 과정을 통해 나는 자신감을 얻어 강의에 더욱 열중하게 된다. 특히 학습자의 강점을 발견하여 실천할 수 있도록 동기부여를 제공하는 역할을 하고 있다. 수강생들은 내가 이렇듯 용기를 북돋아 주고 자신감을 가질 수 있도록 해주는 것에 대해 큰 고마움을 갖는다.

그동안 현장에서 경험했던 실무에 관한 내용을 후배나 교육생에게 적극적으로 알리고 싶다. 아무리 자신이 알고 있는 지식이 많더라도 밖으로 끌어내어 타인에게 전달하지 않으면 활용가치가 없는 지식이라고 할 수 있다. 이제는 강의의 범위를 넓혀서 나와 같이 경력이 단절되었거나 학업을 지속하고자 하는 후배들에게 동기를 부여하는 부분에 집중하고 싶다. 자신의 능력 계발을 위해 적극적으로 나서고 당당하게 직업을 갖고 일하는 여성으로 나설 수 있도록 도움을 주고 싶다.

이제 나에게는 새로운 도전의 기회가 왔다. 그동안 꿈으로만 간직했던 명강사로 가기 위한 첫발은 '고려대학교 명강사 최고위과정'을 통해 시작됐다. 지난 시간 힘들고 어려움도 있었지만 내가 하고자 하는 목표가 있었기에 도전을 한 것이다. 남들은 늦었다고 생각할지 모르겠지만 나는 전혀 늦었다는 생각을 하지 않는다. 오랜 경력 단절의 상황을 극복하고 대학을 졸업, 자격증을 취득해 사회복지사로 당당히 사회에 진출했던 것처럼 이제는 강사라는 새로운 분야에서 우뚝 설 것이다. 내가 갖고 있는 많은 노하우를 멋지게 풀어낼 것이다.

사회복지 현장의 상황은 결코 녹록치 않다. 경력 단절을 극복하고 재취업을 하는 경우 자신이 하고자 하는 욕구가 강하기 때문에 성실성과 책임감 있는 자세로 근무하는 경우가 대부분이다. 그래서 현장에서 경력 단절 극복 여성에 대한 신뢰가 상대적으로 높다. 사실 새로운 과정을 도전하는 것은 자신에 대한 용기이고 아울러 자신의 꿈을 실현하면서 살아가는 모습이 가장 아름다운 모습이다. 마음을 어떻게 먹느냐에 따라 내 현재와 미래가 결정되기 때문이다. 나는 경력 단절을 두려워하는 이 땅의 많은 여성들을 위해 용기를 주어 세상에 나서도록 도와줄 것이다.

현실의 어려움을 이겨낼 수 있는 힘이 필요하다. 그러기 위해서는 '내 안에 갖고 있는 마음 바꾸기'가 선행돼야 한다. 두려움을 없애고 언제든지 당당하게 나설 수 있는 마음가짐을 가질 때 세상은 나를 받아들일 것이다. 현재의 나와 미래의 나를 안정감 있게 받쳐 주는 주춧돌을 만들어내고 새로운 도전에 나서는 여성들을 돕는 일에 적극 나설 것이다. 더불어 내 본연의 업무인 노인복지에도 열중할 것이다. 인생의 끝자락에서 삶을 정리하는 노인들의 곁을 지키면서 그들의 행복한 노후를 도와드리고 가족의 역할과 우리 사회가 해야 할 일에 대한 무한 책임을 느끼며 강의와 봉사로 남은 삶을 알차게 살아갈 것이다.

박 종 미

경희대학교 졸업

우정사업부 우체국 근무

보육교사 2급 자격

구리국민서관 지사장

고려대 글로벌리더최고위과정 수료

고려대 명강사 최고위과정 수료

인성지도사 1급 자격

명강사 명강의 1급 자격

작은 거인은
누구인가

성실로 시작한 작은 거인

공무원으로 재직 중일 때였다. 일과 가사를 병행한다지만 말처럼 쉽지 않은 일이어서 내심 속앓이를 했던 시기이기도 했다. 그때 들었던 말이 아직도 생생하다.

두 아이의 엄마가 된 나에게 친정아버지의 "돈이 중요하냐. 아이가 중요하냐."의 물음. 나는 그때 아이가 중요함을 뼈저리게 깨달았다. 그래서 결심했다. 나는 남들이 부러워하는 공무원직을 포기하고 육아에 힘썼다. 그러던 중 아이를 키우면서 또 다른 나의 삶을 시작하고 싶은 마음이 일었다. 나는 보육교사 자격 공부를 하여 자격증을 취득하게 되었다.

그 무렵, 남동생은 유아사업 지사장으로 2곳을 경영하고 있었다. 때마침 그중 구리지사를 내가 맡게 되면서 나의 제2의 인생 시나리오가 시작되었다.

공무원으로서의 짧은 재직기간이 직장생활의 다였던 나였다. 사회인으로서 무르익기는커녕 아직 서투른 어른일 뿐이었던 나였다. 그러나 일사천리로 영업이라는 새로운 과제에 두려움 반 호기심 반으로 나의 도전은 시작되었다.

요즘은 여자들이 일선에서 많은 오너들을 만날 수 있지만 15년 전에는 그다지 여자 오너들을 만나보기가 어려웠다.

어느 날이었다. 새로운 거래처를 돌며 이런 일이 있었다. 한 어린이집 원장님께 "여자 영업사원을 원장님들이 좋아하세요."라는 의문의 말을 들었던 것이다. 그건 입에 담으면 안 되는 뉘앙스와 함께 나의 자존감을 건드렸다.

원문을 나오면서 난 많은 것을 생각했다. 이대로 주저앉을 것인가. 아니면 더 독하게 마음먹고 열심히 끝까지 도전할 것인가. 하지만 어려운 질문이란 예상과는 달리 답은 금세 나왔다. 난 조금의 망설임도 없이 끝까지 열심히 하여 저 원장님의 생각이 잘못됨을 증명해 보이라 다짐했던 것이다.

그러기 위해서 난 "물건을 팔러 다니는 지사장이 아니라 나 자신을 파는 지사장이 되어야겠다." 마음먹었다.

또한 내가 공부한 보육과정 내용을 잘 파악하여 유치원과 원장님들에게 필요한 것을 빠르게 준비하여 영업에 활용하기로 하였다.

그렇게 결심을 다졌다. 나는 원장님들과의 약속은 철저하게 지켰고 적은 금액 물건이라도 따지지 않고 성실히 납품하였다. 원장님들의 마음은 저절로 움직이기 시작했다.

요즘은 컴퓨터에 재무 시스템이 잘되어 있어 그때그때 장부에 기록하고 저장하여 편안하게 장부 정리가 되었지만 15년 전에는 그렇지 않았다. 그 당시에는 수기로 작성했음에도 내게는 오차를 내지 않는다는 자부심이 있었다. 그러한 실행 덕분으로 원장님들께 나는 정확성까지 인정받아 지금까지 성실하게 유아사업을 이끌어 올 수 있었다.

당시 두 아이의 나이가 6살, 7살이었다. 공무원 일을 하던 회사 일을 하던, 무얼 병행하면서 집 살림까지 해낸다는 건 정말 어려운 일이었다. 하지만 나는 고난이 닥칠수록 더욱 강한 신념으로 일어서길 반복했다. 역경은 물론 힘든 시기이지만 나를 강하게 키우는 거름이기도 한 것임을 나는 그때 깨달았던 것 같다. 나는 그렇게 나름 최선을 다하며 하루하루를 보냈다.

어느 날, 큰 아이의 학습지 선생님께서 나를 만나고 싶다 전해왔다. 나는 무슨 일이냐고 물어 봤다. 내용인즉슨 가정 도우미를 쓰시는 것 같지는 않은데 집안이 항상 정리정돈이 잘되어 있어 무척 보고 싶었다고. 그런데 이렇게 작은 체격을 가진 분인지 몰랐다고. 그래서 또 한 번 놀랍다고.

내 자랑이기보다 이런 일화가 내가 살아왔던 신념을 그대로 보여주는 것일 것이다. 나는 일도 가정 일도 유아도 그 어느 것 하나 소홀히 하고 싶지 않았기 때문이다. 물론 벅찬 목표였지만 난 해냈고 할 수 있다는 믿음은 해낼 수 있는 힘을 주었다.

돈 좀 번다고 가정 살림과 아이들의 사랑까지 대충 한다면 무엇을 위한 것인가? 정작 중요한 것을 빠트리고 재산만 축낸다면 그 사람은 결국 아무것도 이룰 수 없을 것이다. 한때는 저러한 자문에 혼동이 일기도 하였지만 이제는 아니었다. 그리고 나는 완벽하지는 않지만 최선을 다해서 모든 걸 열심히 해내었다.

나의 자녀 교육철학은 자식들에게 강요가 아닌 부모로서 자식들의 롤모델이 된다는 것이다. 그리고 그것은 먼저 실천하고 성실한 모습을 보여주는 것이라고 생각했다.

어느 날 큰아이가 "엄마, 난 엄마가 아빠보다 더 좋고 엄마를 아빠보다 더 많이 생각하고 있어요. 왜냐하면 엄마는 할아버지, 할머니에게 잘하시고 저희와 하는 약속은 잘 지켜주시니까요." 나는 그 말에 정신이 번쩍 들었다. 나는 한 번도 아이에게 멋진 엄마인 척, 상냥한 엄마인 척, 관대한 엄마인 척 보여주려고 했던 것이 아니었는데……. 나는 그냥 보여주는 모습 그대로 보여줄 수 있는 모습을 항상 해 왔던 것이라 아무 생각이 없이 생활해 왔을 뿐인데……. 아이들은 나의 평상시 모습을 잊지 않고 보고 있었던 것이다.

나는 너무나 놀랐다. 살면서 많은 일들과 많은 결과물에 평가를 받아온 나였다. 질책도 극찬도 받아보았던 나였다. 하지만 자식에게 받은 평가는 처음이었고 그것은 나에게 큰 충격이었다.

"자식은 부모의 뒤통수를 보고 자란다."고 했다.

그 경험 이후로, 그리고 내 그림자의 영향력에 대해 다시금 생각해본 이후로, 나는 이 말을 머릿속 아니, 가슴속 깊이 새기면서 살아가리라 마음먹었다. 지금도 성실히 실천하고 있다고 자부한다.

15년이라는 세월 동안 주변의 많은 경쟁사들이 없어졌다. 그리고 생겨나길 반복했다. 하지만 난 이 바닥에 버젓이 남아있다. 내가 이 유아 사업에서 지금까지 꾸준히 살아남았다는 것. 이것이 다름 아닌 나의 성실함을 증명한다고 나는 생각한다.

열정이 넘치는 작은 거인

어느 날 나는 문득 멈춰 서서 생각했다. 열심히 달려오다 보니 어느새 나는 내 나이의 숫자가 점차 많아지는 걸 잊고 있었다.

잠시 한숨을 쉬고 생각해 보니 어느덧 내 나이 49살……. 아, 40대 마지막을 보내는 해에 나는 분명한 이유가 포착되지 않는, 알 길 없는 두려움에 사로잡혔다. 아직 열정은 식지 않았는데 40대의 마지막을 맞이하는 것이 조금은 아쉽고 뭔가가 미진했던 것 같다. 다가오는 50대를 준비 없이 맞이하는 것 같아 그 마음도 두려웠다.

하던 일을 잠시 멈추고 나는 생각했다. '어떻게 40대를 정리하고 50대를 맞이할 것인가?' 문득 나는 30대에도 이와 비슷한 경험이 있었음을, 30대 마지막에 한 일이 생각났다. 그것은 가장 친한 친구와 함께 30대 모습을 영원히 간직할 수 있는 사진을 촬영했던 기억이었다.

그래서 난 나의 40대 마지막 모습을 30대 마지막 때처럼 남겨

두기로 마음먹었다. 그길로 나는 고급스러운 스튜디오를 찾아가서 나의 현재 모습을 멋진 사진으로 남겼다. 40대에 한 일 중에는 내가 사회에서 그리고 학교에서 만난 두 여동생들과의 일화가 있었기에, 그들의 결혼에 이바지한 것이 생각나서 그들과의 기념사진도 마련하였다. 그리고 이를 기념하는 조촐한 작은 파티도 빠질 수 없었다. 이로써 나의 40대는 잘 정리되었다.

그런 후. 나는 나의 50대를 어떻게 맞이할 것인가를 많이 고민했던 것 같다. 이제껏 살아왔듯이 늘 변함없는 일상의 연속으로 시작하고 싶지는 않았다. 그보단 좀 더 멋지게 그리고 나의 이 열정을 발산할 수 있는 것이 무엇일까 고민을 많이 했다. 조심스럽게 생각해 보니 평소에 등산을 좋아하는 나였다. 그래서였을까. 뜬금없지만 히말라야 등산이 섬광처럼 떠올랐다.

그래. 가자. 나는 별 어려움 없이 마음을 먹었다. 그리고 계획을 짠 후 바로 실행에 옮기기로 하였다. 어디서 그런 결단력이 나왔는지는 미지수지만 그것이 삶의 행로에 있어 나의 추진력을 배가시키는 힘이란 걸 알기에 나는 망설임이 없었다.

때는 2015년 2월. 나는 네팔 안나푸르나 푼힐 베이스캠프 트레킹 11일에 도전했다.

나는 이 여행에서 왔노라. 힘들게, 보았노라. 웅장함을, 그리고 느꼈노라. 힘든 정상일수록 천천히 묵묵히 다가가야 함을.

그리고 혼자 할 수 없음을 보고 느끼고 온 나는 그것만으로도 많은 걸 배웠다고 자부했다. 항상 배우며 느끼는 것이 나의 목표였음으로 나는 더욱 더 열정을 쏟을 것을 다짐했다.

도전 그리고 완정. 해발 4130M을 성공적으로 마칠 수 있었던 비결은 나의 페이스를 잃지 않고 나 자신을 믿는 데 있음을 나는 어렵지 않게 깨달았다. 또한 남에게 피해 없이 안전하게 내려옴이 진정한 산행의 완주인 것이라고 더불어 생각했다.

히말라야를 통해 얻은 것은 이번 여행에서 가장 큰 깨달음을 얻은 데 있다 하겠다. 힘들고 의미 있는 일은 혼자 할 수 없다는 것, 그리고 체험했다는 것이 나의 이 열정에 끝까지 불을 지피고 포기하지 않는 열정을 불어넣어준다는 것. 또한 무사히 완주할 수 있었던 건 옆에서 말없이 함께 해준 친구 덕분이었던 것이다.

자기 몸도 마음도 힘든데 서로 대한 배려와 격려가 큰 힘이 되어주었던 것이다. 그리고 어려운 상황일수록 그 힘은 더욱 빛나고 강해짐을 나는 몸소 배웠다.

세상은 혼자 태어났지만 이 혼자들이 모여 결국 함께라는 것은 이렇게나 소중한 깨달음인 것이다. 나는 이걸 히말라야에서 돌아오며 새삼 뼈저리게 느꼈던 것이다. 그리고 상대의 배려와 격려가 큰 힘을 만들어 낼 수 있음을, 나 또한 누군가에게 커다란 힘이 될 수 있음을 나는 직접 체험하였다. 이로서 나는 주변 사람들에게 물질적인 것보다 정신적인 것들, 이를테면 위로와 희망의 메시지를 전달해야겠다는 생각을 많이 하였다. 그리고 이러한 다짐은 많은 사람들과 함께 어우러지는 삶을 계획해야겠다는 인생의 새로운 목표로 이어졌다.

그리고 네팔의 현지 사람들의 모습을 잊을 수가 없다. 나는 그들의 얼굴에서 열악한 환경 속에서도 굴하지 않고 늘 행복으로 가득 찬 얼굴을 보았던 것이다. 그건 뭐랄까, 아름다움이었고 진실된 삶의 자세였다. 그들을 보며 나는 지금 나에게 주어진 모든 것에 감사함을 느끼고 저들보다 물질적으로 누리는 많은 것들을 당연하게 여기는 삶에 대한 나태를 버려야겠다는 생각을 하였다.

이런 생각을 나이 50이 다 되어서야 하게 된 나 자신과 나의 삶이 부끄럽게 여겨진 것도 사실이다. 늘 현재에 만족하지 못하고 불만과 그로 인한 불행으로 점철되었던 지난날들. 그것은 더 나은 행복의 삶으로 가려는 것이 아니라 불행한 현재에 머물 수밖에 없는 자신의 덫이었던 것이다.

발음조차 아득한 히말라야. 그 높은 산을 무거운 짐과 함께 하면서도 나는 불평불만을 일삼기보다 기쁨과 행복이 가득한 그들의 미소를 결코 잊을 수가 없다. 영양가보다는 주어진 것에 만족하며 배를 채우고, 현재의 녹록치 않은 현실에서 보다 감사한 미래를 생각하면서 열심히 살아가는 저들의 열정을 난 하나도 빼먹지 않고 고스란히 담아왔던 것이다.

9일을 꼬박 걸으면서 나는 생각했다. 이 힘든 과정에서 가장 중요한 것은 이 모든 과정이 나의, 나만의 과정이라는 것이었다. 즉 타지이고, 초행이고 이런 것과는 상관없이 내 일과 나의 도전의 성패는 내가 혼자 이루어야 된다는 것이었다. 어쩌면 내가 무사히 정상을 오를 수 있었던 것도, 그곳을 향해 걸어갈 수 있었던 것도 이 나만의 철학을 절실히 깨달았기에 가능했을지도 모른다. 나의 열정이 조금이라도 식었다면 정상까지 하물며 목표 근처도 도달하지 못했을 것이다.

성공이 무조건 삶의 목표였던 때. 도중에 안주해서 그 자리에서 움직이지 않고 있던 그 모든 것. 이것들이 다 나의 몫임을, 내가 짊어지고 가서 끝내는 풀어내야 하는 숙제임을 나는 깨달았다.

멋지게 시작한 나의 50대의 열정은 20대의 혈기만 왕성했던 열정은 아니었다. 그렇다 하더라도 이러한 경험은 연륜에서 배운 많은 지식과 경험으로, 함께 공존하는 열정으로 보다 더 아름답게 나의 삶을 그려 나갈 수 있을 것 같은 희망과 예감을 내게 건네주었다.

노력으로 계속 커가는 작은 거인

문득 나는 지금의 자리에서 주변을 돌아보았다. 내가 알고 있는 사람들 그리고 지금 나와 함께하는 사람들을. 성격 탓일까. 지금 내가 관계하고 있는 사람들은 거의 나의 전부를 차지하고 있었다.

부모님, 자식, 원장님, 그리고 학교에서 만난 친구까지……. 중요하고, 없어서는 안 될 존재들이었으나 잠시 들여다보니 나의 공간이 너무 좁은 걸 나는 깨달았고 이곳이 나의 열정을 온전히 쏟아붓기엔 부족한 공간임을 깨닫게 되었다.

어느 날 지인이 말했다. "박 사장. 큰 꿈을 갖고 싶다면, 더 큰 곳에서 더욱 다양하고 많은 사람들을 만나면 좋을 것 같은데." 그 말에 나는 여전히 그 말의 필요성과 시급함을 피부로 느끼진 못하고 있었다. 여전히 소극적으로 만남의 장소를 고수했고 거리가 멀다, 혹은 아직 때가 아니다 라는 핑계로 생각만 하고 있었던 게 사실이다. 그 무렵 우연히 나에게 찾아온 "고려대학교 명강사 최고위과정"은 머릿속에만 잠재워 두었던 나의 또 하나의 목표를 실천으로 옮기는 정말 소중한 계기가 되어주었다.

10년이 넘게 원장님들과 함께 하면서 느꼈던 바가 있다. 원장님들의 가장 큰 고초는 교사들의 인성문제였는데, 그 이유는 짧은 기간에 자격을 소유한 선생님들이 대부분이었기 때문에 책임감도 많이 떨어지고 의무감 또한 많이 부족해 성실함에서 베테랑과 차이를 보였다는 것이었다. 그건 인생에서 가장 중요한 유아 시기의 아이들을 제대로 교육시키지 못함을 고스란히 보여준다. 나는 지금까지는 물건을 파는 지사였지만 원장님들이 가장 힘들게 생각하고 있는 이 문제를 교육을 함께하는 지사로 만들어 해결하자는 꿈을 늘 갖고 있었더랬다.

고려대 명강사 최고위과정! 나의 해결되지 않는 고민거리에 해답이 온 것이었다. 고려대 명강사 최고위과정에서 이로써 미래의 나의 꿈을 위한 노력은 시작 되는 것 같았다.

　이 과정이 끝나면 강사로서 준비해야 될 많은 과정을 찾아 배우러 다니며 끝없는 배움과 실천 속에서 작은 거인에서 커다란 거인으로 변모되어 있는 나를 발견하게 될 것이다. 그 행복한 모습을 상상하면서 나는 오늘도 달린다. 이제껏 해왔듯 나 자신을 믿으며 더 열심히 노력해야겠다.

송 한 용

세종대학교 경영전문대학원 MBA 경영학석사

예명대학원대학교 사회복지학과 박사과정

현 신도리코 신도중앙서비스 대표

현 HP 중앙컴퓨터 대표

공저 『사회복지실천론』(2015 도서출판 에듀컨텐츠 휴피아)

고려대 명강사 최고위과정 수료

인성지도사 1급 자격

명강사 명강의 1급 자격

성공을 하려면
고객의 마음을 읽어라

마케팅이란

마케팅은 상품과 용역을 생산자로부터 소비자에게 원활히 전달하기 위한 비즈니스 활동을 말한다. 소비자는 필요로 하는 여러 가지 상품을 원하는 가격에 원하는 방법으로, 원하는 시기에 구입하고자 한다. 그러나 생산자의 입장은 대량 생산에 의해 표준화된 많은 상품을 낮은 비용으로 빨리 공급하는 것이 바람직한 것이다.

이와 같이 생산자와 소비자의 희망을 결합해서 능률적인 공급을 하는 것을 보통 마케팅의 정의로 표현한다. 그렇다면 '능률적인 공급'을 위해 마케팅은 정확히 어떤 일을 하는 것일까?

마케팅의 정의는 21세기 이전과 이후로 나눌 수가 있다. 21세기 이전까지의 마케팅marketing은 수요를 관리하는 사회과학으로만 정의되어 왔다.

마케팅은 제품 생산과 제품 판매의 영역에 있어 광고, 영업 등 창의성을 갖는 산업으로 비쳐왔으나 한편으로는 마케팅이 하는 일은 소비자가 가질 만한 미래의 요구와 욕구를 예측하는 일로 한정

되어 왔던 것이 사실이다. 즉 능동적으로 소비자의 수요를 창조해 내기보다는 소비자의 필요와 욕구를 예측하고 그에 어울리는 상품을 생산해내어 생산과 수요의 균형을 맞추고 능률적인 공급을 시행하는 쪽에 더 비중을 두고 있었다고 할 수 있다.

하지만 21세기 이후 많은 부분이 달라졌다. 마케팅이라는 단어의 정의는 '어떤 잠재적인 욕구를 자극하여 표면상으로 이끌어내는 행위나 동기'가 되었다. 즉 용어의 범위가 시장에서 벗어나 확대된 것이다. 이를 통하여 일상의 행위에서도 마케팅이라는 용어가 등장하게 되었다. 마케팅은 그 용어의 시작이 시장에서 출발하였으나 일상생활에까지 영향력을 주며 의미가 확대되어 온 것이다.

예를 들어, 큰 기업에 입사하기 위해 면접을 준비하는 사람이 회사에서 다른 사람보다 높은 연봉과 대우를 받고 싶어 한다고 치자. 그는 자기 자신의 능력을 상대방에게 비싸게 요구하는 셈이다. 즉 자기 자신의 능력을 상대방, 즉 회사에게 판매하는 행위가 요구되는 것이다. 여기서 그 판매 행위를 어떻게 구성하고 전달할 것인지에 대한 모든 일련의 행위를 마케팅이라고 할 수 있겠다.

그가 입사에 성공하려면, 즉 자기 자신의 능력을 회사에 판매하는 데에 성공하려면 회사의 인사 담당자가 그의 능력을 필요로 해야 할 것이다. 하지만 그가 아무것도 하지 않은 채 자신의 능력을 판매하려고 한다면 입사 담당자는 그의 능력이 회사에 필요하다고 느끼게 될까? 분명 그는 자신의 능력이 회사에 필요하다는 것을 입증하기 위해 여러 가지 노력을 할 것이다. 이것은 입사 담당자가, 나아가서 회사가 가지고 있는 잠재욕구를 자극하는 행위라고 할 수 있다. 즉, 그가 입사에 있어 상대방이 가지고 있는 잠재욕구를 자극하여 필요로 하게끔 만드는 행위 자체가 마케팅인 것이다.

큰 마케팅

마케팅은 쉽지 않은 일이다. 마케팅의 세계에서만큼은 아무리 내 분야의 고수이고 전문가이더라도 나의 한순간의 조그마한 실수로 인해 그동안 추진해온 것들이 한 줌의 재로 사라질 수 있게 된다. 이것이 바로 냉정한 영업의 세계라고 생각한다.

그렇다면 영업에 있어 승리자라는 것이 존재할까? 경쟁에 연이은 경쟁이 끊임없이 반복되고 어제의 승자가 오늘 한순간에 모든 것을 잃고 원점으로 돌아갈 수도 있는 영업의 세계에서 이는 대답하기 만만치 않은 질문이다.

하지만 나의 영업에 대한 오랜 경험으로 볼 때 "영업의 진정한 승자는 누굴까?"라고 묻는다면 나는 이렇게 답할 수 있을 듯하다. "늘 고객을 생각하고 늘 고객의 입장에서 생각하며, 늘 고객과 상호상생의 관계를 추구하는 자가 바로 진정한 영업의 전문가"라고 말이다.

그렇다면 진정한 마케팅이란 무엇일까? 이도 어려운 질문이다. 하지만 오랜 경험으로 생각해 볼 때, 이 질문은 바로 '마케팅이란 것은 어떻게 해야 돈을 많이 벌까?'라는 원론적인 질문에서 그 답을 찾아야 한다고 생각한다.

사람들은 살아가면서 돈 들어갈 곳이 많다. 내 집 마련도 해야 하고 자동차도 구입해야 하고 자녀 교육도 시켜야 되고 여행도 다니고 부모님 용돈도 드려야 되고 정말 돈이 많이 들어간다. 돈이라는 것이 굉장히 치사해 보이지만 자본주의 사회에서는 반드시 필요한 것이다. 그러면 부자의 기준은 무엇일까? 그 기준을 잡는 것은 쉽지 않다. 그 기준은 사람마다 서로 다르기 때문이다. 단 천만 원만 가지고 있어도 부자라고 생각하면 부자인 것이다. 실제로 이렇게 생각하는 사람들도 많이 있다. 마음이 부자인 사람들이다. 하지만 대한민국의 어떤 책에서는 '약 50억 정도는 가지고 있어야 부자다.'라고 말을 한다.

그렇다면 돈을 많이 벌기 위해서는, 즉 부자가 되기 위해서는 큰 마케팅을 해야 된다고 생각한다. 이는 개인도 마찬가지고 기업도 마찬가지이다. 그렇다면 큰 마케팅은 무엇일까? 상품 중심으로 하는 마케팅이 아닌 고객 중심에서 하는 마케팅이다.

우리는 흔하게, 그리고 쉽게 마케팅은 고객 중심에서 하는 것이라고 말한다. 하지만 이는 말처럼 쉽지 않다. 모두들 고객 중심에서 마케팅을 한다고 말을 한다. 하지만 고객 중심이라고 하는 것이 모두들 머릿속에서만 생각을 하는 것이지 실제 실천은 안 되는 것이 사실이다. 그렇기 때문에 개인이든 기업이든 부자는 그렇게 많지 않다. 하지만 그러한 어려움을 뚫고 실제 고객 중심의 마케팅을 실천하는 사람은 부자가 될 수 있다. 이는 개인은 물론이고 기업도 마찬가지이다.

실제 기업은 경쟁에서 이기기 위해서 어떤 길을 선택할 것인가? 전략이 없으면 회사나 직원들은 어떻게 해야 좋을지 모르고 각자 다른 방향을 보게 되고 가게 된다. 그렇다면 전략이란 무엇인가? 전략의 뜻은 전쟁에서 이기기 위한 지혜를 말한다. 즉, '전략'은 본래 전쟁 용어라는 것이다.

전쟁은 반드시 적이 있다. 전쟁을 시작한다면 주변에 보이는 수많은 경쟁 상대가 모두 적이다. 어디 눈에 보이는 경쟁 상대뿐이겠는가? 적은 눈에 보이는 경쟁 상대를 비롯해서 눈에 보이지 않는 경쟁 상대까지도 포함한다.

이렇게 전쟁을 수행하는 자의 주변에 포진한 수많은 경쟁 상대들도 어느 곳을 가고자 하는 목적이 있다. 그 목적을 달성하기 위해 그들 역시 '전쟁'을 수행하고 있는 것이다. 그렇기 때문에 전략이 필요하다. 그 전략은 치열한 비즈니스 싸움에서 이기고 목적지까지 도달할 수 있게 해주는 수단인 만큼 몹시 중요하며 좀 더 차별화된 것이 필요하다. 당신의 상대들 역시 '전략'을 사용할 것이 분명하므로 차별화가 무엇보다 중요한 것이다. 그래서 경쟁우위를 확보하기 위한 전략이 필요하다.

우리는 가끔 신상품이나 신제품 등에서 실패하는 사례를 많이 볼 수 있다. 이런 것들도 부서 간에 있어서 자기 역할만 충실히 할 뿐 내가 하는 행동이 고객에게 어떠한 영향을 미치는지 모르고 있기 때문이다. 업무만 충실히 하는 것과 고객 중심으로 일하는 것은 다르다.

어느 외국인이 카운터에 가서 체크인을 한다고 생각해 보자. 체크인을 담당하는 그 여직원은 교육받은 대로 정말 친절하게 상냥한 미소를 띠며 일을 하고 고객을 대한다. 만일 그런 가운데 체크인을 하던 외국인이 옆에 붙어있는 포스터를 보고 여직원에게 물어본다면 어떤 일이 생길까? 외국인은 저 포스터의 내용이 궁금해서 그런다고 어떤 내용인지 자세히 알려달라고 한다. 하지만 여직원이 자기는 체크인 업무만 담당하고 있어서 포스터의 내용에 대해서는 잘 모른다며 저쪽에 있는 매니저에게 물어보라고 한다면 어떨까?

  일차적으로 생각해 보면 이는 당연한 일이다. 그런데 이 외국 손님은 여직원의 발언에 따라서 호텔 전체에 대한 이미지를 다르게 생각할 수 있다. 이와 같이 조직 속의 한 사람이 하는 일은 자신이 맡은 업무와는 다른 방향에서 고객과 조직에 영향을 끼칠 수 있다.
  자기가 어떤 조직에 속해서 일을 하고 있는지 항상 생각하면서 업무를 본다면 내가 하는 일이 고객에게 궁극적으로 어떤 영향을 미치는가? 고민하게 될 것이다. 또한 부서 이기주의도, 자기 룰에 맞춰서 업무를 보려는 행동도 하지 않을 것이다. 내가 하는 일이 고객에게 어떤 영향을 미치는지 생각해 본다면 부서에 대한 이기주의는 결코 있을 수 없게 될 것이고, 이것이 바로 빅 마케팅이라고 생각한다.

  이번엔 다른 예를 들어 보자. 복사기 품평회에 참석한 고객에게 복사기 사용 후기를 요청하고 참여할 경우에는 사은품이 지급된다고 했다. 그런데 그 고객은 내가 전에 쓴 복사기보다 액정이 작아서 이용하기가 불편하고 화상이나 화질이 떨어진다고 말한다. 하지만 그 담당 연구원은 자기가 만든 제품에 대한 자부심에 가득 차 다음과 같이 설명을 하게 된다.

  "저희 회사는 이번에 원가 절감 차원에서 버튼 부분을 터치스크린 방식으로 바꾸었고, 화상은 8색에서 4색으로 바꾸었습니다. 화질은 약간 차이가 나겠지만 내구성을 더 좋게 하여 기존 복합기보다 훨씬 더 오래 사용하실 수 있도록 개선하였습니다."

연구원의 이러한 대답은 과연 올바를까? 그 연구원이 그런 설명을 해야 되는지, 말아야 되는지를 나에게 묻는다면 나는 하지 말아야 한다고 생각한다. 왜 그럴까? 이 제품이 시장에 나가면 직원이 일일이 따라다니면서 설명을 할 것도 아니고 액정이 작아서 싫다고 하면 어떻게 하면 보다 저렴한 비용으로 액정을 크게 만들 수 있을 것인가? 이것을 생각해야지 그렇게 된 사유를 구구절절하게 설명한다는 것은 변명밖에 되지 않는다. 소비자가 어리석은 것 같지만 소비자의 한마디 한마디를 해답으로 생각하여 제품에 대한 불만사항이 좋은 쪽으로 개선될 수 있도록 방법을 모색하고 제품이 시장에 나가서 잘 팔릴 수 있도록 하면 되는 것이다.

이를테면 회사 본부장이 원가 절감 차원에서 설비라인 총 4개 중 한 라인을 줄여서 3개의 라인만 운영하겠다고 이야기한다고 해보자. 그 말을 오너가 들었을 때는 어떻겠는가? 원가를 절감하고 생산성을 향상시킨다는데 이 말을 오너가 들었다면 오너의 입장에서는 기분이 매우 좋을 것이다. 그러나 고객 입장에서는 다르다. 고객의 입장에서는 원가 절감과 생산성 향상은 아무 의미가 없다. '원가를 절감하고 생산성 향상을 하면 너희 회사나 좋지 나한테 무슨 소용이 있느냐.' 이렇게 말을 하면 할 말이 없다. 고객은 제품이 불량이 없고 튼튼하게 생산되는 것을 원하는 것뿐이다.

그렇다면 본부장은 고객한테 설명하는 것에 있어서 설비라인을 4개에서 3개로 줄여 원가를 절감하고 생산성을 향상했다는 점을 말할 것이 아니고 이 4개 라인에서 불량률이 몇 퍼센트가 나왔는데 내년도에는 작업자의 숙련도를 높여서 불량률을 몇 퍼센트 정도 떨어뜨려 원가는 떨어뜨리고 생산성은 몇 퍼센트 올리겠다, 라고 말하는 것이 정답이다.

원가 절감, 생산성 향상이 목적이 된다면 이것이 진정한 브랜드 정신이다. 어떻게 하면 우리 공장이 불량률은 줄이고 고객은 만족시킬 수 있는지 고민하는 것이야말로 원가 절감의 길이라고 생각한다. 돈을 목적으로 하지 않고 고객 만족을 목적으로 한다면 돈은 부수적으로 따라오게 되어있다.

질문을 통해 마음을 파악한다

질문을 통해 마음을 파악한다. 이는 상담과 설득을 통해 이루어져야 하며 고객이 구매를 하도록 구매 심리를 자극하여야 되는데, 우선 인간적인 마음으로 고객에게 다가서야 된다. 영업사원은 대부분 교육받은 대로 틀에 맞추어 줄줄이 외우는 듯한 말투, 억양으로 고객을 대하면 안 된다.

사람들은 정말 필요에 따라서 구입도 하지만 부추김으로 인해 충동적으로 제품을 구입하게 되는 경우가 많다. 그렇기 때문에 인간적인 고객의 구매 심리를 상담을 통하여 정확히 파악하여 다시 고객에게 전달하여야 한다. 고객의 마음에 관심을 끌려면 인간적인 마음, 이 제품을 구입함으로써 이익이 되는 부분을 상담을 통하여 파악하고 인내심을 가지고 설득을 통하여 고객의 마음을 사로잡아야 된다.

진정한 판매의 고수가 되려면 고객이 순간의 거부감으로 상담자를 물리치려 할 수도 있다는 것을 이해하고 해소해야만 한다. 상담이라고 하는 것은 꼭 그 제품에 대한 설명 또는 말이 아니어도 그 대화에 대한 거부감을 완화시킬 수 있는 그 어떠한 대화도 좋은 것이다. 대화를 자연스레 유도하여 내가 원하고자 하는 분위기를 이끌어 간다면 고객도 나를 바라보는 진정한 시선이 달라질 것이라고 생각한다.

상대를 설득하는 능력은 내가 어떻게 상담을 하느냐에 달려 있다. 반복적인 질문을 통해 고객의 말을 경청하고 반영하여 고객이 원하는 것이 진정으로 무엇인지를 알아내고 고객에게 이익이 되는 점을 사실적으로 검증하여 지속적으로 인내를 가지고 설득해 나가야 된다. 이 지점에 도달하려면 상담과 설득을 통해 포커스를 맞추는 것이 필요하다. 이렇게 설득을 한다면 내가 원하는 좋은 결실을 맺을 수 있을 것이라 생각된다.

만족하여 산 고객은 제일 좋은 선전원이 된다

오늘날 마케팅은 정말로 중요한 의미를 지닌다.

경제의 발전으로 소비자 욕구가 다양화, 개성화되고 인터넷과 여러 정보 매체들로 인해 고객은 스스로 많은 정보를 얻게 되었다. 고객은 이제 평범한 것이 아니라 정말 특별한, 나만을 위해 특화되고 개인화된 서비스를 원하게 되었다. 즉 개별적으로 특별하게 대우받기를 원하는 소비자 계층이 늘어나고 기업들의 기술 수준이 어느 정도 평준화된 것이다. 특별한 제품의 개발보다는 고객이 원하는 상품을 원하는 시간과 장소에 공급할 수 있는 능력이 중요하게 된 것이다.

제품에 대하여 만족하여 산 고객은 주위 사람들에게 이야기를 해 줌으로써 입소문 광고효과를 극대화시킬 수 있고 제일 좋은 나만의 선전원이 될 수 있다. 즉 내가 판매한 고객은 영업사원에게 있어서 중요한 홍보수단, 나의 중요한 분신이 될 수 있고 나만의 충성고객으로 만들어 나갈 수 있기 때문이다.

한번 구입한 고객은 영업사원과 고객의 믿음의 바탕 위에 설 확률이 높아 재구매 고객 창출의 영광을 누릴 수가 있다. 제품에 만족한 고객은 제품 및 서비스에 대한 상표 충성도를 갖게 되기 때문에 내가 사용하는 기기의 만족은 그 브랜드에 대한 충성도로 이어져 동일 브랜드의 다른 기기를 구입할 확률이 높아진다. 그러므로 한번 맺게 된 고객과의 관계는 평생고객으로 유지시킬 수 있는 확률이 높아진다.

또한 비용 절감의 효과도 가져온다. 신규 고객의 유지는 일반 고객의 유지보다 비용이 더 많이 들어간다. 하지만 고객이 처음 소비한 제품에 만족하여 재구매나 반복 구매를 하게 되면 그 제품을 구매하도록 설득할 필요가 없기 때문에 판매비나 광고비, 홍보비, 인건비 등을 크게 절약할 수 있다.

'왜 안 팔리는지 모르겠다.' 이것은 철저하게 자기중심적이냐, 아니면 고객 중심적이냐 하는 차이에서 매출에 큰 영향을 미친다. 영업이란 고객에게 내가 물건을 파는 것이 아니라 고객이 영업인에게 물건을 사도록 하는 것이다. 고객의 마음을 읽는 것은 습관이고 실천이며 고객의 마음을 읽으면 성공이 보인다.

이 영 수

한국가스공사 근무

부산대 경제학과 졸업, 진주고등학교 졸업

미국 Berkeley대 어학연수

영국 Shell사 Natural Gas Development 교육

미국 Huston Natural Gas 교육

영국 IRAQ Security 교육

APEC, ASEAN 및 국제기구 담당

국내 경영전략연구 교육

KOGAS Dubai Office 근무

러시아 Irkutsk PNG사업 예비타당성조사 수행

프랑스 인수기지 운영시스템 기술도입 계약 수행

ADB 차관 기술연수 교육 담당

미8군 제38방공여단 미사일 운용병

전국한자교육추진총연합회 회원

산스크리트 연구회 회원

고려대 명강사 최고위과정 수료

어문학회 한자 · 인성지도사 · 명강사 명강의 1급 자격

세상을 널리 관찰하고 통달하자! (광박첨망廣博瞻望)

"참이며 거짓이 없는 것으로써, 자기 자신에 충실하고 그리고 남는 힘이 있거든 남에게 정성을 다하라!"

한 개체로 태어나서 사회 구성원이 되고 인격체로 성장해 가면서 수없이 많은 고난과 역경을 겪게 되는 것이 인생이다.

생물학적 탄생과 더불어 유기체의 일원으로 삶의 존재가치를 가지려면 우리는 어차피 타인과의 상호의존 속에서 자기 본연의 정체성을 확립하게 되고, 또 그것이 우리가 이 세상에 태어나고 자란 삶의 궤적이라고 본다.

그러나 이 세상은 그렇게 호락호락한 놀이터가 아니지 않던가? 어느 때부터 망각이 손님처럼 다가오고 이기심에 사로잡혀 평정심을 잃는 순간 이제는 자기의 삶이 아닌 더부살이 인생이 시작되는 것이다.

돌이켜 보니 이제 보인다. 개인과 가족, 더 나아가 사회 국가의 일원으로서 우선적으로 자기 소임을 완수하는 것이 우리 모두를 위해서 바람직한 일이다.

2015년 연말을 기해 30년의 직장생활을 마무리하면서 지나간 세월을 반추해 본다.

성실을 기치로 노력해왔지만은 미흡한 점도 많았고 또 한편으로 성취감도 느꼈다고 본다. 이제 후학과 내·자신을 위해 올바른 수단과 목적이 무엇인지 되돌아보며 지나온 흔적을 찾아 그 역사 속으로 들어가 보자.

"사장(詞章)과 경학(經學)"을 두루 갖추자

요즘 부쩍 언론과 담론에서 인문학적 소양이 시대의 화두로 떠오르고 있다. 한때는 기술과 과학이 우리의 삶을 담보해주는 것으로 믿어 의심치 않았다. 그때는 그것이 우리가 지향했던 시대사조였고 그 선택도 옳았었다. 그러나 공업입국을 기치로 달려온 지난 반세기 동안 물질적 풍요는 어느 정도 이루었지만은 우리는 여전히 갈등과 빈곤 속에 흐느끼고 있지 않은가?

일찍이 조선조 신숙주는 임종에 즈음하여 우리 조선의 앞일을 예언이나 하듯이 왕과 대신들에게 당부한다. 세종 때부터 주변 여러 나라의 문물에 통달하고 외교사신으로 왜국(倭國)에 다녀와서 조선의 외교정책으로 "이미 왜국(일본)은 기술문명을 이룩하고 더 이상 조선의 문물을 달갑지 않게 여기고 있으므로, 이들을 감화시키는 방법으로 성리학적인 경서(4書 3經)에 의존한 훈육보다는 詩·

書·畵에 중점을 둔 인간학을 병행해야만 그들과의 관계가 원만해지고 조선을 섬기게 되리라"고 당부한다. 그렇지 않으면 큰 화를 당하리라고…….

우리의 현실은 어떠한가? 이공계 출신은 國史教育을 등한시하고 인문계 출신은 微積分도 모르면서 고등 학문의 영역을 한쪽 날개로만 날 수 있다고 보는가?

필자는 사무직으로 천연가스를 도입하는 공사 직원으로 해외자원 탐사 및 개발, 도입의 계약과 이행에 종사해 오면서 천문·지리·지질·물리·화학 등의 학문에 익숙해야만 국익 제고에 앞장설 수 있으며, 반면에 이공계 출신은 자원 보유국의 역사와 정치, 종교에 일가견이 있어야만 능히 업무 수행에 박차를 가할 수 있다는 것을 경험을 통해서 습득한 바 있다.

국제 비즈니스맨은 국가의 첨병이다. 영어 몇 자 구술한다고 과신하지 말라! 사물은 자기가 알고 있는 것만큼만 보이기 때문에 눈앞의 광경이 전부가 아니라 저 너머 보이지 않는 인식의 지평선을 주시할 필요가 있다.

우리가 다가가야 할 최종 목적지에서는 맑은 영혼으로 정신적 수양이 체화된 인격체만이 그 문을 열 수 있다. 한 때의 광풍처럼 오늘의 한류 바람도 스쳐 지나갈 것이며, 그 위대한 스포츠 스타들도 시간의 흐름에 따라 명멸해 갈 것이다.

그러나 이 땅의 아이들은 그 선대가 물려준 "민족의 DNA"에 따라 앞으로 나아갈 것이다. 그리고 오늘의 "집단 무의식"은 시간의 흐름에 따라 "민족의 습관과 민족성"으로 나타나 "한민족의 새로운 유전 형질"로 거듭날 것이기에 한 인격체의 지성과 인격을 두루 갖추게 할 과학과 인문학의 병행을 소홀히 하지 말지어다.

"미국군에 배속된 한국군"으로서 "Leadership과 합리화된 의사 결정 과정"을 배우다

필자는 논산 제2훈련소를 여느 장정들과 같이 마치면서 자대 근무를 미 8군 방공여단 신형 미사일 운용병으로 배속 받았다. 그 동안 관념적으로만 생각해 왔던 우리 영토 내에 태극기가 아닌 성조기가 나부끼고 우리말이 아닌 영어가 행동을 규제하며 외국인이 생사여탈권을 가진다는 엄연한 사실에 정체성의 혼란을 심히 겪었다.

여기서 3년간의 군 생활이 한 청년의 의식 재고에 어떤 영향을 미쳤으며 과연 본받을 만한 점은 무엇이었는가에만 주안점을 두고자 한다.

먼저 Leadership에 대한 소견으로 지휘계통은 매우 엄격하며 자기 직분에 맞는 권한과 의무가 주어진다는 것이 놀라웠다. 주말에는 장교와 하사관급이 작전에 투입되는 반면 일반 병졸은 휴식한다. 상위 직급일수록 근무하기가 힘들어지는 게 미 육군의 운영체계이다. 필자는 제대하기 하루 전까지 근무하고 그 다음 날 오전 길로 제대했다. 과연 일반적인 생각으론 이해가 되지 않을 것이다. 하지만 그것이 솔선수범이며 기사도 정신이고 Noblesse oblige 아닌가?

다음으로 합리적인 의사결정 과정으로 우리가 인식 가능한 범위 내에서만 일을 분배하고 업무가 주어진다는 것이다. 이것에 익숙해져 이후 직장생활에서 불합리한 우리나라 관행과 배치되어 크게 괴로워했던 것도 사실이다.

서해교전상에서 우리 젊은이들의 무고한 희생은 잘못된 교전수칙과 명령계통의 불합리성, 불명확한 의사결정 과정에 있었다고 본다. 필자의 경험상 TM(기술교범)과 FM(운영지침)에 따라 상부 지시도 받을 필요가 없이 처리될 상황이었다고 늘 아쉬움이 남는다.

우리 고유의 문화와 관습은 지켜지고 가꾸어야 되지마는 불합리한 관행과 부조리는 과감히 청산하고 새로운 선진시스템은 겸허히 수용하는 자세가 필요하다고 본다.

"언어는 존재의 집"이다

30년 전에는 젊은이들이 갖추어야 될 3가지로 영어, 컴퓨터, 자동차 운전이 있었는데 단연 영어회화가 으뜸이었다.

영어 구사력은 이제 국가경쟁력이 되어가고 있다고 본다. 단순한 읊조림이 아닌 격조 높은 어휘력의 운용이 필요하다. 특히 정치·외교 분야나 자원개발 등 국제 비즈니스 분야에 종사하는 사람들은 상대방 눈높이에 맞는 전문용어와 무역영어Lingua franca가 요구된다. 대강 통하면 된다는 근시안적인 접근은 금물이다. 부단한 자기계발과 폭넓은 독서가 바탕이 되어야 된다. 상대방은 화자의 의식 수준과 판단 능력을 언어를 통해 감지할 뿐이다.

적어도 국제계약 종사자는 고전적인 시사주간지인 Times 혹은 Newsweek는 차치하고라도 경제주간지인 The Economist는 읽을 수 있어야 된다고 본다. 왜냐하면 대다수 비즈니스 항공권 탑승자와 비즈니스맨은 옆에 이를 끼고 산다는 것이 사실이며, 그 내용은 시대상을 반영하고 있기 때문이다.

언어는 고도의 기호화된 글자를 전달하는 이성적인 뇌의 산물이다. 수학의 이성적인 뇌 구조와 언어 구사력은 좌뇌에 위치하고 있다는 것을 뇌 과학이 증명하고 있다. 그리고 획득된 언어능력은 DNA로 유전된다고 하니 우수한 한글 시스템과 외국어의 접목은 생존력을 배가시킬 것으로 확신한다.

"2018년 초등생 한자 병용에 관한 소고"는 이렇다고 생각한다

그간 50년의 한글전용 정책에서 벗어나 2018년, 초등학생부터 한글·한자 병용을 실시한다고 한다. 이에 대한 조직적인 반대 움직임이 일어나고 있는 것도 사실이다. 특히 한글학회와 소설가 등 우리 사회 식자층에서 잘못된 편견과 오도된 인식으로 극구 반대 운동을 펼치고 있다.

필자는 언어의 관성력과 복원력이 더 이상 지체될 수 없는 임계점에 도달하고 있는 시점에서 만시지탄의 심정으로 한자 병용을 주장하고 그 타당성에 대해 언급하고자 한다.

우선 반대론자들의 주장은 한자가 차용어이며 배우기가 난해하여 어린이가 습득하기에 곤혹스럽다고 한다.

결론적으로 한자는 차용어가 아니다. 우리말의 80% 이상이 한자어다. 학자들에 따르면 한자는 지금의 한족 발명품이 아닌 동이족(광의 개념)이 고안한 東方글자로 "고한글"이 맞다고 한다. 한자의 訓과 갑골문에 나타난 글자형태形, 발음音, 의미義로 봐서 우리의 선조 발명품이 옳다.

다만 조선시대 소학교육에서 문자학과 성운학이 경시된 결과 매우 습득하기 어려운 문자로 인식되어 왔던 것이 사실이다.

한자 습득은 기본 글자 300자를 문자학, 성운학, 훈고학 관점에서 접근하여 전문화된 교육과정을 적용하면 영어보다 훨씬 접근하기 쉬울 것이다.

한글로 표기된 낱말 중에는 동음이의어가 많아 한자가 아니고는 그 뜻을 분간하기 힘들게 되어 있다. 물론 초기에는 동이족이 창안한 글자이지마는 오히려 한족이 차용하여 그 글자 수가 6만 자 정도라니 깨우치기에는 난해한 글자이나 통상적인 사용어는 약 6천 자 정도면 충분하다. 어느 교육부 수장은 한자어가 100만 字라서 절대 습득이 곤란하다고 하니 이런 엉터리 위정자가 또 어느 세상에 있겠는가?

돌이켜 보면 일제는 1930년대 중국 영향권에서 우리 민족을 영원히 분리시켜 일제하에 두고자 당시 한글전용을 교묘히 활용하여 한자 추방을 획책하였고 광복과 냉전체계에 이은 미국 일변도의 교육시스템으로 한글전용을 이어오게 된 결과 국어의 문맹국으로 전락할 위기에 처해 있었던 것이 사실이다.

진작 일본은 여전히 한자 시스템을 가진 가나 체계를 유지하고

있다. 일본이 표의문자의 우수성으로 노벨상 이공계 분야의 물리
화학상 등을 18번이나 수상하게 된 것은 한자의 의미에 의한 고도
의 학술용어 활용에 기인한 바가 크다고 하겠다.

유감스럽게도 우리의 한글은 일반적인 의사소통 방법에는 탁월
하나 학술전문용어에는 불가능한 언어체계로 한자어가 병용되어
야만 인식과 사상의 재고가 가능하다고 본다.

한 세대 후면 우리의 20대 젊은이가 "북경 발–동경 도착"의 비
즈니스 항공석에서 북경일보와 요미우리신문을 함께 볼 수 있으
며, 그때쯤이면 고도의 학술용어를 겸비한 논문으로 노벨상 수상
도 기대해 본다.

지리적, 환경적 이해를 위한 "4차원적 독도법"을 숙지하라

우리는 지도 독도법상 평면지도인 "메르카도법"에 익숙해져 있
다. 이는 보통 벽에 걸려 있는 18세기 항해시대에 고안된 도법으로
바다의 위·경도는 정확하나 고위도의 면적은 과대 표기되어 부정
확하므로 이의 올바른 이해가 전제되어야 된다. 또한 중요한 맹점
으로 지표의 높이가 나타나지 않는다. 만 년 이상의 유적지에 있어
고고학적 이해력을 높이기 위해서는 Climate Modelling을 통해 당
시의 시간대로 환원하여 당시 생활상을 재설정하여야만 오류를 방
지할 수 있다. 특히 이라크 저지대나 중국 천진·북경 지역의 고대

해안선, 夏·殷·周의 발상지는 산서성 지역의 태행산맥과 황하·분하 등 적어도 6~7천 년 전 시대상으로 역산하여 문명의 연장선에서 이해되어져야 올바른 정체성을 확립할 수 있다고 본다.

이는 국토가 좁은 우리나라의 경우에는 별 문제가 없으나, 국제적인 항공노선, 배관망, 해로, 표준시, 철도노선 등 이해에는 반드시 평면, 고도, 시간이 가미된 4차원의 해석법이 요망된다.

"국제계약 준비"는 어떻게 해야 되는가?

계약이란 "형식이나 내용에 구애받지 않으며 당사자 간 합의된 것이라면 효력이 있다" 따라서 "모든 계약은 유일하며 모든 것은 협상 가능하다 Each contract is unique, and Everything is negotiable"

그러나 계약기간이 25년이나 되고 거래물량도 2~3백억 불 정도라면 만만치가 않다. 그러면 어떻게 준비가 되어야만 되는가? 배워가면서 한다는 것은 이 중요한 업무에 적합하지 않다. 우선 최적의 인적 자원이 투입되어야 된다.

첫 번째로 계약서의 초안 Draft을 작성해야만 한다. 아무리 어렵고 난해하다 하더라도 상대방의 초안에 의존한다면 기선을 제압당하는 것과 같다. 힘의 논리이다.

둘째로는 철저한 준비사항이다. 국제법과 유사계약 및 제반조건을 숙지한다.

셋째로는 사명의식이다. 가슴에 웅지를 품고 5천만 국민의 생계를 책임지고 있다는 책임감과 소명의식을 가질 때 새로운 힘이 솟아나게 될 것이다.

넷째로는 보고서 작성이다. 실제로 몇 십 분 회의에 며칠간 출장이 주어질 수 있다. 이것이야말로 개인의 역량을 충분히 발휘할 수 있는 분야이다. 출장 전 실무자는 미리 보고서를 작성해 두고 도착 즉시 최고 경영자에게 보고할 수 있는 민첩성과 완결성을 구비해야만 된다. 최고 경영자의 관심은 단순하다. 이 점을 활용하여 적시, 적소에 보고를 처리하여야 된다.

그리고 개인적인 행동규범은 어떠하여야 되는가?

감정에 치우치지 말고 냉철한 정신자세가 우선된다. 상대방과는 '불가원 불가근keeping an arms' length'의 관계를 유지하며 협상장에서의 일은 입 밖에 발설하지 않는다. 의외로 최대의 적은 적군이 아니라 아군에 있다는 사실에 유념하라. 개인적인 대항력을 위해서는 모든 일거수일투족을 메모하는 습관이 중요하다. 이것이야말로 개인의 역량이며 시간과 더불어 훌륭한 지적 자산이 될 것이라고 본다. 모든 힘은 방대한 독서량과 경험에서 축적되며 내공이 충만한 젊은이라면 외모와 행동거지에서 영롱한 기세가 뻗칠 것이다.

"비즈니스맨은 민간외교관"이다

전문 외교관에만 국가 운명을 맡길 수는 없다. 일본은 민감한 사안은 상사 주재원을 활용하여 처리하는 것을 관례로 하고 있다고 한다. 관행상의 레토릭Rhetoric에 의존하는 외교관보다는 좀 더 운신의 폭이 넓은 비즈니스맨이 정보 획득과 의견 교환에 유리하다. 그러나 아마추어리즘으로는 국가 이익을 얻기에는 힘들 것이기에 "안광이 지배를 철할 정도"로 전문서적 탐구와 인문학적 소양이 전제된다면 Native Speaker가 아니더라도 업무수행이 가능하리라 확신한다.

주재원은 어차피 공관의 통제하에 놓이게 되고 여러 보고와 때로는 도움을 공유하게 된다. 개인적 감정으로 회의에 불참하거나 공관원의 존재를 무시하게 될 경우 주변에 많은 귀와 눈이 있다는 사실을 간과해서는 아니 된다. 이것은 외부의 적이 문제가 아니라 이러한 사실이 조직 내에 빌미가 되어 조기귀국 혹은 본의 아닌 평판으로 귀착될 수 있다는 것을 경계하라.

"나라가 흥하고 망하는 것은 보통 사람도 그 책임이 있다"

제 아무리 보잘것없는 돌멩이라도 그 존재가치를 가진다. 자기 자신이 먼저 자신을 업신여기지 말지어다. 우리의 지금은 뭇 생을 점지 받아 이 세상에 나온 것이기 때문이다.

내재된 가치는 언젠가 발휘하게 될 것이고 이 사회를 지탱하고 있는 힘은 바로 자기 자신에게서 나온다는 사실이다.

그리고 이 땅과 하늘에 겸허하라! 그대가 있음에 천하가 있다!

조 순 녀

이미지 컨설턴트

KMC김경호이미지메이킹센타 전임강사

한국이미지경영교육협회 이미지메이킹 전임강사

교육법인 글로벌인재 평생교육원 이미지메이킹 전임강사

고려대 명강사 최고위과정 수료

인성지도사 1급 자격

명강사 명강의 1급 자격

나를 성장시켜준 이미지메이킹과의 만남

첫 만남의 이미지가 그 사람의 전체를 좌우한다

"어찌구야, 고놈 참 못생겼네!" 할아버지께서 손주와의 첫 만남에서 나누는 인사말이다. 사실 나눈다기보다는 일방적인 할아버지의 인사다. 아이를 낳고 삼칠일이 지난 첫날이면 시아버님은 어김없이 손주와 내가 있는 방에 들어오신다. 그것도 그냥 들어오시는 것이 아니라 목욕을 깨끗이 하고 가장 멋진 양복으로 갈아입고 이발을 하신 후 반듯한 모습으로 손주와의 첫 만남을 가지신다.

시아버님은 손주를 안고는 건강하고 훌륭한 아이가 되어 충효를 다하는 한 명의 인격체로 살아가기를 원하시는 할아버지의 뜻을 담아 기도해 주신다. 난 그럴 때면 우리 시아버님이 너무 존경스럽고 감동하여 눈물이 나기까지 한다. 그 어린아이한테 정성을 다하여 존중하는 마음으로 소홀함 없이 대하시는 할아버지를 보고 아이는 자라면서 그 마음을 느꼈기에 더욱 친근한 조손 관계가 되어있음을 볼 수가 있었다.

아이들이 대여섯 살쯤 되었을 때 할아버지는 자신의 손바닥을 두어 번 치시고는 아이들의 엉덩이를 치면서 "요놈들 잡으러 가자!" 하시면 아이들은 "괴물이다. 도망가자!"라며 이곳저곳으로 도망하며 까르르 웃으며 온 집안을 정신없이 뛰어다닌다. 술래가 바뀔 땐 아이들이 똑같이 자기 손바닥을 두어 번 치고 할아버지 엉덩이를 때리며 잡겠다고 소리 지르면 거기에 응해주시는 시아버님의 모습을 보며 '행복이란 이런 거구나.' 싶었다. 그럴 때 버릇없다고 아이들을 나무랄라 치면 아버님은 "조손간은 친구다. 그냥 둬라." 라고 하신다.

지금은 돌아가셨지만 늘 웃으며 이런저런 이야기를 해주시던 시아버님이 생각이 난다. 손님이 오시면 시아버님은 손주들의 자랑을 아이들이 듣는 자리에서 해 주신다. "큰놈은 친구가 오면 자기 어미가 없어도 그냥 보내지 않고 꼭 라면이라도 끓여 먹여 보내는 녀석이야!", "작은놈은 정이 많아 꼭 할아버지를 챙기지!" 그 소리를 듣고 자란 아이들은 남을 대접하기를 즐긴다. 초등학교 시절 소풍을 가도 꼭 선생님 것이라며 커피 한 캔이라도 챙기고 등산을 가거나 수학여행을 갈 때에도 선생님 몫의 간식을 스스로 챙기는 모습으로 자라 있음을 볼 수 있다.

첫 만남의 이미지가 그 사람의 전체를 좌우한다는 말이 있다. 삶 가운데 할아버지가 자신을 소중히 여기고 자랑스럽게 여기는 모습으로 아이의 머릿속에 각인되었으리라 생각된다. 그것은 딸아이들의 평소의 말과 태도 속에 녹아 있었던 것 같다. 시장에서 무엇을 살 때도 할아버지의 것을 꼭 챙겼고 외식을 할 때도, 심지어 외국에 여행을 갔다 올 때도 할아버지 선물이라며 선물을 꼭 사오곤 했다. 작년에 할아버지가 돌아가셨을 때, 자신을 사랑하셨던 할아버지의 죽음을 무척이나 슬퍼했다. 그 아이의 기억 속에 자상하고 인자한 할아버지로 오랫동안 남아 있으리라 생각된다.

말보다 삶이 더 강력한 영향력을 가진다

나는 어릴 때부터 교회를 다녔다. 어린 시절, 교회에서 여러 교회학교 선생님들과 어른들을 만났다. 그분들이 매 주일마다 말씀을 전해 주셨는데, 지금 생각해 봐도 여러 번 반복해서 들은 성경 속의 이야기만 기억에 남을 뿐 나머지는 기억에 없다. 그러나 그 선생님의 말하는 모습, 웃는 얼굴, 우리들을 사랑하셨던 마음은 지금도 생생하게 내 머릿속에 남아 있었기에 어느덧 그분들이 했던 모습을 닮아가고 있음을 느낀다.

나는 대학을 졸업한 후 유치원 교사로 근무하며 아이들을 가르쳤었는데, 어릴 적 선생님의 이미지가 내 속에 각인된 대로 아이들을 대했던 것 같다. 그 아이들이 자라 성년이 되어서 유아교육을 전공하여 자신의 유치원 선생님과 같이 되겠다고 한다면 어떨까? 아마도 자신을 가르쳤던 교사의 상을 마음속에 그리며 또 다른 제자를 양성하고 있을 것이라 생각한다.

지금도 그 아이들의 부모님이 길거리에서 나를 만나면 자신의 아이를 특별히 사랑해주고 귀여워해준 최고의 선생님으로 기억하고 있다고 말해줄 때면 나의 스승님들께 감사한 마음이 생긴다. 한 달 후, 한 제자가 결혼을 한다며 그 결혼식에서 선생님이 축가를 불러 달랜다. 그 의미는 무엇일까? 생각해봤을 때 그것은 삶이었던 것이다.

고향에서 자라 고향의 한 청년과 결혼하여 10여 년 정도 나갔다 왔지만, 이곳에서 살아온 나의 이미지는 누군가에 의해 관찰되어 삶의 방향을 잡아주는 롤모델이 되어 있음에 틀림이 없다. 특별한 문제를 일으키고 살지는 않았지만 본이 될 만한 그 무엇도 없는 듯하기에 사실 부끄러운 마음이 든다. 하지만 한 가지 드는 생각은 앞으로 더욱 올바르게 잘 살아서 좋은 이미지를 만들어야겠다는 것이다. 삶의 한순간 한순간이 내 인생의 전체를 대표하는 시간들이기에 한시도 삶에 있어 소홀함이 없어야 함을 느낀다.

우리는 텔레비전을 통하여 유명한 연예인 누구누구가 심장병 어린이를 돕기 위해 거액을 기부했다는 기부천사들의 이야기를 접할 수가 있다. 그들의 이런 순간이 보는 이로 하여금 따뜻함을 심어주기에 그야말로 하늘에서 내려온 천사의 이미지로 우리의 머릿속에 각인된다.

반대의 상황도 마찬가지이다. 아주 착실하고 연기도 뛰어나고 잘생긴 연예인들이 마약이나 도박에 빠졌다는 사건을 전해 들었을 때 지금까지 가졌던 좋은 이미지는 온데간데없어지고 실망과 배신감마저 드는 안타까운 일들이 비일비재하지 않던가?

우리의 뒷모습을 보고 있을 누군가에게 좋은 이미지를 갖게 하는 것은 배려이기도 하다. 나를 좋은 이미지로 기억해준 사랑스럽고 자랑스러운 제자의 결혼식에 진심으로 축복을 담아 축가를 부르게 될 그날이 기대된다.

때론 결핍이 축복이 된다

우리 가족이 오랫동안 살던 정든 고향을 떠나 타향살이를 했던 적이 있다. IMF 금융위기로 시동생은 사업실패를 했고 부채로 이자를 감당하기조차 어려워 남편은 다니던 회사에서 명예퇴직을 선택할 수밖에 없었다. 퇴직금으로 일부는 어떻게 했지만 남은 빚의 부담도 사실 컸기에 자존심 때문에 고향에서 산다는 것이 힘들었다.

그래서 우리는 거리상으로 가장 멀다고 생각한 제주도를 택하여 이사를 결정했다. 요즈음은 젊은 세대가 제주도로 이주하는 것이 유행처럼 되었지만, 당시는 신혼여행이나 관광을 위해 가는 곳으로만 생각했던 시절이다. 특별히 연고가 있었던 것도 아니고 새로운 직장을 얻어서 가는 것도 아니었다. 제주도는 겨울에도 영하로 내려가는 경우가 별로 없어 따뜻한 곳이라 어떻게든 살 수 있겠다는 생각으로 무작정 갔던 것이다.

처음 가서 아주 오래된 중고 화물차를 사서 포장을 치고 5일장을 다니며 붕어빵과 호떡을 구워 파는 일을 시작했다. 한 번도 만들어본 적이 없는 것들이라 제대로 만들지 못했지만 그 붕어빵과 호떡을 사주신 분들에게 지금도 감사할 따름이다. 남편은 붕어빵 레시피를 개발(?)한다며 보름 동안이나 붕어빵 반죽과 씨름했으며, 가족들은 이 말도 안 되는 붕어빵을 수도 없이 먹어야만 했다.

세화장터로 기억된다. 남편은 붕어빵을 굽고 나는 옆에서 호떡을 굽는데, 장터에 나타난 새로운 먹거리인 호떡을 사먹기 위해 몰려든 사람들 앞에서 나의 가녀린 손은 덜덜 떨렸었다. 그중 한 분이 내가 어설프게 호떡을 굽는 모습을 보면서 "저 손은 호떡 구울 손이 아닌데……."라고 하고는 '이것은 이렇게 하고 저렇게 하라'며 훈수를 두시곤 한참을 기다려 호떡과 붕어빵을 사 가신다. 그래도 맛은 괜찮다고 하니 신기했다. 내가 만든 호떡이 이렇게 팔린다는 사실이 마치 기적처럼 느껴졌다.

미처 못다 판 호떡을 마저 팔기 위해 늦은 저녁까지 아파트 입구에 진을 치고 팔다가 노점상 단속원들이 들이닥쳐 여러 번 울기도 하였다. 지금은 추억이 되었지만 그 이후 분식점도 조금 했었고 텔레마케터를 거쳐서 다시 어린이집 교사의 모습으로 돌아갔다.

남편은 목재소, 부두, 공항, 공사장, 밀감농장, 양봉, 정수기 판매, 건강식품 판매, 도배 등 다양한 직종을 섭렵하긴 했지만 돈하고는 거리가 멀었다. 그런 환경에서 어린 시절을 보낸 우리 아이

들은 늘 부족한 가운데 지냈지만 그때 어떠했냐고 물어보면 "그때
가 제일 좋았어요!"라고 대답한다.

살기 위해 아이들과 시아버님만 남겨두고 지냈던 것이 너무나
미안하지만, 우리 가족은 이렇게 어려운 시기를 보내면서 세상의
변화와 불확실함 속에 대한 적응력이 생겨 두려움이 없어진 듯하
다. 어떤 일도 겁내지 않고 할 수 있게 되었고 문제에 직면하면 반
드시 답이 있을 것이라는 믿음까지 생겼다.

주변에서는 아이들을 참 잘 키웠다고 말한다. 스스로 앞일을 개
척해 나가는 아이들이 대견스럽고 고맙다. 큰아이는 세계여행을
하는 것이 꿈인지라 고등학교 시절부터 외국에 나갈 수 있는 기회
가 주어지면 도전하여 이루어내는 모습을 볼 수 있었다. 겨우 용
돈 몇 푼 받고 있지만 1년에 한 차례 정도는 외국을 다녀올 기회를
갖는다. 어려움이 없었더라면, 풍족함 속에 지냈더라면 결코 얻을
수 없는 축복임을 감사한다.

몇 년 전, 드디어 그 부채는 다 해결하였고 지난 여름에는 조그
맣지만 우리들의 집도 갖게 되었으며 큰아이를 영국에 있는 바이
블스쿨에 입학도 시킬 수 있게 되었다. 그리고 나는 하고 싶은 공
부도 하면서 아름다운 60대를 설계하고 있다.

배움이 새로운 희망이고 치료약이다

나는 지난해부터 새로운 배움을 시작했다. 어느 날, 평소 가깝

게 지내던 동생으로부터 "언니 이미지메이킹을 공부해 봐. 언니에게 딱 어울리는 분야인 것 같아."라는 말에 용기를 얻어 이곳저곳을 검색하고 찾아낸 결과, 이화여대 평생교육원에서 이미지메이킹을 가르친다는 사실을 알고 등록하여 공부를 시작했다. 매주 토요일에 수업이 있는데 서울까지 오가는 긴 시간을 제외하면 별 어려움이 없었다. 하지만 그 오가는 시간도 아까워 책을 읽고 사람들의 이야기에 귀를 기울이며, 나의 마음 들여다보기와 상대방의 마음 읽기를 하기에 적당한 혼자만의 시간이었다.

그런데 그 공부의 시작은 나에게 많은 변화를 가져왔다. 얼마 전까지만 해도 엄청난 스트레스와 삶의 회의에서 오는 분노와 억울함으로 인한 우울증, 때때로 찾아오는 감정을 주체하지 못하는 상태가 되어 스스로를 학대하고 아이들과 남편에게 상처를 주고 있었다

(그때는 몰랐는데 지금 생각해보니 그렇다). 그동안 배움에 대한 목마름이 있었는데 이미지메이킹을 공부하면서 그 갈증이 해소되었음은 물론 그곳에서 만난 새로운 관계가 나를 새로운 나로 거듭나게 했다.

그 후로 새로운 꿈을 꾸게 되었으며 새로운 관점을 갖게 되었다. 강의 내용이 너무나 좋은데다가 그곳에서 함께 공부하는 멤버들과의 만남은 나를 한층 성장시켜 주었다. 동시에 오랜 세월 나를 괴롭히던 것들이 얼마나 시간 낭비이고 불필요한 것이었는지를 단번에 알게 된 계기가 되었다.

나이 50에 시작한 배움에 시간을 더해갈수록 나를 참 괜찮고 가치 있는 사람으로 만들고 있음을 실감한다. 그곳에서 만난 친구들은 지금까지 경험해보지 못했던 그 어떤 관계보다도 서로에게 유익한 영향을 주고받는 사이가 되었다. 함께 여행을 다니며 마음껏 웃고 즐거운 추억을 만들기도 했다. 그 과정이 너무 좋아 딸아이에게도 추천을 하여 수업을 받게 했다. 그 과정을 통하여 많이 변화된 모습을 보면 지금도 그 선택이 탁월한 선택이었다고 확신한다.

시작이 반이라고 전문가 과정과 교수 과정을 거쳐 지금은 고대에서 명강사로서의 기초를 다지고 있다. 그동안 몇몇 단체에서 강의 요청이 있어 강의도 시작했다. 처음 하는 강의여서 스스로 부족함이 많았지만 강의를 듣는 분들이 참 좋았다고 칭찬해주는 말에 용기를 얻었다.

나이 오십! 자기 연민에 빠지고 주변의 별것 아닌 일에 분노하고 억울해 하고 있기에는 시간이 아깝다. 읽어야 할 책, 공부해야 할 것, 그것을 통해 주변을 변화시키고 돕는 것 등 해야 할 일이 너무나 많다. 100세 시대에 돌입하여 반을 살아온 이 시점에 남아 있을 50년을 그냥 늙어버리기엔 너무 긴 시간이다.

처음 20여 년을 준비하여 30년을 살지 않았던가? 앞으로 10년을 더 준비하여 40년을 산다면 준비기간이 그리 길지는 않다고 본다. 나의 스승이자 이미지메이킹을 처음 만드신 김경호 교수님은 늘 이렇게 말씀하셨다. "가만있어도 나이가 들고 뭔가를 해도 나이가 든다. 지금부터 시작하여 뭔가를 이뤄낸 10년 후를 상상해 보라. 그 가치는 엄청난 차이가 있다."라고 말이다.

"대단하다!" 하시면서 따뜻한 사랑으로 격려해주시던 김애련 교수님, 늘 부족한 나의 가능성을 일깨워 주시고 기죽을까 조심스럽게 피드백해주시는 고대 명강사 최고위과정의 서필환 주임교수님께 늘 감사한다. 특히 과정마다 세밀하게 짚어주신 신동국 교수

님, 그리고 함께 공부하는 교우들 또한 너무나 소중하다. 나의 새로운 꿈을 향하여 한 발 한 발 디딜 때마다 손잡고 함께 가주는 귀한 동역자들이다.

잠언에 "철이 철을 날카롭게 하는 것 같이 사람이 그 친구의 얼굴을 빛나게 하느니라."라는 말이 있다. 이는 마치 칼과 칼 가는 도구의 관계와도 같다. 서로에게 위로와 격려, 칭찬을 주고 때로는 쓴소리가 담긴 조언을 통하여 서로의 성장을 돕는 관계의 중요성을 일깨워주는 말이다.

고대 명강사 최고위과정에서 인맥의 소중함을 무엇보다 깨닫는다. 또한 몸소 실천하는 모범을 보여주시는 교수님들, 현장에서 뛰어다니는 많은 강사님들의 모습을 통하여 배울 길을 열어주시는 것이 큰 감동이 되었다. 미약하게 시작한 공부가 내게 새로운 희망이 되었고 치료약이 되었다. 난 그래서 지금이 참 행복하다. 성공한 사람들이 거친 이 과정을 나도 지나고 있기에 분명 잘될 것이고 그렇게 된 훗날의 나를 상상해본다.

고려대학교

4장

행복

박 균 용

ROTC 24기, 육군 중령, 군사학박사

現) 대전대학교 외래강사

前) 육군본부 정작부 편성장교, 조직진단자료분석장교.

특수전사령부 교리발전과장, 관리예산과장

보병 21사단 GOP대대장, 보병 1사단 GOP중대장

영남대학교 경영대학원 계획학과 졸업(행정학석사)

대전대학교 일반대학원 군사학과 졸업(군사학박사)

육군대학 정규과정(98-2기) 졸업

제16기 고급정보화정책과정(공주대학교) 수료

조직진단관리기법 전문가과정(효산경영연구원) 수료

갈등관리전문가과정(행정연구원) 수료

고려대 명강사 최고위과정 수료(학생장)

태권도 5단, 심리상담사 1급 · 인성지도사 · 명강사 명강의 1급 자격

저술 활동: 『워너비 검은 베레』(2014 플래닛미디어) 감수, 그외

특전중대, 타격작전, 대테러작전, 비정규전작전, 특수작전, 지리정보

등 군 교범 집필, 감수 및 심의위원 활동

대한민국 안보~!
우리의 꿈을 지킨다~!

여러분의 꿈은 무엇인가?

젊은 청년들에게 꿈을 물어보았다.

의사, 변호사, 연예인, 운동선수, 군인 등 많은 직업들을 이야기한다.

다시 물어보았다.

이러한 꿈을 이루기 위해서는 우리는 어떻게 해야 할까?

그리고 우리에게 어떤 조건이 만족되어야 우리의 꿈을 이룰 수 있을까?

우리의 꿈을 이루기 위한 조건에 대해 여러 가지 답변들이 있었지만 크게 내적인 조건과 외적인 조건으로 나눌 수 있다고 생각한다.

먼저 내적인 조건에 대해서 생각해 보자.

이에 대해서 우리에게 잘 보여 주는 꿈을 이룬 젊은 영웅들의 사례가 있다!

첫 번째로 현재 축구 국가대표이자 최근 독일 분데스리가의 명문팀 레버쿠젠에서 프리미어리그 토트넘으로 이적하여 활약 중인 손흥민 선수!

여러분은 그의 최종 학력을 알고 있는가? 놀랍게도 인터넷을 통해 확인한 그의 학력은 고등학교 중퇴! 물론 그는 아직 젊고 현재의 학력이 그의 최종 학력이라 말할 수는 없다. 그러나 아직은 학력과 학벌을 중요시하는 우리나라의 현실을 생각하면 손흥민은 자신의 꿈을 위해 남들이 중요시하는 학력을 뒤로 미루어 두었다.

이회택, 홍명보 선수의 모교이자 축구의 명문인 동북고등학교 시절 독일 축구유학을 위해 학교를 중퇴한 그는 세계 최강의 실력자들이 몰려있는 독일에서 자신의 꿈을 위한 도전을 시작한다.

그의 재능과 꿈을 위한 노력은 오랜 훈련과 뼈를 깎는 노력, 자기관리 속에서 비로소 빛을 발하게 된다. 함부르크 유스 팀에서 주목할 만한 성과를 낸 손흥민은 2010년 함부르크 SV의 성인 팀에 스카우트되어 입단하게 된다. 이후 그곳에서 3년간 활약하며 자신의 실력을 선보인다. 그의 실력에 놀란 프리미어리그의 맨체스터 유나이티드, 첼시, 토트넘 등의 팀은 물론 분데스리가의 도르트문트, 레버쿠젠 등이 손흥민에 대한 영입전을 벌이게 된다.

하지만 손흥민은 자신이 주전으로 뛸 수 있고 경쟁력이 충분히 있는 팀이라는 조건에 부합했던 레버쿠젠으로 이적하여 2013년 6월부터 레버쿠젠의 주전 공격수이자 대한민국의 국가대표로 자신의 진가를 발휘하고 최근에는 자신의 몸값을 올려 프리미어리그의 토트넘으로 이적하였다.

또 한명의 선수는 세계적인 피겨스케이팅의 여왕 김연아 선수다.

피겨 스케이팅의 여자 싱글 부문에서 4대 국제 대회(동계 올림픽,

세계 선수권, 4대륙 선수권, 그랑프리 파이널)의 그랜드 슬램을 사상 최초로 달성한 김연아 선수는 그 놀라운 실력만큼이나 믿을 수 없을 정도로 열정과 의지에 가득 찬 회고를 보여주곤 하였다. "점프 하나를 익히는 데 3천 번의 엉덩방아를 찧었으며 1번 실패하면 65번씩 연습을 하며 똑같은 실수를 다시 반복하지 않도록 노력했다."

끊임없는 노력 끝에 그녀는 자신의 노력을 국가적 차원으로 승화시키는 데 성공했다. 2011년 세계 선수권 대회 이후에 2018년 동계 올림픽의 대한민국 평창 유치 홍보 대사로 활동하여 평창 동계올림픽을 유치하였고, 동계 올림픽 유치 공로로 국민 훈장 모란장을 받았다.

자신의 꿈을 위한 노력의 힘이 엄청났던 것이다. 꿈만 꾸며 노력하지 않는다면 과연 그 꿈을 이룰 수 있겠는가?

한편 나의 학창시절 꿈은 군인이었다. 꿈을 이루기 위한 여러 가지 길이 있었는데 그 당시 나의 여건에서 최선의 선택인 ROTC 제도를 통해서 육군 장교로 임관하였다.

어느덧 30년의 군 생활을 마치고 요즘에는 제2의 인생을 준비 중이다. 지금 이 글을 쓰는 순간에도 30년의 군 생활이 주마등처럼 스쳐 지나간다.

소대장 시절 부대 전입 후 3일 만에 팀원들과 함께 천리행군을 하던 일, GOP 중대장 시절 인접 부대에서 월북사고가 일어나 젊은 청년장교로서 부하들에 대해 국가관을 심어주기 위해 노력하던 일, GOP 대대장 시절엔 폭우로 인해 전방 철책선이 붕괴되면서 하마터면 부대원을 잃을 뻔했던 아찔했던 순간과 북한의 총격도발에 대한 즉각 대응사격과 현장에서의 상황 종결로 부대표창을 받았던 일, 육군본부 근무 시절엔 정책실무자로 육군의 발전을 위해 날밤을 새우며 고민하며 정책제안서를 기안하던 일, 군 생활 후반기인 50대에는 특전사에 전입하여 아들 같은 20대 젊은이들과 함께 공수교육을 받던 일, 그리고 낙하산 하나를 믿고 항공기에서 몸을 던질 때의 짜릿함과 낙하산이 펼쳐진 하늘에서 바라본 지상의 아름다운 모습은 지금도 눈에 선하고 잊을 수가 없다.

나는 요즘 30년간 전·후방 각지에서 체험한 현장의 살아있는 경험과 군사학 박

사과정을 통해 연구한 나의 지식을 군의 후배들과 젊은이들에게 공유하고 함께 연구하는 삶을 준비 중이다. 그 길이 군의 간부를 양성하는 대학의 군사학과 교수와 안보분야 전문 강사의 길이다. 나는 오늘도 대한민국의 젊은이들에게 조국 대한민국의 안보와 젊은이의 꿈에 대해 이야기하고 싶다는 나의 꿈을 이루기 위해 새롭지만 또 다른 희망의 길에 도전한다.

이러한 꿈을 이루기 위한 자기노력에는 전문가가 되는 길인 1만 시간의 법칙이 있다. 말콤 글래드웰[1]의 『아웃라이어』에 소개된 1만 시간의 법칙을 소개한다.

이는 복잡한 업무 수행에 필요한 전문성을 얻으려면 최소한의 연습량이 필요한데 진정한 고수가 되기 위해서는 필수적으로 1만 시간이 필요하다는 논리이다. 신경과학자인 다니엘 레비틴Daniel Levitin은 어느 분야든 세계 수준의 전문가가 되려면 1만 시간의 연습이 필요하다는 연구 결과를 내놓았다. 1만 시간은 대략 하루 세 시간, 일주일에 스무 시간씩 10년간 연습한 것과 같다. 인간의 두뇌는 진정한 숙련사의 경지에 접어들기까지 그 정도의 시간을 요구한다.

이와 같이 자신의 꿈을 성취하기 위한 노력이 함께하지 않는다

---

1. 캐나다의 저널리스트이자 작가, 강연가. 1996년부터 『더 뉴요커』에 정식 작가로 활동 중. 5권의 저서 모두 현재 뉴욕타임즈 베스트셀러 목록에 올랐다. 글래드웰의 책과 언론기사들은 사회과학 연구의 놀라운 의미들을 다루고 있어 사회학, 심리학 그리고 사회심리학 학문적 분야에서 널리 활용되고 있다. 그는 2011년 6월 30일 캐나다 훈장을 받았다. 『아웃라이어』라는 책에서 1만 시간의 법칙을 제시했다.

면 우리의 꿈은 백일몽에 불과할 것이다.

우리의 꿈을 이루기 위한 조건은 무엇인가~?

앞서 기술한 자신의 노력이 내적 조건이라면 외적 조건은 무엇이 있을까?

여러 가지 조건이 많지만 군인인 나로서는 그중에 가장 중요한 것이 우리나라의 안보가 아닌가 생각한다~!

우리의 조국 대한민국이 없었다면 손흥민 선수나 김연아 선수의 모습은 어떠했을까?

글로벌 사회에서는 국적과 관계없이 자신의 기량을 선보일 수는 있겠지만 마음껏 자신의 꿈을 펼치는 데는 많은 제약이 따를 수밖에 없다.

과연 우리 국민은 대한민국의 안보에 대해 얼마나 알고 있을까?

지난 2013년, 당시 안전행정부에서 실시한 "국민안보의식 여론조사 결과"[2]를 보면 놀라지 않을 수 없다.

6·25 발발 연도를 묻는 설문에서 성인의 35.8%, 청소년의 52.7%가 모른다고 답변하였고, 2014년 전국 대학생을 대상으로 실시된 "대한민국 대학사 인식조사 결과"[3]에서도 6·25 발발 연도

---

2. http://news.kmib.co.kr/article/view.asp?arcid=0007303224&code=11171111
3. http://www.xportsnews.com/jeco/?ac=article_view&entry_id=464762&_REFERER=

를 39.2%가 모른다고 답변하였다.

이는 대한민국 근현대사 교육에서 큰 문제의 결과라는 생각이 든다.

아울러 우리나라에 전쟁 발발 시 참여 의사에 대한 답변은 성인의 83.0%가 참여할 생각이 있다고 답한 반면, 대학생은 56.0%만이 참전 의사를 밝혔다.

전쟁 상황에서의 우선 가치에 대해서는 성인의 절반이 넘는 51.9%가 '국가'라고 답한 반면 대학생은 '개인이나 가정'이라는 의견이 62.3%로 국가(34.1%)보다 많았다.

개인이 국가보다 우선시되는 젊은 청년들의 모습~!

우리는 이러한 현실 앞에서 어떻게 해야만 하는가~?

한국인만 모르는 다른 대한민국

임마누엘 페스트라이쉬(한국명 이만열)[4] 경희대 교수가 쓴 『한국인만 모르는 다른 대한민국』(21세기북스)이라는 책이 있다.

내가 근무하는 곳에 초빙강사로 초대된 이만열 교수의 특강을 들은 적이 있는데 참 한국말을 잘하는, 진정으로 우리나라를 사랑하는 분이다.

---

4. 1964년 미국 테네시 주 내슈빌 출생, 예일대 중문학 학사, 동경대 비교문학학 석사, 하버드대 동아시아 언어문화학 박사 학위를 받은 동아시아 전문가, 일리노이대 동아시아 언어문화학과 교수, 조지워싱턴대 역사학과 겸임교수, 우송대 솔브릿지 국제경영학부 교수 역임, 외교통상부의 정책 싱크탱크인 주미한국대사관 홍보원 이사 역임, 현재 경희대 후마니타스 칼리지 교수 겸 아시아 인스티튜트 소장으로 재직 중.

임마누엘 페스트라이쉬 교수는 한국인과 결혼한 다문화세대의 가장이며 이 책에서는 한국인들이 모르거나 의식하지 않았던 대한민국의 독특한 장점을 제시하고 있다.

책에 있는 내용 일부를 소개한다.[5]

임마누엘 페스트라이쉬 교수는 미국 태생으로 한국, 중국, 일본에서 공부하고 하버드대에서 동아시아 문명학 박사를 받은 석학이다. 그런 그의 눈에 비친 대한민국은 자신의 위상에 대한 모순적인 태도를 가진 이상한 나라이다. 그가 보기에 지금까지 우리나라는 국제사회에 제대로 자신을 알리려고 노력한 적이 없고, 우리 정부 스스로 그럴 필요를 느끼지 못하고 있는 것 같다. 국가 브랜드로 홍보하고 알릴 수 있는 엄청난 역사와 전통을 지닌 나라이지만 그것을 전혀 이용하거나 살리지 않고, 어떤 면에서는 부끄러워하고 하찮게 여기면서 그것들을 점점 없애고 있는 나라가 바로 대한민국이다. 그는 이 책에서 한국의 훌륭한 문화적 유산에 넘치는 애정을 갖고 그것을 어떻게 지키고 살려 나가야 하는지에 대해 말하고 있다.

대한민국은 이제 선진국가의 일원으로서 국제사회를 선도하는 보편적인 역할을 수행해야 한다. 동시에 개발도상국은 물론 다른 선진국가로부터 존경을 받는 모범국가가 돼야 하는 독특한 사명도 지니고 있다. 저개발국가에서 선진국이 됐다는 특이한 국가 발전

---

5. http://www.yes24.com/24/goods/9433562

경험은 수많은 개발도상국에 희망과 영감을 불어넣어 주는 근거가 되고 있기 때문이다.

최근에 SNS를 통해 많이 돌아다니는 글이 있다.

1. 국민의 90%가 국기를 소지하고 있는 나라.

2. 평균 IQ가 105를 넘는 유일한 나라.

3. 문맹률이 1% 미만인 유일한 나라.

4. 미국과 전쟁이 났을 때 3일 이상 싸울 수 있는 8개국 중 하나인 나라.

5. 노약자 보호석이 있는 세계 5개국 중 하나인 나라.

6. 여성부가 존재하는 유일한 나라.

7. 가장 단기간에 IMF 위기를 극복해서 세계를 경악시킨 나라.

8. 유태인을 게으름뱅이로 보이게 하는 유일한 민족의 나라.

9. 세계 4대 강국 모두를 우습게 아는 나라.

10. 인터넷, TV, 초고속 통신망이 세계에서 가장 발전한 나라.

바로 자랑스런 우리의 조국 대한민국이다.

그러나 우리는 우리만의 장점을 잘 알지 못한다.

진짜 문제는 한국인 스스로를 바라보는 인식이다.

만약 우리 국민이 있는 그대로의 대한민국을 국제사회에 소개할 수 있다면 우리나라의 존재는 더 명확하게 국제사회에 인식될 수 있다. 우리만의 새로운 가치를 창출하면서 우리만의 색깔이 다른 또 하나의 멋진 선진국가로 발돋움할 수 있는 발판이 마련될 수 있다.

외국인에게 보이는 대한민국의 장점~! 우리는 이러한 장점을 어떻게 극대화시킬 수 있는가를 연구하고 발전시켜야만 한다.

이런 학교도 있다~! 국가관과 안보관을 교육하는 경기도 광주 동성학원

지난 6월 25일 경기도 광주에 있는 동성학원의 초빙으로 경화이비고(E-비지니스고)와 경화여고생을 대상으로 6.25 전쟁 65주년 안보강연을 실시하였다.

후배의 자녀가 졸업한 학교이자 친구가 근무하고 있는 학교여서 그리 낯설지 않은 곳이었으나 그곳에서 경험한 학교의 모습은 나에게 많은 도전거리를 숙제로 남겨 주었다. 또한 다시금 대한민국의 미래는 밝다는 생각을 하고 앞으로 나아갈 길에 대한 결심을 굳히게 해 주었다.

6·25 전쟁 65주년 기념식에서 처음으로 접한 것은 1절부터 4절까지 함께 제창하는 애국가였다. 대부분의 행사에서 애국가를 4절까지 제창하는 것을 보기가 힘들어진 지 오래라 놀라웠다. 이어서 열정적인 안보강연이 펼쳐졌다. 그리고 학교 내 평화공원(6·25 전쟁 참전국 국기와 나라 소개, 그리고 전투결과까지 기록)에서의 헌화 및 추념행사 등이 이어졌다. 특히 강연에 참가한 학생들의 열성적인 자세와 학교 설립자인 김득연 이사장님과 최진순 교장선생님의 국가관은 강사인 본인마저 감동시키고 말았던 것이다.

매년 6·25 전쟁 추념행사를 전교생이 모여 함께하고 안보강연과 우리나라를 위해 함께한 UN 참전국에 대한 감사의 자리를 마련하는 학교의 크나큰 인상은 나의 기억에서 지워지지 않았다. 우리나라의 모든 중·고등학교가 이러한 나라사랑과 안보교육을 실시한다면 대한민국의 미래가 달라질 텐데…….

우리에게는 꿈이 있다.

그러나 꿈을 꾸기만 하면 무슨 소용이 있겠는가?

꿈은 성취해야만 꿈을 꾼 사람의 소유가 되는 것이다.

꿈을 성취하기 위해서는 1만 시간의 법칙과 같이 우리의 노력이 필요하고, 꿈꾼 자들의 꿈이 성취되도록 지켜주고 지원해주는 조국이 있어야 한다.

조국의 안보가 없으면 우리 국민은 어떻게 될까?

최근 전쟁과 기아로 인해 중동 지역과 아프리카의 난민에 관한 뉴스가 보도되고 있다.

아무리 개인이 우수해도 국민의 국가관과 안보관이 바로 서지 못하고 나라가 힘을 발휘하지 못하면 그 나라의 국민은 조국을 떠나 세계를 떠도는 난민에 불과한 것을~!

글을 마무리하는 이 순간 나의 마음속 깊은 곳에서 외침이 일어난다~!

"조국이 나에게 무엇을 해줄 것인가를 바라기 이전에 내가 조국을 위해 무엇을 할 것인가를 생각하라~!"

이 순 종

현 한국인성마술학교 교장

현 군산대학교 평생교육원 전담교수

효행인성지도사 1급

마술교육지도사 1급

노인상담사 2급

고려대 명강사 최고위과정 수료

인성지도사 1급 자격

명강사 명강의 1급 자격

KBS, SBS, EBS, MBC, JTV 등 다수 출연

나의 어머니

딸네 집 에어컨 앞에서 TV를 보고 있는 나에게 "엄마, 미숫가루 한잔 드세요"하며 딸이 내민 유리잔을 받았다. 시원하게 얼음까지 동동 떠 있다.

얼른 먹고 싶은 마음에 유리잔을 입에 대고 한 모금을 마시려는 순간 나의 두개골을 울리듯, 머릿속에 스쳐 지나가는 번갯불처럼 돌아가신 친정어머니 생각이 떠올랐다. 순간 막 입에 대려던 잔을 식탁에 내려놓으니 딸은 의아한 듯 쳐다본다. 미숫가루에 무슨 문제라도 있나, 걱정하는 눈치다. 나는 그런 이유가 아니라는 표시로 웃으며 의아해하는 딸에게 우리 엄마 이야기를 시작했다.

"마리아야, 엄마는 지금 이 순간 외할머니가 보고 싶다. 외할머니는 늘 여름만 되면 좋은 곡식을 다 넣어 영양 미숫가루를 만들어 놓고, 입맛이 없을 때 밥 대신 한 대접씩 식구들이 먹을 수 있게 만들어 놓고 일하시느라 바쁠 때나 입맛이 없을 때나 바빠서 식사를 하실 시간이 없을 때 한여름 더위를 식히기 위하여 시원한 물에 미숫가루를 타서 드셨어"

"그래? 외할머니가 대단히 지혜로우시네."

더위를 식히는 것뿐만이 아니었다. 우리 엄마는 그것만으로도 충분히 곡기가 된다며 한 끼의 식사를 미숫가루로 대신하기도 했다.

'미숫가루'하면 흔히들 생각하는 모습이 있다. 그러나 우리 엄마표 미숫가루엔 흔히들 생각하는 것과는 다른, 우리 엄마만의 비법이 숨어 있다. 그 비법은 바로 토마토가 들어갔다는 것이다.

엄마께선 자신의 건강도 챙기시지만 또한 가족들의 영양을 생각해서 미숫가루를 만들 때는 좋은 곡식을 아낌없이 다 넣곤 하셨다. 이를테면 보리쌀, 찹쌀, 콩, 참깨……. 기타 등등 많은 곡식들 말이다. 이렇게 좋다고 하는 곡식은 모두 넣어서 만든 미숫가루에다 시원한 물을 탄다. 이 시원한 물도 지금 생각하는 냉장고에서 나온 물 같은 것이 아니다.

우리 집 마당 뒤꼍엔 물이 나오는 펌프가 있었다. 여기에서 펌프질을 오래 하면 아주 시원한 물이 나온다. 그 시원한 물에다 미숫가루를 타고 거기에다 한입 크기로 토마토를 썰어서 함께 넣은 미숫가루를 간식 겸, 식사 겸 한 대접씩을 주면서 시원할 때 먹으라 하신 것이 우리 엄마였다. 그래서 무더운 여름 토마토만 보면, 미숫가루만 보면 나는 늘 친정 엄마 생각이 난다.

외할머니표 미숫가루 이야기를 장황하게 말해주고 난 후에야 딸이 타준 미숫가루를 먹었다. 딸은 내 마음을 이해하는 듯 위로해주고 싶었는지 "엄마, 그 옛날에 외할머니는 부자였나 봐, 그땐 어렵다면서 미숫가루까지 먹었단 말야? 그리구 가족 건강을 그렇게 챙기시다니⋯⋯. 우리 엄마가 외할머니를 닮았네." 웃으며 여느 때와 같이 설거지를 한다. 나의 자존감을 살려준다.

막내 손자는 설거지하는 엄마 다리를 잡고 여전히 징징거린다.

2014년 제1회 미지실버 세계대회 인기상 수상 후 가족과 함께

우리 엄마는 17살쯤 우리 집으로 시집을 오셨다고 한다. 지금 와서 생각해 보면 외갓집은 그리 넉넉하지 않았던 것 같다. 그런 데 그 어린 나이에 엄마가 시골에서 부자라고 하는 우리 집으로 시 집을 온 것이다.

지금 생각해 보면 논 두어 필지쯤, 밭은 약 5,000평쯤이나 될까? 그런데 마을에서 제일 부자라 했던 것이다. 생각해 보면 일단 마을 전체가 우리 땅이었는데 마을 사람들이 우리 땅에 집을 짓고 살고 있기 때문에 가을이면 집을 짓고 사는 터에 대한 세를 곡식으로 가져왔었다. 또한 마을 아주머니들은 우리 집에 와서 일손을 돕고 끼니를 잇기도 하고 품값을 받아가기도 했었다. 암튼 확실히 기억하는 것은 우리 땅에 농사를 짓는 소작인들이 많았다는 것이다.

할아버지는 우리 집에 양자로 오셔서 아버지와 고모님 남매를 낳으셨다. 사실 그 시절 우리 할아버지는 농토도 많고 걱정할 것이 없는 분이셨다. 다만 딱 한 가지 걱정이 있으셨는데 그 시절 아들만 우선하는 세태에 아들이 아버지 한 분밖에 안 계신다는 점이었다. 그것이 무척이나 걱정이 되셨던지 아들 하나 더 얻을까 하고 이웃 마을 과부댁을 첩실로 보고 왕래를 시작하셨다. 하지만 하늘의 뜻인지 첩실에게서는 딸 둘만 더 낳으셨을 뿐이었다. 그래도 우리 아버지는 오빠와 남동생 이렇게 두 아들을 낳았으니 아버지는 성공하신 셈이다.

그런 기억이 있으셨던 때문이었을까, 할아버지는 맏손자인 우리 오빠를 몹시도 아끼셨다. 그야말로 세상에 없는 손자로 키워 주셨다. 지금 생각해 보면 할아버지는 방문 가운데쯤 손바닥 반만한 유리조각을 붙여놓고 늘 밖에 사람들이 오가는 것을 내다보시며 오빠가 어른거리기만 해도 좋아하실 정도였다.

한편 할머니는 내가 어렸을 때 돌아가셔서 기억에는 없다. 할아버지의 경우는 내가 어렸을 때 올려다봐야 간신히 얼굴을 마주칠 수 있을 정도로 키가 껑충 크신 할아버지가 나를 업어주신 기억이 아련하게 난다.

우리 엄마는 자식을 10명을 낳았지만 큰아들부터 사이사이 한 명씩 모두 죽고 말았다. 현재 남아 있는 자녀는 2남 3녀로 5명만 살아 있는 셈이다. 이것만 봐도 우리 엄마 마음이 어떠했는지 감히 짐작이 간다. 부모가 한 자식만 잃어도 가슴에 묻는다고 하는데 속수무책으로 다섯을 잃고 살았으니 우리 엄마 가슴이 성했을 리가 있을까? 엄마가 된 지금에야 그 생각을 하면 이렇게 가슴 저리도록 나의 엄마가 불쌍하다는 느낌을 받는다. 왜 진작 엄마를 몰랐을까? 불쌍한 우리 엄마. 그래도 엄마는 자식들 힘으로 씩씩하게 사셨을 것이라는 생각에 애써 위안을 받는다.

5남매라고는 하지만 할아버지, 할머니가 돌아가셨기 때문에 어린 고모들 둘을 우리 엄마가 키웠다. 큰고모는 작은언니보다 한 살 어리고 작은고모는 나보다 두 살 더 먹었는데 계집애 다섯을 엄마 혼자 키우시니 그 시절 얼마나 힘드셨을까?

생각해 보면 시골 그 작은 마을에서 제일 부자라고는 하나 지금 생각하니 우리 엄마 고생시키는 일, 일부자였다. 아버지는 할아버지가 아들 하나라고 귀하게 키워서인지 일이나 이런 것은 엄마가 모두 일꾼들과 하고 아버지는 아무것도 안 하신 것만 기억에 남아 있다. 늘 먹을 갈아서 천자문을 쓰시고 5년 후의 달력까지 모두 만들어 놓으시고 육갑이라든가 이런 붓글씨만 지난 달력 뒷면 아니면 문창호지 같은 종이에 매일 쓰시는 것을 늘 보아왔다.

그러니 여자로서 우리 엄마는 많은 농사일에 간섭해야 했고 거기에 자식들 거두고 불 때서 밥하고 고무장갑 하나 없이 개울물에

얼음 떼서 그 많은 식구 빨래해서 꿰매 입히고 매일 밤 등잔불 앞에서 식구들의 구멍 난 양말을 기워야 하셨다. 어디 그뿐이겠는가? 아버지가 일을 안 하시니 비가 와서 논에 물이 많아도, 가물어서 논에 물을 댈 때도 일꾼들이 있어도 맡길 수가 없다고 직접 논두렁, 밭두렁을 누비고 다니신 우리 엄마다. 얼마나 힘드셨을까?

식솔들이 보통 13명이 넘었다. 우리 식구만 고모들까지 9명. 상머슴, 작은 머슴, 부엌아줌마, 그리고 이웃 마을에서 가난해서 끼니를 때울 수 없어 입 하나 덜겠다고 9살 된 여식을 우리 집으로 보내 잔심부름을 하게 하고 매일 일하는 사람들. 이렇게 많은 사람들 분량으로 밥을 하면 큰 가마솥으로 보리밥을 하나 해도 남는 것이 없다.

그런데 이렇게 힘든 일을 하면서도 우리 엄마는 몸이 아파도 쉬시지를 못하셨다. 끝이 안 보이는 넓은 밭이 온통 초록으로 변하고 자라서 곡식이 익어 가면 힘든 줄 모르고 그것을 재미로 알고 사셨던 것이다. 가을이 되면 온 들녘이 황금빛으로 물들고 작은 머슴이 배불리 풀을 뜯어먹은 큰 황소를 끌고 다니다 마을 어귀에서 소에게 도랑물을 한 번 먹이고 집으로 온다. 이런 모습을 쳐다보는 엄마의 얼굴은 한없이 푸근하고 아름다웠다. 아마도 엄마는 이럴 때 세상에서 제일 부자가 된 듯한 기분을 느끼고 사신 분인 것 같다.

그 당시 푸성귀야 집에서 모두 충당하지만 육류나 생선은 시장

엘 가야 했다. 시골에는 보통 5일장이 선다. 하지만 시장은 못 잡아도 20리를 걸어가야 했다. 그런데 우리 엄만 거의 빠짐없이 시장에 가셨다. 돼지고기, 짭짤한 간고등어, 멸치, 북어 등의 찬거리, 그리고 신발, 옷, 농기구 등 이런 연장을 사려고 5일장을 빠지지 않고 다녀오셨다. 그때는 물건을 살려면 돈이 흔하질 않고 곡식을 꼭 내다 팔아야 모든 걸 살 수 있었다. 지금 와서 생각해 보면 장날마다 우리 집에서 반드시 볼 수 있는 풍경이 있었다.

엄마는 장날만 되면 일찍부터 장으로 떠나는 마차를 준비하곤 하셨다. 일찌감치 마차에 돈이 될 만한 쌀, 보리, 콩, 녹두, 팥, 참깨, 계란 등 곡식을 미리 실어서 보내고 엄마는 본격적으로 장에 나가시기 위한 준비를 시작하셨다.

흰 고무신을 깨끗이 닦아 댓돌 위에 엎어놓고 방에 들어와 거울 앞에서 머리에 동백기름을 발라 참빗으로 곱게 빗는다. 곱게 바느질해 앞 다지에 넣었던 옷을 챙겨 입고 한껏 모양을 내신 후 출발하시는 것이었다.

엄마는 앞서 떠난 마차가 도착해 있는 장으로 가서 곡식을 돈과 바꾼 다음 시장조사를 하셨다. 필요한 물건을 구경하고 사기도 하고 맛있는 냉면도 아무 눈치 보지 않고 사서 드셨다. 어찌 생각하면 힘들게 사셨던 엄마께 장날은 엄마가 가장 기다리는 날이었을지도 몰랐다. 쉬는 시간도 제대로 챙기지 못하시고 힘들게 일하시는 나날 속에 장날 하루 외출이 엄마의 재충전이었을지도 모른다는 생각이 들었다. 이 날이 아니면 언제 마음껏 돌아다닐 수 있으셨을까? 장바닥을 누구의 눈치도 안 보고 휘젓고 다니니 스트레스가 확 날아가지 않으셨을까?

이렇게 장바닥을 누벼서 시장을 본 것을 또 마차에 실어 보낸 후 엄마는 20리 길을 걸어서 오셨다. 그러다 보니 가을이나 겨울 같은 때는 깜깜한 밤중에 오시는 것이 예사였다. 그러면 집에 있는 식구들은 저녁을 먹고 설거지를 한 뒤 호롱불을 들고 동구 밖으로 엄마 마중을 나갔다.

나는 혼자는 무서우니까 오빠랑 갔다. 난 오빠랑 가면 너무 좋았다. 추운 날도 나는 오빠 저고리 뒤로 등에 손을 넣고 가면 따뜻해서 좋았다. 오빠가 있으면 같이 노래도 부르면서 간다.

오빠만 있으면 안 무섭다. 우리 오빤 이야기도 잘하고 노래도 잘한다. 그래서 엄마 마중 갈 때도 즐거웠다.

그럼에도 불구하고 엄마를 마중 가다 보면 동구 밖이 한 치 앞도 보이지 않을 정도로 깜깜하여 옆에서 부시럭 소리만 나도 가슴은 콩알만 해진다. 엄마를 기다리는 시간이 너무 시루해 저 먼 데서 무언가 희끗한 모습만 보여도 목구멍에선 "엄마! 엄마! 엄마!"를 계속 부른다. 하지만 한참 아무 말이 없다. 왠지 모르게 가슴 한 구석이 아쉬워진다. 목이 터져라 힘차게 또 불러본다. "엄마! 엄마!" 그때, "그래?" 하는 소리가 가늘지만 확실하게 귀에 들어왔다. 보이지 않는 곳에서 엄마의 목소리가 들린다.

이렇게 반가울 수가 있을까? 엄마 목소리를 듣는 순간 세상이다 내 것 같고 기쁨이 벅차올라 나는 막 뛰어간다. 엄마와 만나는 순간 품에 힘껏 안긴다. 아침에 장에 간 엄마를 저녁에 만나는데 이렇게 좋을까? 엄마 손을 잡고 무슨 할 말이 그리 많은지 집에까지 오는 길이 금방인 것 같다.

집에 오면 머슴 아저씨는 엄마가 시장 본 물건을 마차에서 벌써 내려놓았다. 우리가 오자마자 언니는 엄마 밥을 차린다. 난 오빠와 시장에서 사 오신 물건이 궁금해 보따리를 푼다. 엄마는 그 모습을 보자 식사는 뒤로 미루고 시장에서 사 오신 보따리를 푼다. 엄마는 고모들 옷과 우리들 옷도 똑같이 사 오신다. 그러면 골라 입는 것은 내가 제일 먼저 고른다. 남은 것을 고모가 입는다. 신발도 고무 반구두에 리본이 달린 그중에서 더 예쁜 구두를 내가 먼저 고르고 나머지를 고모가 신는다. 우리는 옷 크기나 신발도 같은 크기이기 때문이다.

오빠와 나는 북어꿰의 눈을 젓가락으로 빼 먹기도 하고 맛살을 사 오시면 몰래 주머니에 넣고 먹기도 하다 한번은 엄마에게 들켜 혼이 난 적도 있다.

그러나 생각해 보면 우리 엄마는 누구보다 자식사랑이 대단하신 분이었다. 표현은 그리 안 하시지만 시골에서 자식들 학교를 보낸 것만 봐도 대단한 어머니인 것이다. 생각해 보면 당시 마을의 우리 친구들은 초등학교도 못 나온 친구들이 반이나 되었었다. 그런데 이만큼 가르쳐 주신 것은 우리 엄마가 아니면 우리 마을에서 아무도 할 수 없었던 것이다.

그런 우리 엄마가 너무 보고 싶다.

내가 살던 마을은 큰길에서는 마을이 보이지도 않는 산 속 작은 마을이었다.

초가지붕에 빨간 고추가 널리고 담장 쪽으론 하얀 목화를 널고 담벼락 군데군데 누런 호박, 애호박이 주렁주렁 열리고 저녁때가 되면 나팔꽃 피어 시계가 없어도 저녁때를 안다. 밥을 지으면 집집마다 굴뚝에서 하얀 연기가 모락모락 피어오르는 그런 조그맣고 아늑한 마을이다.

손님이 오신다면 대접할 게 마땅하지 않은 시골에선 반찬을 많이 준비할 필요도 없는 칼국수를 한다. 어머니께선 애호박 채 썰어 볶아 고명으로 넣고 얻은 칼국수를 만들어 손님에게 대접하셨다.

이렇게 청춘을 보낸 어머니. 이 조그만 마을에서 아들딸 시누이까지 모두 결혼시키고 나니 엄마는 얼마나 외로우셨을까? 이렇게 오랜 세월 사시는 동안 남처럼 화투 한번 안 하시고 술 한 잔 못 하시고 담배도 못 피우시고 여행 한번 제대로 못 해보시고 흥얼거림이라도 노래 한번 안 하시고 오롯이·얌전한 여인이고 어머니로만 사셨다. 엄마 자신을 위해서 살아보지 못하신 분이시다. 그런 엄마를 나는 존경한다. 사랑한다. 그리고 보고 싶고 그립다.

엄마는 삶에 지혜가 많으신 분이셨다. 뜰에 개미가 줄을 지어 가면 비가 올 것이라고 하신다. 그러면 영락없이 비가 내린다. 비가 와서 마당에 물방울이 동동 떠내려가면 많은 비가 더 올 거라고 하신다. 비가 좀 그칠 때 매미 소리, 쓰르라미 소리가 요란하면 비가 다 왔다고, 날이 들었다고 하신다. 어떻게 그렇게 용케도 알아맞히는지. 나는 어머니가 대단한 분으로 보였다.

하루는 빨래를 해서 옷에 풀을 먹여야 하는데 한 말씀 하신다. "봄에는 빨래에 풀을 조금만 먹여도 아주 뻣뻣해지지만 가을에는 풀을 빨래에 발라도 덜 뻣뻣하다" 말씀대로 해 보면 딱 들어맞는다. 나는 엄마가 대단한 사람처럼 보인다.

2015년 이른 봄 정조대왕 묘역 참배 후 남편과 함께

하늘은 맑고 점점 드높아가고 하늘 끝 산 위에 새털구름만 흘러간다.

자녀들이 모두 고향을 떠나 서울에 살다보니 엄마도 시골살림을 접고 서울로 올라와 오빠와 행복하게 잘 지내다가 생각지 않던 오빠 회사의 부도로 돌아가실 때는 큰언니 집에서 돌아가셨다. 다음 해 아버지도 돌아가셨다. 생각해 보면 벌써 20여 년이 다 되었다.

그렇게 돌아가신 부모님이 이렇게 뼈에 사무치도록 후회됨은 내가 이때가 되어 알고 보니 늦어도 너무 늦었기 때문이다. 자식노릇 제대로 한번 못하고 엄마를 보내드려서 나는 엄마가 그렇게도 그리워, 보고 싶어, 그렇게 뼈가 시리도록 나는 엄마가 보고 싶다. 이제 내 나이도 벌써 일흔이다. 일흔 살 된 내가 지금 엄마가 새록새록 이렇게 그립다.

엄마 품에 안기고 싶다

올 여름도 우리 엄마표 미숫가루가 있는 한 시원함을 느끼고 배가 부를 것이고 내 눈은 엄마에 대한 그리움으로 촉촉이 젖어 있을 것이다.

엄마, 철부지였던 막내딸 용서해주세요. 엄마, 보고 싶어요. 한 번만이라도. 엄마가 이렇게 그리울 줄은 미처 몰랐습니다. 사랑해요!!

오늘은 엄마를 만나기 위해 일찍 꿈나라 여행을 떠나야겠다.

최 경 수

현 폼나는 한국노인디자인학교 교장

현 군산대학교 평생교육원 전담 교수

효행인성지도사 1급

웰다잉, 노인상담사 2급

스토리텔링 강사

고려대 명강사 최고위과정 수료

인성지도사 1급 자격

명강사 명강의 1급 자격

KBS, SBS, EBS, MBC, JTV 등 다수 출연

보자기 문화(1)

우리 집 안에는 지천에 널려있는 것이 보자기이다.

이불 싸는 커다란 보자기, 요를 싸는 보자기, 방석 싸 놓는 보자기, 식탁보, 테이블보, 컴퓨터보자기……. 그 종류도 많고 쓰임새도 너무 크다. 요즈음에는 백화점에서 보내오는 고급 상품들이 보자기로 예쁘게 싸여 오기도 한다.

지천에 널린 보자기를 생각하다 보면 보자기는 가방과는 사뭇 다르다는 걸 문득 느끼게 된다. 가방은 각 물건을 분류해서 넣도록 만들어져 있다. 책가방에는 책을 넣는 공간과 필통을 넣는 공간이 분리되어 있고 여성들이 사용하는 핸드백도 여러 가지 용도의 공간들이 나누어져 확보되어 있다. 물건이 필요할 때 편리하게, 빠르게 꺼내어 이용할 수 있도록 하기 위함이다.

하지만 보자기는 다르다. 일반적으로 사용하는 보자기는 모든 물건을 나누지 않고 함께 묶는다. 특별한 경우가 아니고서야 내용물의 크기나 종류엔 크게 신경 쓰지 않는다. 모두 함께 섞어서 묶고 필요할 때 다시 분류하여 꺼내 쓴다. 가방은 들고 다니기 편하고 간단해 보이지만 그 쓸모가 극히 제한되어 오히려 불편할 수도 있다. 책이 들어 있는 가방이 어디 있는지 기억이 안 나 당황스러웠던 경우가 있을 것이다. 하지만 보자기는 들고 다니기에는 번거롭고 힘들어 보이나 그 안에 모든 것을 다 집어넣을 수 있어 무엇이든지 다 쌀 수 있다.

나는 지금도 고집스럽게 보자기 문화를 즐긴다. 길거리를 걷다 보면 보이는 한 건물에 보자기 문화가 살아있다. 1층은 식당, 2층은 찻집, 3층은 사무실, 5층은 당구장, 7층은 예식장 등 이런 건물이 한 개의 집단을 이루어 마치 보자기로 싸 놓은 것 같은 생활 방식으로 살아가고 있다.

어디 그뿐이랴, 어떤 건물에는 불교포교원과 교회가 같이 있고 다음 층에는 단란주점과 오락실도 있어 보자기에 싸여 있는 물건처럼 잘 공존하고 있다. 내용물을 하나하나 뜯어보면 전혀 하나로 묶여 살아갈 수 없을 것 같지만 마치 모양과 용도가 서로 다른 물건들을 하나의 보자기에 싸서 운반할 수 있는 것처럼 각자의 특징을 잃지 않으면서도 큰 갈등 없이 하나로 묶여 존재하는 것이다.

이러한 문화는 우리의 속담을 살펴보면 더욱 빛을 발한다. 우리 속담을 잘 보면 '한솥밥을 먹다.', '한 방에 자다.', '한 이불 덮고 자다.', '한 동래에서 자라다.' 등 한 공간에 공존하는 것을 중요시하는 문화를 엿볼 수 있다. 보자기 문화의 일환이다.

　이런 우리 민족 특유의 보자기 문화가 강하게 드러나는 부분이 음식문화이다. 대표적으로 한솥밥 문화, 비빔밥 문화에서 보자기 문화의 계승을 찾아볼 수 있다. 우리나라의 밥그릇엔 쌀밥만 있는 것이 아니다. 보리도 있고 콩도 섞여 있으나 보자기 문화에 익숙해 있는 우리들에겐 잡곡밥이 전혀 이상한 음식이 아닌 것이다. 비빔밥도 마찬가지다. 밥 위에 올라간 다양한 재료의 음식들은 비빔밥이 된 후에도 그 음식 고유의 맛을 간직하지만 그와 동시에 비빔밥이라는 하나의 음식이 되어 독특한 맛을 선보인다.

　같은 음식을 그릇에 놓고 수저를 부딪치며 함께 먹는 음식문화 역시나 우리나라의 독특한 보자기 문화다.
　서구에서는 개인접시를 갖고 각자 음식을 나누어 먹는다. 우리나라에선 처음 만났을 때에는 음식을 각각 따로 먹지만 가까운 사이가 될수록 한 그릇에 음식을 함께 퍼서 먹는다. 이것은 자연스럽게 간접적인 입맞춤처럼 묘사된다. 낭만적인 일이다. 또한 이는 친밀함을 나타내는 척도가 되기도 한다.

　국물 위주의 음식문화 역시 우리 민족 특유의 보자기 문화의 단면을 드러낸다. 접시는 서구적 음식 문화에 적합한 형태다. 접시는 단지 마른 음식이나 찬 음식을 쉽게 보관하는 기능만 한다. 국물 음식보다는 빵으로 대표되는 마른 음식문화를 성장시켜 온 서구 문화에 어울리는 형태의 식기다. 반면에 우리의 뚝배기는 국물 음식, 뜨거운 음식 위주로 다양한 음식을 보관하는 특성이 있다. 그러다 보니 우리나라의 음식문화의 중심은 뜨거운 음식, 특히 뜨거운 밥과 국물이 되었고 서구식으로 찬 음식 또는 마른 음식은 환영받지 못하는 문화가 되었다.

과거에 비해 식생활이 극도로 서구화된 지금에 와서도 따끈한 국이나 찌개에 밥을 말아 먹지 않으면 무엇을 먹어도 식사를 하지 않은 듯 허전한 사람들이 있다. 또한 한국의 식당에선 어떤 요리를 시키던지 따끈한 국물이 반드시 함께 나오게 된다. 오랫동안 고착된 문화의 힘을 새삼스럽게 알 수 있는 부분이 아닐까 싶다.

우리는 곧잘 '찬밥 신세'라는 말도 사용한다. 찬밥 신세란 별 볼일 없이 떨어져 나가앉은 자신을 비하하는 소리이다. 또 '식은 보리죽 신세'라는 말도 있다. 다 식어 버리고 아무 느낌이 없는 미끈미끈한 보리알맹이는 씹을 필요도 없이 물 흐르듯 목구멍으로 사라지기 때문이다. 어디 그뿐이랴? 무슨 일을 포기하고 싶을 때 '김 샜다'고 얘기하기도 한다. 이렇게 뜨거운 음식 문화는 "식기 전에 드세요"라는 표현으로 일반화되기도 했다.

한편 이러한 따뜻한 국물 위주의 음식 문화는 밥을 국물에 말아 먹는다는 보자기식 음식문화를 만들어내는 데에 일조했다. 다른 나라에서는 보기 어려운 우리나라만의 독특한 식문화 중 하나가 아닐까 싶다.

우리가 즐겨 입는 한복도 보자기 문화의 연장이다. 한복에는 원칙으로 주머니가 없다. 그렇기 때문에 한복을 입고 물건을 보자기에 싸서 보따리를 들고 다니거나 머리에 이고 다니는 모습을 우리는 종종 보아왔다. 급박한 상황이거나 은밀한 물건의 경우 한복의 치맛자락 그 자체가 보자기로 변하곤 했다. 종류에 상관없이 많은 것들을 껴안을 수 있는 드넓은 한복의 치맛자락에 소중한 것을 감싸 안고 조심스레 움직이는 모습은 한복에서 느낄 수 있는 큰 낭만이 아닐까 생각한다.

또한 선조들은 아이를 업어 키우는 데에도 보자기를 활용했다. 요람이나 침대의 경우 아이의 크기에 맞는 것을 준비하고 또 맞춰나가는 과정이 필요하다. 하지만 보자기는 그런 것이 필요 없다. 그냥 감싸 안으면 자연스럽게 아이의 크기에 맞춰져 아이를 포용하는 형태로 자리 잡게 되는 것이다.

다양한 것들이 하나로 녹아드는 보자기 문화는 사회적인 부분에서도 그 사례를 찾을 수 있다.

지금은 법 개정으로 없어졌지만 이름과 씨족에 따른 한국 문화는 독특했다. 성은 같으나 이름은 각각 달랐다. 인도나 유럽은 성이 같은 경우가 없고 이름이 중심이다. 중국은 성이 중심이고 항렬에 따른 이름은 공동체의 지위를 상징한다. 서양은 이름을 부른다.

우리는 어렸을 때를 제외하고 이름 부르는 것을 꺼린다. 그 대신 엄마, 아빠라 부르고 가족 관계 속에서 상대를 호칭하고 그것도 아니면 지역 끝에 댁을 붙여서 무슨무슨댁이라고 부른다. 예를 들면 '익산댁' '금구댁'이라 부르며 지역 공동체를 호칭한다. 동료나 지역사회에서는 '선배님' 또는 '언니'라고 부르며 상하 수직적 질서에 익숙한 호칭을 사용한다. 아니면 직책으로 '교수님', '박사님', '선생님', '사장님' 등으로 호칭하여 '미스터', '미스'를 호칭하는 서구적, 수평적 관계에서의 그것과 구별된다. 수평적 관계에서의 이름이 타인과 대비되는 개인을 강조한다면 수직적 관계에서의 이름은 공동체를 강조하며 개인은 공동체라는 '보자기' 안에 감싸인 존재임을 확인하는 것이다.

그러면 이러한 한국 특유의 보자기 문화는 어떤 특징을 가질까? 김민규의 '작은 연못'이라는 노래가 있다.

「깊은 산 어느 조그만 연못에 물고기 두 마리가 살다가 한 마리가 다른 한 마리를 죽이자 그 물은 점점 썩어가기 시작했고 마침내 한 마리도 죽었다」

이런 노랫말이다. 이는 경쟁자를 해치면 자신도 다친다는 의미로 1980년대 사회를 풍자했던 노랫말이다. 상생과 공존을 추구한 우리 문화적 관점에서 의미하는 바가 크다.

우리나라는 종교문화의 박물관이라고 할 정도의 다양한 종교가 어우러져 있으나 종교로 인한 종교전쟁은 한 번도 없었다. 싸움보다는 오히려 서로 의지하고 같이 발전하는 미덕을 발휘하였던 것이다.

　가족 중심으로 우리에게 전달된 유교 문화와 진리의 성취를 위해 가족 절연을 가르치는 불교는 언뜻 보기에 서로 극과 극을 달리며 공존하기 힘든 종교일 것이다. 하지만 한국의 보자기 문화는 이 두 종교를 극과 극을 달리기보다는 공존을 추구하는 모양으로 바꾸어 놓았다.

　고전 문학 『심청전』을 살펴보자. 효녀 심청은 부모를 돕기 위하여 부모를 떠나는 불효를 감행하였다. 그녀가 부모 곁을 떠난 것은 불효였지만 동시에 부모의 문제를 본질적으로 해결하려고 하는 (심 봉사의 눈을 뜨게 하는) 큰 효도이기도 하다.

　이는 불교에서 본래 자기 자신의 진리 성취를 위해 부모자식을 버리고 떠나는 출가를 다르게 해석하여 부모자식에게 공덕과 복을 안기기 위해 떠나는 효로 승화시킨 것으로서 유교와 불교가 어우러진 한국적 효도 문화이기에 볼 수 있는 기막힌 설정이다.

　유일한 신을 섬기는 기독교와 조상신을 섬기는 유교도 본래대로라면 결코 상생할 수 없다. 하지만 이 땅에 기독교와 유교는 공생하고 있다. 수평적 서구 질서로 개편된 기독교 문화가 한국 땅에 정착할 때에는 유교적 수직 질서로 다시 탈바꿈하지 않으면 안 되었다.

　여기서 모세의 10계명 중에 5번째 "네 부모를 공경하라"는 내용이 뿌리 깊은 부모 공경의 흉터와 맞아떨어지면서 기독교가 한국화하는 데 높은 기여를 하였다. 부모 공경의 내용이 기독교의 이질적인 요소를 해소시키는 결정적 계기가 된 것이다. 이것은 "나 이외의 다른 신을 섬기지 말라"는 배타적 유일신 종교가 조상숭배 의식과 다신교적 성향이 강했던 이 사회에 뿌리내리는 단초작용을 하였다는 면에 있어서 큰 의의를 가진다.

문화관광부 종교 인구 현황 보고에 따르면 불교와 기독교 인구가 전체 종교 인구의 대부분을 차지한다. 이에 반하여 유교 인구는 전체 종교 인구의 1%도 채 되지 못하는 존재이다. 그럼에도 불구하고 우리나라를 불교 국가, 기독교 국가라 하지 않고 유교 국가라고 말한다. 왜 그럴까? 유교적 문화가 기독교와 불교에 자연스럽게 스며 있기 때문이다. 유교 신자는 적어도 유교 문화가 대한민국 전체를 아우르는 거대한 종교문화 속에 공생하고 있다는 것이다.

더 쉽게 이야기하자면 명절을 생각하면 된다. 추석이든 설날이든 명절 때는 어김없이 수천 명의 민족 대이동이 벌어진다. 멀든 가깝든 시간이 얼마가 걸리든 부모와 조상을 찾아 떠나는 행렬이 꼬리에 꼬리를 문다. 그 가운데는 상당수 기독교인과 불교인이 포함되어있다. 출가한 종교든 집에 있는 종교든 유일신 종교든 부모 섬김에는 한 가지뿐이다. 큰 보자기 문화가 있기 때문이다. 이 땅에 종교전쟁이나 종교 갈등이 없었던 것은 부모를 섬긴다는 것, 즉 '효'라 하는 공통된 요소가 있었기 때문에 가능한 것이다. 그렇다면 우리나라 사회의 평화는 효 정신의 출발에서 얻을 수 있다고 볼 수 있을 것이다.

효가 있으면 나라가 있고 가족의 평화가 온다.

나는 孝 운동가로서 세상의 밝아짐을 위하여 계속 효행을 하도록 권할 것이다.

나는 효나라운동중앙회 회원의 일원으로서 효 운동을 방방곡곡 외치고 다닐 것이다. 그러기 위해 고대 명강사 과정에도 와 있다.

고대 명강사로 다시 태어난다. 고대 명강사 최경수 파이팅!

맨 우측이 저자 최경수

보자기 문화(2)

기억에 남는 '12분'을 쓴 적이 있나요?

12분은 어떤 시간일까? 긴 시간일 수도 있고 짧은 시간일 수도 있다. 그것은 그 제한된 시간을 누가 어떻게 사용하느냐에 따라

믿을 수 없을 만큼 다른 이미지로 사람에게 다가온다. 그리고 나에게는 앞으로도 잊지 못할 12분의 기억이 있다. 그날, 그 12분간의 시간이 흐른 뒤 내게 남은 것은 복받쳐 오르는 감정과 무척 흥분된 마음뿐이었다.

그날은 여의도 국회의사당 대회의장에서 시작되었다. 찾아간 여의도 국회의사당 대회의장은 오륙백 명을 수용할 수 있는 넓은 회의장이고 정면에 태극기, 옆면에는 '한국 효행인성교육운동본부 창립총회'라는 현수막이 걸려 있었다.

그날은 '한국효행인성교육 운동본부 발기인대회'가 있는 날이었다.

접수대에서 나누어 준 두툼한 봉투 안에는 설립 취지문과 국회에서 통과된 '한국효행인성진흥법' 등이 들어있다.

장내를 훑어보았다. 어린 학생에서 백발의 할머니도 있었고 젊은 청소년과 중년의 남녀노소들로 가득 차 있었으나 왠지 엄숙한 모습들이었다. 사회자의 안내로 국민의례가 시작되자 분위기는 더욱 엄숙하였다. 일어나 옷깃을 가다듬고 국기에 대한 경례, 맹세, 그리고 묵념이 이어졌다. 이어 애국가 제창이 시작되었다. "애국가는 4절까지 부르겠습니다."라는 사회자의 멘트가 끝나자마자 "동해물과 백두산이 마르고 닳도록~" 하는 화음이 잔잔히 실내를 메워 나갔다.

평소 애국가는 1절만 부르던 것이 습관이었으나 모처럼 4절까지 부르고 나니 뭐라 형용키 어려운 감정이 가슴 가득히 복받쳐 오른다. 1절은 평소대로 편하게 불렀고 2절은 열심히 불렀고 3절은 정말 조심스럽게 불렀고 4절은 벅찬 느낌으로 힘껏 불렀다. 4절이 끝나고 나니 얼추 12분 정도의 시간이 지났다는 것을 알게 되었다. 최근 얼마간 이토록 값지게 12분을 사용한 적이 있었을까? 다시금 되돌아보게 되었다.

생각해 보면 각 행사장의 사회자는 가지각색이다. '애국가는 1절까지 부르겠습니다.'하는 것은 그래도 나은 편. '시간 관계상 국기에 대한 경례만 하고 애국가는 생략하겠습니다.'라고 하거나 더욱이 '시간과 장소 관계로 국민의례는 생략하겠습니다.'하는 사회자까지 있으니 왜 우리는 그 순간에 안 된다고 하지 아니했을까? 애국가 4절까지를 다 불렀을 때의 느낌과 1절만 불렀을 때의 느낌 또는 아예 부르지 않았을 때의 느낌을 각각 헤아려 볼 때가 되었다.

2012년 3월 2일 C일보는 흥미로운 기사 한 줄을 보도했다. 초등학생 100명에게 애국가 가사를 4절까지 써보라 했는데 100명 중에 64명이 1절도 못 썼고 4절까지 쓴 학생은 단 1명도 없다는 것이었다. 이 놀라운 결과는 우리나라의 교육정책에 경종이 아닐 수 없다.

1996년 8월 15일 세계일보는 애국가는 30%만이 완창할 수 있다고 보도했다. 더욱이 1940년대에 교과서에서는 애국가 3·4절이 아예 사라진 일도 있었는데 이 사실을 기억하는 이가 있을까?

하기야 일부 정당에서는 애국가를 부르지 않는 일까지 있으나 더 이상 정치적인 이야기는 애국가와 연관시키고 싶지 않다. 물론 국가를 둘러싼 이상한 현상은 우리나라뿐만이 아니다. 2006년 3월 15일 문화일보에는 '미국 국민 61%가 성조가의 가사를 잘 몰라 가사 알리기 전국투어에 음악교사들을 채용했다'는 기사도 있고 이웃 일본에서도 공식 행사에서 국가인 기미가요를 제창할 때 기립 거부한 교사가 면직당한 일도 있다는 2012년 3월 26일 한겨레신문의 기사는 눈여겨볼 일이다.

그래서 '한국효행인성교육운동본부'에서 애국가 4절까지 부르기를 의무적으로 실시하고 각종 행사 시에 반드시 4절까지 완창케 하는 운동을 하고 있다. 이는 이 시대에 더욱 뜻깊은 일이 아닐까.

2015년 8월 8일 워크숍을 마친 후 원우들과 함께

최 성 원

전주시 친환경공급식운동본부 상임대표

전 전라북도교육청 교육감 정무비서

전주시 혁신학교 학부모 대표

고려대 명강사 최고위과정 수료

인성지도사 1급 자격

명강사 명강의 1급 자격

현재 참부모 교육원 원장

정작
교육받아야 할 대상은 학부모

"학원을 다니고 과외를 다니며 정작 공부해야 할 사람은 바로 학부모입니다. 부모가 올바른 가치관을 가졌을 때 교육의 성과는 나타나는 것이고, 부모가 올바른 가치관을 형성하기 위해서는 꾸준히 교육받고 공부해야 합니다. 학부모 교육의 중요성이 바로 여기에 있습니다."

우리나라 대한민국 성인들은 세계에서 가장 많은 시간의 노동을 할 뿐 아니라 가장 강도 높은 노동을 한다. 우리나라 청소년들은 세계에서 가장 많은 시간의 공부를 하고 가장 치열한 경쟁에 내몰려 있다.

언제 터질지 모르는 시한폭탄처럼 전 국민이 극도의 스트레스 속에 살아가고 있는 것이다.

힐링이니 웰빙이니 하는 따위의 단어들이 신조어로 등장하며 앞만 보고 달려가는 이 사회에 뭔가 해결책을 제시해 줄 것 같은 분위기가 등장하고 있지만 뾰족한 수는 없다.

모든 것이 경쟁이다 보니 잠시 한눈 팔면 뒤쳐질까 겁나는 사회.

물질적 풍요가 곧 성공이고 행복이라고 생각하며 앞만 보고 달려가는 사회.

이런 경쟁적 사회구조 속에 우리 아이들이 병들어가고 있다.

지치고 힘든 아이들을 향해 부모들은 "다 너를 위해 그러는 거다."라고 말을 한다.

하지만 실상은 아이가 책상에 앉아 있거나 학원을 가면 마음이 편해지고, 아이가 게임을 하거나 TV를 보고 있으면 마음이 불안해지는 자신의 병 때문이란 사실을 인정하지 않는다.

스스로가 자신의 병을 깨닫지 못한 채, 아이를 몰아붙이는 일이 아이를 위하는 길이라고 궤변을 늘어놓는다.

학부모를 상대로 한 교육이 필요한 이유가 바로 이것이다.

대개의 학부모들은 자신의 과욕과 불안감에 아이를 다그치고 있지만 그것이 자신들의 인식 부족이란 생각을 하지 못한다.

부모들의 바른 가치관 정립을 위해 부모에 대한 지속적인 교육은 반드시 필요하다.

내 욕심을 내려놓고 아이들이 진정한 인격체로 성장해 가야 한다는 필요성을 공감할 때 아이와 부모의 소통은 자연스럽게 이루어지고 더불어 가정의 행복은 찾아온다.

하지만 우리가 처한 환경과 여건을 고려할 때 부모를 대상으로 한 교육은 여의치 않은 것이 사실이다.

우선은 부모 스스로가 자신들이 올바르게 자녀 교육을 위해 교육을 받아야 할 필요가 있다는 데 동의하지 못한다.

자신이 가진 그릇된 신념이 얼마나 위험한 것인지를 깨닫지 못한다.

하여 부모 교육이 다채로운 방법으로 다양한 시간대에 곳곳에서 이루어질 수 있기를 희망한다.

나도 영재 아이를 기대했던 평범한 엄마였다

결혼하고 첫 아이를 가졌을 때 설렘은 컸다. 그만큼 첫 출산과 첫 육아의 두려움 또한 컸고 그 두려움은 육아 서적의 탐독으로 이어졌다. 태교에서부터 영유아기 뇌 발달의 중요성까지 대체로 육아 서적은 인지 발달에 초점이 맞추어져 있었던 듯하다. 1~100까지 도트카드를 이용해 수를 양의 개념으로 파악하는 것부터 시작해 루트의 개념까지 가르치고 1초에 한 장의 카드를 넘기는 플레시 기법으로 명화, 지형지도, 꽃, 외국어에 이르기까지 다양한 것들을 알려주었다. 돌도 안 된 기어 다니는 아이에게 말이다. 지금 생각하면 웃음이 나지만 그땐 나름 재미도 있고 아이도 좋아했다. 그걸 매일 5분씩 하고 밤마다 잠자리에서 책을 읽어줬다.

그런데 둘째가 태어나고 육아에 살림에 직장생활까지 겹치면서 지쳐갔다. 나는 어느새 아이들에게 짜증을 내고 있었다. 아이들 아빠가 술을 마시고 늦게 귀가해도 내가 피곤해도 그 화풀이는 아이들에게 돌아갔다. 처음엔 아이들이 집을 어질러서 혹은 숙제를 안 해서 야단을 치고 화를 내는 줄 알았다. 큰 아이가 초등학교에 입학하고 어느 날엔가 아이들에게 웃으며 숙제 점검을 하는 나 자신을 보며 아이들을 야단치는 건 아이들이 잘못해서가 아니라 나의 피곤과 기분 때문이라는 걸 알았다. 순간 얼굴이 빨개지고 부끄러워 견딜 수가 없었다. 하지만 알아차렸다고 해서 그것이 금세 실천으로 나타나지는 않았다. 성상기 아이들에 관련된 책을 보고 가까운 엄마들과 이야기를 하며 아주 조금씩 천천히 변화해 갔다.

여느 엄마들처럼 아이의 두뇌발달법이나 영재교육법, 특목고 보내는 비법 등을 학습했던 나는 아이가 행복해지는 법, 아이와 부모가 소통하는 법 등으로 학습 분야가 바뀌고 있었다. 공부를 하면 할수록 내가 그동안 가졌던 잘못된 신념에 대한 성찰이 이루어졌고, 내가 해야 할 일에 대한 부담은 커졌다.

신념은 섰지만 무엇을 어떻게, 무엇부터 해야 할지 막막하기만
했다.

제도의 벽이 너무 높고 두텁다는 생각을 하니 겁도 났다.

하지만 대개의 부모들은 학업지상주의가 잘못됐다는 생각을 갖
고 있으면서도 '그래도 내 아이는 특목고나 자사고에 보내고 싶
다.'는 오류에 빠져있다는 사실도 알게 됐다.

즉, 세상을 변화시킬 힘이 없다고 생각하고 세상의 물줄기에 저
항하기보다는 그냥 흘러가자는 그릇된 길을 택하고 있다는 사실을
인지하게 된 것이다.

전체적인 교육 변화에 동감을 하지만 '그래도 내 자식만큼은 특
목고나 자사고를 보내고 싶고, 더불어 명문대를 진학시키고 싶다.'
는 생각이 학부모 의식의 가장 큰 걸림돌이다.

그래서 아이가 행복한 세상을 만들자는 제안은 늘 공허한 메아
리가 되기 십상이다.

이런 벽에 부딪혀 절망감이 밀려올 때가 한두 번이 아니다.

그렇지만 한 방울 한 방울의 낙수가 바위를 뚫듯이 선각자들의
지속적인 활동은 미미한 변화를 이끌어 낼 수 있다는 신념을 버릴
수 없다.

도대체 열리지 않는 문처럼 나 자신을 패배주의에 빠뜨리는 수
많은 역경이 밀려오곤 한다.

아이는 언제나 자신을 알아주는 단 한명이 필요하고 그 대상이 부모가 돼 줄 때 아이는 무한 성장할 수 있다는 기본을 실천할 용기가 필요하다.

그 용기를 심어주고 지탱해나갈 힘을 길러주는 것은 다름 아닌 교육이다.

교육을 통해서만 부모들의 의식은 변할 수 있고, 부모의 변화는 이 나라 교육의 변화를 이끌어 내는 가장 강력한 힘이 될 것이다.

하루는 학교에 다녀온 큰아이가 식탁 의자에 앉아, 설거지에 여념이 없는 내게 뭔가에 대해서 열심히 이야기를 하기 시작했다. 무심코 고무장갑을 벗고 함께 식탁에 앉아 '그랬구나.' 하며 들어주었다. 이야기가 다 끝나고 나서 당시 초등학교 저학년이었던 큰아이가 "엄마, 엄마가 겉으로는 동생만 사랑하는 것 같아도 진짜로는 저를 많이많이 사랑하시죠오?" 한다. 아이들이 원하는 건 거창하거나 어려운 게 아니다. 그 녀석이 지금 고2가 됐고 지나가며 툭 이렇게 던진다.

"엄마 저는 엄마를 잘 만난 것 같아요."

중학생 시절 0점을 목표로 시험문제를 풀고 방 벽지에 붉은 핏물이 들도록 벽에 주먹질을 해대던 녀석이 던진 이 한마디가 내겐 말할 수 없는 그 무엇이었다.

물론 지금도 녀석의 성장은 진행 중이다. 잘 다니던 학교를 그만둔다고 말해 가슴이 덜컥 내려앉게 하더니 보충수업 자율학습 다 안하겠다고 선언하고 머물고 있던 기숙사를 나와 지금은 집에서 학교를 다닌다. 사교육도 없다.

혁신학교의 힘

두 아이 모두 집에서 가까운 같은 중학교를 다녔다.

그 학교는 혁신학교 초기 모델이었고, 이제 막 문을 열고 개교한 학교였다.

혁신학교였지만 완성된 혁신학교의 모습이 아니었고 좌충우돌 많은 실패를 거듭했다.

완성도 높은 혁신학교를 기대했던 다수의 의식 있는 부모들은 실망감을 보였다.

그러나 1년이 지나고 2년이 지나며 조금씩 달라지기 시작했다.

교사들은 혁신학교에 걸맞은 수업을 위해 자발적으로 학습동아리를 꾸렸고, 학교의 제반 시스템도 안정을 찾아갔다.

서로가 낯설고 개념이 정립되지 않았던 초기의 혁신학교는 날로 본질에 접근하며 자리를 잡아갔다.

중요한 것은 아이들이 학교를 '가기 싫은 곳' '불편한 곳' '짜증나는 곳'으로 여기지 않고 '즐거운 곳' '가고 싶은 곳' '재미있는 곳'으로 여기기 시작했다는 점이다.

혁신학교는 아직 걸음마 단계이다. 하지만 혁신학교가 새로운 교육의 패러다임을 제시하면 우리의 교육은 변화의 단초를 마련할 수 있다.

학교가 즐거운 곳이 될 때 아이들은 공부의 의미를 찾게 된다.

현재 전주는 19개의 혁신학교가 운영 중이다. 그 혁신학교 안에서 교사, 학생들뿐 아니라 학부모들도 배우고 변화해 가길 기대한다. 내 아이 내가 키우고 당신 아이 당신이 키운다는 생각에서 벗어나 나와 당신이 우리의 아이들을 함께 키운다는 생각으로 내 아이만이 아닌 우리의 아이들이 행복한 학교, 행복한 세상을 만들어 보자는 인식이 혁신학교 학부모들을 중심으로 들불처럼 번지기를 바래본다.

어떻게 할 것인가?

대부분의 사람들은 일상의 삶에 묻혀 사는 대로 생각하며 살아간다.

그럼에도 불구하고 그 일상이 행복임을 알고 감사하며 살아가는 사람은 많지 않다. 살아가는 대로 생각하며 권태와 생계의 급급함에서 자신을 되찾고 자신의 생각대로 삶을 주체적으로 살아갈 동기와 용기를 주는 것. 그것이 교육의 힘이고 역할일 것이다.

그렇다면 교육은 아이들에게만 필요한 것은 아니다.
아이들을 위한다는 명분으로 공부라는 외길, 막다른 골목으로 아이들을 내몰고 있지만 정작 공부가 절실한 대상은 우리 학부모들이다.

아이가 책상 앞에 앉아 있거나 학원에 간다고 해서 다 성적이 오르고, 명문대를 간다고 해서 좋은 직장에 취업하는 것이 아니라는 것쯤은 다 안다. 그럼에도 불구하고 아이를 성적 경쟁으로 내몰아 다그치다가 사이만 멀어지는 악순환의 고리를 끊지 못하고 반복하는 이유는 어디에 있는가?

첫째 자격지심이다. 그거라도 하지 않으면 부모노릇을 하지 않는 것 같다. 최소한 학원이라도 보내주고 성적관리라도 해줘야 내가 그래도 부모노릇한다는 자위를 할 수 있기 때문이다.
둘째 불안이다. 이웃집 아이는 방과 후에 학원 다니며 공부하느라 한밤중에 귀가하는데 우리 아이는 친구들과 어울려 놀고 TV보고 음악 듣고 게임하고 기본마저 하지 않는 것 같다. 그러니 마트 알바라도 해서 아이를 부지런히 학원으로 돌려야 그나마 안심이 된다.
셋째 사회 분위기다. 마치 우리나라의 전통인 양 인식되는 유교

문화는 사농공상의 위계적인 직업 인식을 심어 놓았고 그 괜찮은 직업을 갖기 위해서는 공부밖에는 길이 없어 보인다. 그러나 내 짧은 유학적 지식으로도 공자께서 좋은 직업 찾아 나 하나 편하자고 공부하라고 말씀하지는 않았을 것이다.

넷째 사회 구조적 모순이다. 대학 졸업장 없어도 취업 잘 되고 학창 시절 성적 시시했어도 청소부가 되었든 목수나 벽돌공이 되었든 노동에 걸맞는 보수가 주어진다면 부모들이 아이들을 한 길로 내몰지는 않을 것이다.

학교가 바뀌려면 학부모가 바뀌어야 한다고들 말한다. 그럴듯하다. 그러나 그것이 전부일까? 학교가 바뀌려면 교사가 바뀌어야 하고 교사가 바뀌려면 학교장이 바뀌어야 하고 학교장이 바뀌려

면 교육청이 또 교육부가 그리고 정권이 바뀌어야 한다. 일제 잔재를 청산하지 못하고, 친일하고 아부하여 권력과 부를 획득한 무리와 그 대물림을 한 번도 단죄하지 못한 우리 사회는 굴종과 복종의 삶만이 안락하고 안정적임을 몸으로 체득하게 하였다.

이야기가 자꾸 거창해진다. 우리 소시민이 감당할 수 없을 것 같은 테제로 확대되는 듯싶다. 그러나 거대한 바다도 하나의 작은 옹달샘에서 시작했다는 것을 우리는 안다. 매일매일 닦지 않으면 먼지가 쌓이는 거울처럼 나 자신의 생각과 정체성도 매일매일 점검하지 않으면 먼지가 쌓여 스스로를 잃어버릴 수 있다. 위의 네 가지 중에 우리 학부모가 당장 전환할 수 있는 것 즉 첫 번째와 두 번째 것을 시도해 보자.

첫째 자격지심을 버리는 것이다. 돈 많이 벌고 어려운 공부 잘 가르쳐줘야 좋은 부모 훌륭한 부모라는 착각을 벗어던지자. 정작 우리 아이들에게 필요한 것은, 아이들이 성인이 되어 상상도 못 했을 고난과 역경에 직면했을 때 그것을 헤쳐 나갈 힘과 용기이다. 세상 모든 이가 등 돌리고 가진 거 하나 없을 때조차 당당히 자신의 뜻을 펼치고 굴절되지 않은 반듯한 자신을 지켜 낼 수 있는 힘과 용기 말이다. 그것은 어린 시절 그 아이를 지지하고 응원해 준 누군가의 사랑에서 비롯된다. 그 중요한 사랑을 내 아이에게 줄 수 있는 그 누군가가 바로 당신이다. 내 아이에게 줄 수 있는 가장 큰 유산, 당신만이 줄 수 있는 그 유산을 지금부터 아이에게 주는 것이다. 세상에 단 한 사람 내 아이를 마지막까지 이해해 주고 편 들어 줄 사람이 있다면 그 사람이 바로 엄마 혹은 아빠이지 않을까.

두 번째 불안을 거둬 낼 수 있을까? 그것은 이 글을 쓰고 있는 나 자신도 매일 해야 하는 항목이다. 하루만 자르지 않아도 덥수룩해지는 남성들의 수염처럼 매일매일 점검하지 않으면 불안이란 놈은 어느새 내 안 깊숙한 곳에서 스멀댄다.

이웃집 아이와 비교하기 시작하면 끝도 없다. 오죽하면 엄친아 엄친딸이란 신조어를 모르는 이가 없을까. 내 아이를 그 누구와도 비교하지 않고 온전히 아이 자신만으로 보아주는 것이 필요하다. 우리는 오랫동안 경쟁적 사회 구도 속에 살면서 모든 것이 상품화되고 비교 대상이 되는 것을 당연시하는 경향이 있다. 하지만 본인이 간단히 비교대상이 되었을 때 거북함을 느낀다. 그것이 자연스러운 것은 아니기 때문일 것이다. 비교는 불안으로 가는 지름길이다.

학부모가 변한다고 학교가 변할 것 같지 않다. 이런 상황에서 교육이 달라지려면 학부모가 달라져야 한다고 주문하는 것은 학부모들에게 과도한 부채의식을 주고 책임을 전가하는 것처럼 보인다. 그러나 우리 학부모들은 부당한 교육현장을 거부할 수 있고 우리 아이들에게 비교 없는 진실한 사랑을 줌으로써 아이들이 살아갈 미래 사회를 스스로 만들어 나갈 작은 씨앗을 심을 수 있다. 아이들에게 정말 필요한 것을 주기 위해 부모가 구체적으로 무엇을 해야 하는가가 부모가 먼저 공부해야 하는 이유이다.

최 월 란

다문화 이미지메이킹전문 뚝배기강사

강의분야: 동기부여 및 꿈 계획, SNS 블로그 및 사진 편집,

　　　　　생활 속의 척추 건강

이화여대(평) 이미지메이킹 컨설턴트 1급

SNS지도사 자격증 취득

미용고 실습교사 교원자격증

독일 하맘뷰티스쿨 스톤테라피 자격증

'알샘교정원' 에스테틱 대표

고려대 명강사 최고위과정 2기(여성회장)

인성지도사 자격증 1급

명강의 명강사 자격증 1급

저서(공저): 『SNS마케팅의 비밀병기 카카오스토리』

E-mail: alex5003@hanmail.net

우리는 다문화가족!
외국인 남편이 한국인으로 살아가다

1. 가재 잡이로 시작한 나의 어린 시절과 피아노

나의 어린 시절은 자연과 함께 컸다. 우리 집은 초등학교 시절까지 전기가 공급되지 않았던 남양주시 별내면의 산골짜기였다. 그것도 1시간 30분씩 산을 넘고 서너 명씩 무리 지어서 초등학교를 다녔다. 아버지가 산 밑에서 밭일을 하시면 나는 옹달샘이 솟는 곳에서 가재 잡이를 하며 놀았다. 옹달샘에서 노니는 작은 새끼 가재들은 나의 친구였다. 덕분에 가재가 알을 품은 모습을 보며 자란 건 특혜 받은 산 자연의 학습이었다. 또한 태풍이 불어서 폭우가 오는 날은 집 앞 마당에 큰 붕어가 팔딱팔딱 뛰는 모습을 발견하기도 했다. 이렇게 나는 자연의 특혜를 받으며 여고를 졸업했다. 이때 촌닭 여고생인 나의 꿈은 도회지에서 폼 나게 한번 살아보는 것이었다. 그러기 위해서는 기본적으로 마음씀씀이를 곱게 먹고 성실하기로 마음을 다졌다.

한번은 여고 시절에 친구의 집을 가보니 피아노가 있는 게 아닌가? 친구의 피아노 연주 소리를 들으며 한눈에 반했다. 너무나

간절하게 교습소를 꼭 하고 싶었다. 그래서 어떻게든 피아노 교수법을 극성으로 배워가며 교습소 운영을 한 것이다. 결과는 성공적이었다. 이런 나는 우리 아이들에게 동기부여를 시켜주었음은 물론이다. 아무리 피아노를 못 쳐도, 말썽꾸러기였어도 야단이란 내게는 있을 수 없었다. "그거야~! 바로 그거! 그렇지 아주 잘했어! 와~!" 하며 옆에서 같이 바이엘 기초를 연주해주면서 몸으로 느끼게 한 다음 '솔'톤으로 칭찬해주었다. 이렇게 나의 무기는 감성적 칭찬요법이여서 학부모와 아이들에겐 피리 부는 여선생으로 통했다.

이렇게 나의 꿈은 도회지에 자리를 잡고 성공적으로 가는가 싶더니 1997년 8월 5일 애지중지하던 교습소는 한방에 끝나버렸다. 그때 당시 의정부에 폭우가 83년 만에 왕창 쏟아졌기 때문이다. 그러면서 한꺼번에 쏟아져 내린 물이 다리 위를 범람하면서 내가 있던 동네는 완전 초토화가 되었다. 하늘에서는 헬기 촬영을 하여 뉴스에 나오기를 계속 반복했다. 교습소가 있었던 1층 셔터를 올리니 피아노는 뚜껑이 날아간 채로 아수라장이 되었다. 피아노 건반 사이에 뻘에서 내린 듯한 검은 흙 앙금과 흙물이 같이 뒤엉켜버렸다. 찌는 여름이라서 냄새 또한 악취가 요란했다. 당시 전 재산을 털어서 한 교습소가 이렇게 되니 너무나도 가혹했다. 이날은 아무도 모르게 혼자서 눈이 퉁퉁 붓도록 엄청 세게 울었다. 그리고 다짐했다. "앞으로 어떤 고생도 사서 하겠노라고~!" 그랬더니 정말 인정받는 사람이 되어 직장 내부의 일을 모두 도맡아서 하게 되었다. 발효가 적당히 되어갈 무렵에 혼자서 등산과 여행을 만끽

하며 사색을 즐겼다. 이것은 나 자신에게 보너스를 준 것이다. 이렇게 성숙해지려고 무던하게 애쓴 나는 30대 초반에 결혼관이 뚜렷해졌다.

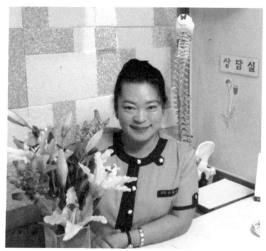

상담 중인
알샘교정원에서

2. 연애 시절을 바람의 딸 한비야 구호팀장님이랑 함께한 멘티

나의 친정엄마는 어찌나 결혼을 종용하던지 선도 무지하게 많이 보았다. 신랑감으로는 직업이 안정적이고 학력까지 대졸 출신이라면 우선 먹고 들어가는 것 아닌가? 하지만 나에게 이런 것은 별개였다. 내가 찾고 있는 정신적 건강의 마인드를 갖은 신랑감을 못 만났으니 어찌하랴! 그런데 어느 날 지금의 남편을 운명처럼 만났다. 무슨 행사장에서 아주 잠깐 만나고 연락처도 없이 헤어졌는데 며칠 후에 또다시 만난 것이다. 이렇게 만나게 되니까 자동으로 친해졌다. 그냥 만나기만 해도 편한 사람이었다. 물론 한국말이 잘 통하지도 않았다. 그렇다고 보디랭귀지는 너무 요란하게 느껴져서 피하고 우리는 대신 눈빛으로 이야기를 주고받았다. 아이러니컬하게도 신랑하고의 언어의 장벽은 있었으나 가슴팍에서 우러나오는 말이 잘 통하는 게 아닌가? 아마 이것은 국제결혼 연애를 자유롭게 한 커플들이라면 충분히 이해가 될 것이다.

그때 당시 나는 나 자신을 성숙한 단계로 이끌기 위해 『바람의 딸 걸어서 지구 세 바퀴 반』의 저자인 한비야 언니한테 푹 빠져 있을 때였다. 내가 감히 저자를 언니로 표현하는 것은 이런 호칭을 좋아하고 나 역시도 그러하기 때문이다. 책 속의 주인공은 나에게 멘토나 다름없었다. 나는 이 책의 주인공 이야기를 신랑한테 툭하면 해댔다. 그러면 신랑은 기꺼이 잘도 들어주었다. 내용을 잘 전달하기 위해 또박또박 천천히 말하였는데 어떤 의미인지는 알아듣는 눈치였다. 그리고 만날 때마다 이야기하면 희한하게 말을 더 잘 알아들었다. 그리고는 맞다며 응수까지 하는 게 아닌가? 알고 보니 나와의 대화를 이끌기 위해 우리나라 영화를 닥치는 대로 보았다는 거다. 우리는 어느덧 바람의 딸 한비야 저자에 대해 이야기하면서 멘티가 되어가고 있었다. 신랑의 마인드와 한비야 언니의 이야기는 우리랑 절묘하게 성격이 잘 맞아 떨어졌다. 덕분에 나도 덩달아서 한비야 언니의 책을 서너 번은 더 읽을 수 있었다. 이렇게 연애 때 시작된 보너스를 결혼 후에 받으니 기분이 더욱 쏠쏠했다. 저자가 책 속에서 말하는 장 지글러의 『왜 세계의 절반은 굶주리는가?』와 월드비전 현장에서 함께한 탤런트 김혜자 선생님의『꽃으로도 때리지 말라』도 모두 읽었다. 세계적 모델인 와리스 디리의『사막의 꽃』과『사막의 새벽』을 읽고는 여성의 존엄성에 대해 다시 생각하게 되었다. 카타르시스가 찾아와 한 달 내내 울적하였다. 어찌된 일인지 신랑은 이미 이런 내용을 자기네 나라 책에서 모두 읽어서 다 알고 있었다. 이렇게 우리 부부는 일방적으로 책 속의 저자와 멘토와 멘티로서 우의를 다졌다. 올봄에 구입한『1그램의 용기』의 책 속에는 저자의 친필사인이 들어 있었다. -아침 햇살 같은 용기를 보태드립니다. 2015 봄 한비야-라는 이름과 함께 굵은 매직으로 선명하게 적혀 있었다.

3. 거짓말 같은 O자동차회사 여행당첨권으로 비행기를 타고

우리는 각국에 떨어져 있으면서 일기장 하나씩을 나눠가졌다. 신랑 거는 옅은 하늘색, 내 것은 인디안 핑크색이다. 그리고 밤 10시가 되면 달님을 보며 서로 못다 한 이야기와 소망을 빌었다. 더 하고 싶은 말은 일기장에 쓰기로 했다. 좀 유치하다고 느껴질지 모르지만 지금처럼 스마트폰이 발달하지 않았기 때문에 당시에는 이것이 최선의 방법이었다. 이렇게 우리는 만나는 날을 얼마나 애타게 기다렸는지 모른다. 주변에서는 가봐야 헛다리 짚는 격이라면서 반대가 심했다. 막상 가보면 마누라에 애 딸린 유부남일지 누가 아냐는 거다. 나라가 다르고 보이지 않으니 속여먹기에 딱 좋다는 거다. 또한 한국에 가짜결혼비자로 들어오고 싶어서 꼼수를 부릴지도 모른다는 것이다. 나는 아무래도 상관없다는 배짱을 가져보기로 했다.

우리 부부는 마침내 결혼증명서가 필요했다. 결혼비자로 한국에 들어와야 하는 관문이 아직 남아있었기 때문이다. 신랑이 한국으로 들어온다는 건 내가 한국에 사는 것을 원했기 때문이다.

'얼음산인 대인관계'를 강의하면서 룰랄라~!

그런데 이게 웬 말인가? 어느 날 O자동차회사에서 이벤트에 1등으로 당첨이 되었으니 확인하고 재세공과금 22%를 내라는 것이다. 300만 원짜리 여행상품권을 탄다는 것이다. 이 말을 엿들은 동료 직원은 재세공과금만 날린다며 그것은 사기라고 일축했다. 동료는 앞으로 이런 전화는 받지도 말라고 노발대발했다. 이때 동료의 말은 진심이었다. 그도 그럴 것이 새로 등장한 보이스피싱 사기가 워낙 많은 터라 그럴 만도 했다. 나도 잠시 기분만 좋다가 마는 것으로 끝내고 더 이상 전화를 받지 않았다. 그랬더니 나중에 다른 번호로 또다시 전화가 오는 게 아닌가? 상대방도 전화 통화하기가 너무 힘들다면서 도저히 못 믿겠으면 자기네 홈페이지에서 당첨자를 직접 확인하라는 거다. 왠지 손끝이 떨렸다. 시골이라 인터넷이 느린 관계로 인내심을 발휘하여 주민번호와 이름을 얼른 탁 쳤다. 얼마 후 인터넷이 비비덕거리더니 우리 집 주소와 내 이름이 '최*란'하고 1등 자리에 당첨자로 뜨는 게 아닌가? 당장 전화로 확인하여 비행기 표로도 바꾸는 게 가능하냐니까 그렇다는 것이다. '오, 맙소사! 세상에 이럴 수가~!' 정말 오래 살고 볼 일이었다. 그리하여 나는 당첨으로 받은 여행상품권을 비행기 표로 대신 바꾸어서 신랑한테 가는 비행기를 손쉽게 탈 수 있었다. 간절하면 통했던가? 가방 속에는 공증 받은 혼인서류와 대한민국 대사관에 제출할 서류들이 붐벼 있었다. 나의 에이즈 건강검진 '이상 없음' 결과지도 함께 들어 있었다. 그때 당시는 에이즈가 처음 나오기 시작하여 분위기가 삼엄했었다. 이런 건강진단서류까지 공증 받고 챙겨 오래서 비닐 파일에다 일일이 꼼꼼하게 정리하여 갔다. 처음으로 멀리 가보는 비행기 안에서는 '만약에 혹시나~?' 하는 생각을 했다. 내가 정말 미친 짓 하는 거 아닌가? 신랑이 정말 애 딸린 유부남이라면 공항에 나타나지 않을 수도 있겠다. 갑자기 전에 말한 지인의 이야기가 스크랩되어 몸이 바짝 긴장되어 떨렸고 입도 타들어 갔다.

4. 우리 로자 시어머니의 산소를 찾아 영감을 얻다

만나지 못한다면 이 서류뭉치들을 도대체 어떻게 해야 되나? 그러면서 다시 긍정적인 것에 침착하게 집중했다. 공항에는 사람들로 빼곡한 가운데 골프복을 고급스럽게 잘 차려 입은 한국인 골퍼들이 눈에 띄었다. 사람들이 조금씩 빠져나가는 사이 저 많은 사람들 뒤로 눈에 띄는 단 한 사람이 있었다. 저 멀리서 여기라며 반갑게 환호하는 게 아닌가? 바로 신랑이었다. 한쪽 손에는 생화 난꽃을 높이 들고 있었다. '옳거니, 그럼 그렇지!' 내가 사람을 잘못 본 거는 아니었다. 우리는 그동안 못다 한 이야기를 하며 택시격인 자동차로 약간 덜컹거리는 고속도로를 내달렸다. 가도 가도 끝없는 거리였다. 간간이 창밖으로는 실크로드 길도 보였는데 멀리 지나면서 보니 무슨 돔같이 생긴 쉼터이다. 총길이가 6,400km라고 하니 내가 중앙아시아 초원을 지나가기는 하는 게 맞나보다. 10시간은 가야 집이 나온다고 했다. 여기서 운전은 직진만 잘하고 가면 된다. 우리나라와는 다르게 급한 차가 알아서 피해가는 거다. 어쩐지 백미러도 없이 잘도 달린다 했다. 집으로 가는 도중에 나는 로자 어머니 산소를 들르자고 제안했다.

신랑은 어머니 산소에 영령을 부르는 사람과 같이 가야 하기 때문에 일단 집부터 들른 다음 가족이랑 다 함께 가자고 했다. 아마 우리나라로 치면 이 사람은 주술사쯤 되는 거 같았다. 어머니 산소에 다다르자 구성지게 리듬을 타며 영령을 불러내는 모습이었다. 여기 산소는 우리나라와는 조금 달랐다. 산소는 대부분 평평

했고 비석에다 이름과 태어난 년도와 돌아가신 년도 그리고 사진이 대리석에 새겨져 있는 것이다. 주술사의 리듬에 맞춰 호흡을 가다듬고 우리 시어머님께 큰절을 올렸다. 로자 어머니께 절을 올리고 난 후 말씀을 드리려는 순간 나는 깜짝 놀랐다. 단 한 번도 본 적이 없는 시어머니가 내 눈앞에 무언가 번뜩하고 나타나시는 게 아닌가? 이것을 어떻게 설명해야 될지……. 그리고는 환한 미소로 나를 반기어 주셨다. "참 잘 왔노라고~, 이렇게 와줘서 얼마나 고마운지 모르겠다고~" 우리의 결혼이 축복이라면서 나를 안아주는 게 아닌가? 순간 온몸에 전율이 쫘악 돌았다. 그러면서 그 순간 어떤 제압을 받은 느낌이었는데 갑자기 눈물이 펑펑 쏟아져 내리는 게 아닌가? 그리고 큰소리를 내면서 펑펑 울었다. 손을 잡은 채로 신랑도 울고 시동생도 울고 우리 딜리 아가씨도 한꺼번에 다 같이 울었다. 그 뒤로 나무에 서 계신 시아버님도 함께 울고 계셨다. 그리고 열심히 살겠노라고 몸이 조금 경직되고 떨리는 상태로 어머니 산소 앞에서 다짐했다. 어느새인가 신랑은 내 옆에서 울고 있는 내 손을 두 손으로 꼬옥 잡고 있었다. 주술사는 더 리듬을 타며 구성지게 어떤 말을 쉴 새 없이 더 세게 하였다. 아마도 우리의 카타르시스 에너지를 받아 그대로 로자 어머니께 전달했으리라! 또한 나의 눈물은 이 기쁨을 함께 누리지 못하신 어머니와의 잠재되었던 애틋한 정이었으리라! 다음번에 올 때도 기쁜 소식으로 찾아뵌다고 약속을 뒤로 하고 나오는데 산에 있는 키 작은 나무들이 유독 푸르르게 보였다. 집으로 간 후 신랑의 집에서 발견한 로자 어머니의 처음 본 사진은 양해를 구하고 우리 집으로 그대로 가져왔다. 사진관에서 예쁘게 복원을 해서 새것으로 다시 보냈다. 시댁식구들이 기뻐했음은 물론이다. 이 일이 있은 후 시댁에서 나는 천사 며느리, 천사 형수, 천사 언니로 통한다.

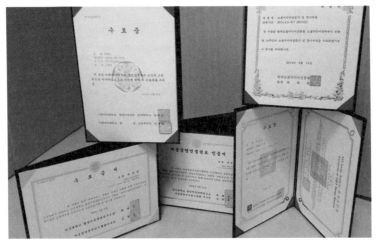

꿈 리스트를 이루는 각종 자격증들!

5. 연세어학당을 다니고 미용종합면허증을 취득하고

이번엔 우리 친정 부모님께 인사드릴 것이 문제였다. 부모님께 생소한 외국인 사위를 인사드릴 것이 좀 갑갑하였다. 한국말이 서툴렀으므로 점수 따기에도 역부족이었다. 일단 만나면 큰절부터 올리는 거라고 말해주었다. 아~! 그런데 이게 웬일인가? 아파트 현관을 열고 들어서자마자 단숨에 큰절을 올리는 게 아닌가? 그리고는 자세를 바로잡고는 무릎 꿇은 상태로 이렇게 말하는 것이다. "어머님, 아버님! 이 못난 외국 사위를 보게 되어서 얼마나 걱정이 많으셨어요?" 그 마음을 자기가 다 안다면서 바로 잇는 말이 어머님,

아버님하면서 "첫째, 저희 힘으로 살 것입니다! 둘째는 정직하게 살 것입니다! 세 번째는 꿈을 갖고 사는 것입니다!" 이것이 저의 결혼 다짐이라며 "이제부터 저희를 끝까지 지켜봐주세요!"라며 단호하고 절도 있게 또박또박 큰소리로 말하는 게 아닌가? 이렇게 하여 우리 부부의 본격적인 다문화가정으로 살아가기가 시작되었다.

하지만 현실 속에서 외국인이 한국인으로 살아가는 건 쉽지 않았다. 우선 한국에서 취업할 수 있는 재능이 있는 것이 아니어서 더욱 그랬다. 많은 시행착오를 겪으면서 현실 앞에 맥없이 주저앉았다. 언 발에 오줌 누기 식 빚지기와 갚기를 반복했다. 더군다나 우리는 월세부터 시작하여 우리 힘으로 살자고 모험을 걸어둔 터라 진퇴양난의 길은 더욱 심했다. 그때는 무슨 용기가 그렇게 솟구쳤는지 오히려 자신 있었다. 이렇게 우리 부부는 바닥부터 또다시 시작하여 겸손이 뭔지를 터득하게 되었다. 그리고 고생이 뭔지 온몸으로 체험하게 되었다. 감히 실패 없이 성공했다면 그것은 가짜 성공이라고 말하고 싶다. 정말이지 일요일도 빚을 갚기 위해 쎄빠지게 일했다. 그런 와중에도 남편은 연세대학교 어학당을 다니면서 한국어 공부에 열중했다. 그때는 공부와 일, 두 마리 토끼를 다 잡아야 했기 때문에 처절했던 슬픈 기억이 추억으로 남는다. 수업 시간에 너무 졸린 나머지 지렁이 글씨를 쓴 일도 다반사였다. 열심히 일한 증거일까? 충성 고객은 늘어나기 시작했다. 어떤 날에는 손가락 마디뼈가 그대로 으스러지는 것 같은 통증이 오기도 했다. 어떠한 일이 있어도 꾀를 부리면서 일을 한다는 건 우리 부부에겐 용납할 수가 없었다. 소위 경락마사지라는 근육체형 교정 테라피 계열의 고급서비스였다. 케어를 하다가 나도 모르게 뚝 떨어진 눈물은 들키지 않으려고 재빨리 훔쳐내기도 했다. 이런 일은 남편에게도 훨씬 많았을 텐데도 나에겐 내색조차도 하지 않았다. 정신적으로 버티는 깡다구가 아주 강한 열혈 상남자였다. 신랑은 교정에 재미를 붙이더니 한의학에도 관심을 가지게 되었다. 외국인으로써 한의대를 나오면 졸업이야 어떻게든 할 수는 있겠지만 국가공인 한의사면허증을 따내는 것은 그야말로 낙타가 바늘구멍 통과하기만큼이나 어려운 일이었다.

그래서 다른 방향으로 돌린 것이 뭉친 근육을 이완시켜주는 근육운동교정술이다. 일반적으로 알고 있는 경락마사지와 교정쯤에 해당되는데 이것을 기술적 테크닉으로 승화시키는 거다. 어찌된 일인지 신랑은 의학계열에 관심이 아주 많았다. 어렸을 때부터 시어머니와 함께 의사로 계신 이모와 이모부 등을 쭉 보아온 것이 눈과 귀에 익숙하기 때문이다. 한편 우리 부부는 히포크라테스의 제네바 선언문을 관리실 룸 한쪽에 써 붙여 놓고 마음을 다졌을 때이다. 고객의 건강과 생명을 첫 번째로 여겼다. 왠지 관리효과도 술술 잘 풀리기 시작했다. 이런 것이 계기가 되어 사명감으로 일하다 보니까 멀리까지 [알샘체형교정]이 알려지기 시작했는데 일본인들 사이에서는 '신이 내린 약손'이라며 소문이 세게 나기 시작했다. 이렇게 한의학의 미련을 이것으로 대신하며 보람을 느꼈다. 결혼 8년차가 되었을 때는 신랑에게 보너스를 주었다. 200만 원과 10일간 베트남으로 배낭 여행이 그것이다. 여행 후에는 세자가 병색이 많아 팔의론으로 정리했다는 내용을 읽게 되었는데 글귀가 너무 좋았다. 내친김에 아예 컴퓨터 책상 앞에 다음과 같이 써 붙여 놓았다.

1. 심의心醫: 따뜻한 마음으로 병자를 대한다.
병자는 의사의 눈빛만 보고도 편안함을 느낀다. 의사는 병자를 진실로 긍휼히 여기는 인격의 소유자로 반드시 병을 고쳐주겠다는 의지를 은연중 내비친다.

2. 식의食醫: 병세를 살핌에 있어 정성이 모자란다.
병자가 말하는 중세만 기억하고 처방을 내리지만 약보다는 먹는 것으로 치료한다.

3. 약의藥醫: 병자가 말하는 대로 약방문에 의해 약을 짓는다.
병자의 허실을 감안하지 않고 병자가 호소하는 부위의 약만 먹인다. 병색은 살피지 않는다.

4. 혼의昏醫: 병자가 위급하면 덩달아 허둥댄다.

5. 광의狂醫: 병자는 항상 고통을 과장되게 이야기된다는 것을 모르고 오로지 병자의 말만 듣고 함부로 약을 처방한다.

6. 망의妄醫: 병자의 고통보다 병자의 의복과 행색을 보고 치료비를 어떻게 할 것인가에 먼저 관심을 가지는 자이다.

7. 사의詐醫: 의원의 행색만 흉내 내는 자. 아프지도 않은 사람을 찾아다니는가 하면 자신이 만든 약을 만병통치약이라고 우긴다.

8. 살의殺醫: 생명이 죽고 사는 이치를 알지 못하며 고통 받는 병자

를 보고도 함께 아파하는 마음이 없다. 다른 사람이 지은 약방문으로 처방을 하면서도 마치 자기가 한 것인 양 거드름을 피우는 자이다.

라이온스 봉사클럽에서 취임식 기념촬영을 하고~

6. 외국인 남편이 경기 북부 한북신문의 객원기자가 되다

우리는 자기계발을 위해 대학부설에 있는 평생교육원을 다녔다. 의정부에 있는 여성지도자과정과 스피치지도자과정을 거쳐 뷰티컨설던트 자격증과 이화여대 평생교육원 이미지컨설던트 1급 자격증을 추가로 땄다. 김경호 교수님과 김애련 지도교수님으로부터 동기부여도 받아서 얼마나 감사한지 모른다. 신랑 역시도 지도자과정을 밟으면서 스펙을 하나씩 쌓아갔다. 얼마나 열심히 다녔던지 타의 모범이 되었다며 '행동모범상'을 받아오기도 했다. 그러면서 우리 부부는 봉사활동도 짬 나는 대로 했다. 신랑은 일일방범

경찰이 되어 퇴근 후 야간 순회를 하였다. 밤에 순찰하다보면 학생들이 호기심에 담배를 피운다는 것이다. 요즘 학생들은 까딱하다가는 자존심 상할 수 있어 조심하라 했더니 피식 웃으면서 하는 말이 진정성 있게 말하면 절대 그럴 일이 없다는 것이다. 자기가 친구처럼 먼저 다가가서 위트 있게 말하니까 오히려 외국인 아저씨가 재밌다며 호감을 갖는다는 거다. 또한 우리 숍 수익금의 일부는 아프리카 짐바브웨의 학교를 짓는다는 소식을 듣고 소액을 계좌이체했을 땐 그렇게 마음이 편할 수가 없었다. 라이온스 봉사단체의 초대회장을 하면서 봉사의 우의를 다졌다. 그때 라면 박스 분량의 한비야 저자의 책을 전달할 때 기쁨은 두 배였다. 이렇게 시작한 자기계발에서부터 지금은 경기 북부 한북신문사의 객원기자로도 활동 중이다. 한북신문의 대표이사를 맡고 계신 천명경 치과 원장님은 동시에 신문사도 틈틈이 운영하면서 여기 수익금을 봉사에 조용히 힘쓰시는 존경스러운 분이다.

앞으로 자기계발을 위해 내가 이룰 꿈을 고무자석에다가 세계지도도 만들어보았다. 꿈 계획표 리스트를 만들어 각 나라별로 고무자석 지도 위에 붙이니 마치 계획표 세우기 세계여행을 하는 것처럼 한눈에 들어왔다. 유럽주 지도에는 '깜짝이벤트 재능기부로 사람들 즐겁게 해주기'도 들어 있었다. 그리고 나는 다문화 뚝배기 강사로서 강의를 목적으로 계획표를 미국 지도 위에 만들어 봤다. 그중 3가지를 골라 꼽으니 이러했다.

1. "우리 다문화 부부의 좌절되었던 꿈! 이렇게 극복했다."
2. "1g으로 망친 첫인상 100g의 이미지로 바꿔놓는 비결!"
3. "스마트폰과 바른 자세 SS척추건강의 비밀병기!"

앞으로도 나의 꿈 고무자석 세계지도는 꿈을 실어 나를 것이다. 그리고 다문화강사 뚝배기의 강의는 청중 앞에서 100ㅇC강의로 계속 이어질 것이다.

직접 제작한 세계지도 위에 표시한 버킷리스트와 꿈들

명강사 최고위과정 교수진 소개

주임교수 서필환

▷ 서필환성공사관학교 교장
▷ 상명대 명강사☆스타강사과정 주임교수 역임
▷ 건국대 면접이미지 전문강사과정 지도교수 역임
▷ 91개 최고경영자과정 초청교수
▷ 대한민국 명강사 21호
  대한민국 대표강사 33인 선정
▷ 세계인재개발원 석좌교수
▷ 저서 명강사☆스타강사 외 14권

명예주임 교수 강무섭

▷ 한국평생강사연합회 회장
▷ 강남대학교 평생교육원장
▷ 한국직업능력개발원 원장
▷ 한국교육개발원 본부장, 기획처장
▷ 오하이오주립대학교 교육학박사
▷ 고려대학교 교육학 석사

책임교수 신동국

▷ 대한민국 명강사 경진대회 그랑프리 수상
▷ 뉴패러다임센터 대표
▷ 상명대 명강사☆스타강사과정 지도교수 역임
▷ 대한민국 명강사 (한국강사협회)
▷ 기업교육 명강사 30인

코칭교수 **김인식**

▷ 조직활성화전문그룹 (주)잔디와소풍 대표
▷ (사)한국강사협회 명강사 53호
▷ KT리더십아카데미 겸임교수
▷ 한국에니어그램협회 이사, 한국강사협회 상임이사
▷ 공인 프로페셔널코치(KPC,KAC)

코칭교수 **강래경**

▷ (사)한국강사협회 부회장 〈교수 설계 전문가〉
▷ 위캔 T.M 소장
▷ 한양대 사회교육원 겸임교수
▷ 서울여대 바롬교육관
▷ 조선대 경상대학 위촉교수

지도교수 **이보규**

▷ 21세기사회발전연구소 소장, 동서울대 외래교수
▷ 삼성경제연구소, 한국강사협회 명강사 선정
▷ 서울시 산하 국장, 서울시 한강사업본부장 역임
▷ 새마을훈장 근면장, 홍조근정훈장 수상
▷ 저서: 이보규와 행복디자인 21 등

지도교수 **최영선**

▷ 성공 행복 희망 소통 교육원 원장
▷ 고구려대학교 외래교수
▷ 건국대학교 글로벌최고경영자과정 초빙교수
▷ 한국원격교육캠퍼스 전임교수
▷ SM창업경영인재개발원 지도교수
▷ 한국강사협회 명강사 경진대회 금상 수상

지도교수 **홍웅식**

▷ 한국직무능력개발원 원장, 경영학박사
▷ 청와대 브라운백미팅 초청강사
▷ 삼성경제연구소 기획연구회포럼 고문위원
▷ (사)한국평생교육강사연합회 수석부회장
▷ 호서대학교 글로벌창업대학원 초빙교수,
　서일대 교수

지도교수 **유준형**

▷ ㈜마이즈 회장, 에이플러스원㈜ 회장
▷ IT 전문가, 모바일 홈페이지/PR Page 컨설턴트
　모바일 마케팅 & 비즈니스 컨설턴트
▷ Asia Culture Road Association 부회장
▷ 상명대 명강사☆스타강사 외래교수 역임
▷ 서울공대 기계설계학과, 서강대 경영대학원 석사

지도교수 **손정일**

▷ ㈜소셜마스터 대표
▷ 한국소셜네트워크협회 분과위원장
▷ 세종대 CEO과정 바이럴마케팅 교수
▷ 서울벤쳐대학원 SNS, MBA 과정 교수
▷ 마케팅협동조합 이사
▷ 저서: 10억짜리 꼼수소셜 등 3권

지도교수 **이희정**

▷ KSA 한국표준협회 IT전문위원
▷ 대한상공회의소 프리젠테이션 강사
▷ 인천시교육청 교육공무원 정보화강사
▷ 네오프리젠테이션 대표
▷ 대통령 보고 PT 참여, 강사 제안서.
　슈퍼스타V 대상 (제작)

초빙교수 **최운실 박사**

▷ 국가평생교육진흥원 원장
▷ 아주대학교 평생교육원 원장
▷ 아주대학교 평생학습중심대학추진본부 본부장
▷ 아주대학교 교육학 교수
▷ 이화여대 대학원 교육학박사

세상에 행복을 전파하는 명강사들의 삶, 그 열정과 환희!

– **권선복**(도서출판 행복에너지 대표이사,
대통령직속 지역발전위원회 문화복지 전문위원)

삶에 있어 배움은 끝이 없습니다. 배우고자 하는 의지가 열정 그 자체이며, 배움에 따르는 결과물이 행복 그 자체입니다. 문제는 '누구에게 무엇을 어떻게 배울 것인가'입니다. 사실 성인이 된 이후에는 한 명의 멘토, 한 명의 스승을 만나기 쉽지 않습니다. 사회가 정해준 인생 항로를 따라 그저 앞으로 나아가다 보면 시간이 훌쩍 지나 있기 마련입니다. 하지만 우리 주변을 잘 살펴보면 행복한 삶을 위한 노하우를 알려줄 스승이 분명 존재합니다.

〈고려대 명강사 최고위과정 2기 – 명강사 25시〉에 소개된 저자들 역시 그런 분들입니다. 책에 소개된 분들은, 각자의 분야에서 인정을 받고 있는 전문가임과 동시에 세상에 행복과 긍정의 에너지를 널리 전파하기 위해 명강사 과정을 수료한 행복 전도사입니다. 다양한 분야, 다양한 이야기로 삶의 지혜와 노하우, 혜안과 성찰을 전하고 있습니다. 하나의 작은 씨앗이 싹을 틔우고 자라나 열매를 맺고 다시 온 세상에 씨앗을 뿌리듯, 이 한 권의 책을 통해 전국 방방곡곡에 행복의 씨앗이 퍼져 나갈 것을 믿어 의심치 않습니다. 또한 고려대 명강사 최고위 과정 1기를 수료한 선배로서 2기 후배님들의 책 출간을 맡게 되어 무척 영광이오며, 3기를 비롯하여 앞으로 계속 출간될 '고려대 명강사 최고위 과정 시리즈'를 세상에 널리 소개하겠습니다.

고난과 역경이 있기에 희망과 도전이 있습니다. 폭우가 쏟아지다가도 언제 그랬냐는 듯이 햇볕이 내리쬐는 것이 우리 인생입니다. 근래에 들어 침체된 경제 분위기와 대립만을 내세우는 사회 분위기 때문에 많은 이들이 힘들어하고 있습니다. 하지만 희망을 잃지만 않는다면, 스스로에 대한 믿음을 잃지만 않는다면 분명 꿈은 이루어질 것입니다. 그 시작을 〈고려대 명강사 최고위과정 2기 - 명강사 25시〉와 함께하시길 바라오며 이 책을 읽는 모든 독자분들의 삶에 행복과 긍정의 에너지가 팡팡팡 샘솟으시기를 기원드립니다.

하루 5분 나를 바꾸는 긍정훈련

행복에너지

'긍정훈련'당신의 삶을
행복으로 인도할
최고의, 최후의'멘토'

'행복에너지
권선복 대표이사'가 전하는
행복과 긍정의 에너지,
그 삶의 이야기!

인터파크
자기계발 분야 주간
베스트 1위

권선복 지음 | 15,000원

권선복

도서출판 행복에너지 대표
지에스데이타(주) 대표이사
대통령직속 지역발전위원회
문화복지 전문위원
새마을문고 서울시 강서구 회장
전) 팔팔컴퓨터 전산학원장
전) 강서구의회(도시건설위원장)
아주대학교 공공정책대학원 졸업
충남 논산 출생

책『하루 5분, 나를 바꾸는 긍정훈련 - 행복에너지』는 '긍정훈련' 과정을 통해 삶을 업그레이드 하고 행복을 찾아 나설 것을 독자에게 독려한다.

긍정훈련 과정은 [예행연습] [워밍업] [실전] [강화] [숨고르기] [마무리] 등 총 6단계로 나뉘어 각 단계별 사례를 바탕으로 독자 스스로가 느끼고 배운 것을 직접 실천할 수 있게 하는 데 그 목적을 두고 있다.

그동안 우리가 숱하게 '긍정하는 방법'에 대해 배워왔으면서도 정작 삶에 적용시키지 못했던 것은, 머리로만 이해하고 실천으로는 옮기지 않았기 때문이다. 이제 삶을 행복하고 아름답게 가꿀 긍정과의 여정, 그 시작을 책과 함께해 보자.

『하루 5분, 나를 바꾸는 긍정훈련 - 행복에너지』

중국 사회 각 계층 분석

양효성 지음, 이성권 번역 l 값 27,000원

"한중 수교 20여 년, 우리는 과연 중국에 대해 얼마나 깊이 알고 있는가?" 중국의 발자크라 불리는, 중국 최고의 知靑 양효성의 10년에 걸친 역작! 이 책은 모택동 사후 시기의 중국(中國) 사회를 가장 심층적으로 분석하고 있다. 인문학적 시각으로 들여다본 중국사회에 대한 깊은 연구는 대한민국의 성장과 밝은 미래를 위한 하나의 전환점을 제시하고 있다.

제안왕의 비밀

김정진 지음 l 값 15,000원

「제안왕의 비밀」은 대한민국을 대표하는 14인의 제안왕 이야기를 담아내고 있다. 자신의 삶은 물론 몸담고 있는 조직까지 변화시키는 제안의 놀라운 비밀을 이야기한다. 제안 하나로 청소부, 경비원, 기능공에서 대기업 임원, 교수, CEO로 등극하는 드라마 같은 인생이 펼쳐진다. 또한 제안왕이 되기 위해 반드시 숙지해야 할 십계명과 비결 등을 공개한다.

그대 늦었다고 걱정 말아요

감민철 지음 l 값 13,800원

「그대, 늦었다고 걱정 말아요」는 바로 이렇게 힘겨운 시기를 보내고 있는 젊은이들에게 따뜻한 위로의 메시지를 전하는 책이다. 현재 주어진 암울한 환경이 아닌, 어려움을 통해 더욱 성장하게 될 미래의 자신을 바라보라고 주문한다. 우리가 늘 부정적으로만 여겼던 고난의 진정한 의미는 과연 무엇일까? 지금 이 책에서 그 해답을 확인해보자.

주인공 빅뱅

이원희 지음 l 값 13,800원

세상의 기준은 상대평가에 따르기 때문에 항상 서로를 비교하게끔 만든다. 그 과정에서 우리는 우월감과 열등감을 오가며 천국과 지옥을 경험하곤 한다. 하지만 「주인공 빅뱅」은 그러한 악순환에서 벗어나 자기 자신이 평가의 기준이 될 것을 권한다. 스스로가 객관적으로 자기 자신을 평가함으로써 정서적 · 지적 · 영적 · 인격적 성장을 이룰 필요에 대해 강변한다.

압둘라와의 일주일

서상우 지음 | 값 12,500원

『압둘라와의 일주일』은 누구나 한번쯤은 고민해봤을 본질적인 인생의 문제들을 풀어나가고 있는 책이다. 특히 '압둘라'라는 인물을 통해 어려운 고민들에 명쾌하게 답하는 형식을 취하고 있는 점이 흥미롭다. 아무리 상처받고 버림받는 아픔을 경험했을지라도 이 세상에 소중하지 않은 사람은 없다. 그렇기에 이 책의 주인공은 당신이라고 저자는 이야기한다.

제4차 일자리 혁명

박병윤 지음 | 값 15,000원

JBS일자리방송의 박병윤 회장이 전하는, '일자리 혁명을 통해 선진국으로 도약할 대한민국의 청사진'을 담은 책이다. 현재 대한민국의 일자리 문제가 현 정부에서 추진하는 창조경제 정책이 올바로 시행되지 않고 있음에서 그 원인을 찾고 '방통융합 활용 일자리창출 콘텐츠'의 실행을 통해 일자리 혁명을 일으켜 해결책을 찾을 것을 제안하고 있다.

금융회사의 내부통제

김양권 지음 | 값 25,000원

선진은행들은 우리나라보다 더한 성과주의 문화 속에 살고 있지만 그들의 금융사고는 우리보다 훨씬 적다고 한다. 이 책은 그 이유는 무엇인지를 세심히 살펴보고, 오랫동안 선진국의 금융관행을 보고 배웠음에도 우리 금융회사들이 놓치고 있는 것에 대해 제시한다.

나의 살던 고향은

강순교 지음 | 값 15,000원

연어처럼 삶을 다하기 전에 거세고 잔인한 현실의 물살을 거슬러 고향과 고국을 찾아온 저자의 인생사는 그 자체만으로도 충분히 감동적이다. 그래서 이 책은 한 개인의 위대한 역사일 뿐 아니라 궁극적으로 통일이 되어야 할 이유를 독자들의 가슴에 깊이 새겨주고 있다.

귀뚜라미 박사 239
이삼구 지음 | 값 17,000원

저자는 '귀뚜라미'가 지금의 대한민국 실정에 가장 적합한 미래인류식량이라고 강력히 주장한다. 단백질, 비타민, 무기질, 불포화지방산 등 영양소가 풍부하게 함유되어 있기 때문이다.이렇게 영양학적으로 완벽하고 환경친화적인 귀뚜라미는 향후 발생할 식량위기에 대처하는 데 최적의 상품임을 이 책은 말하고 있다.

신입사원은 무엇으로 성장하는가
홍석환 지음 | 값 15,000원

저자는 30년 동안 인사 분야 전문가로 삼성, GS칼텍스, KT&G와 같은 대기업에서 근무해 왔다. 다양한 인사 경험과 이론을 쌓고 자신만의 컨설팅을 바탕으로 사회 내에서 자신의 자리를 공고히 하는 데 힘써온 사람이다. 그의 이러한 노하우가 담겨있는 인사교육 현장의 목소리에 우리는 귀 기울여야 할 것이다.

대한민국을 읽다
김영모 지음 | 값 17,000원

『대한민국을 읽다』는 1934년부터 1991년까지의 대한민국, 그 생생한 역사의 주요 현장을 도서와 문서 자료를 통해 들여다본 책이다. 25년 가까이 국회도서관에서 근무를 했고 출판사의 대표직을 맡으며 평생 책과 함께해 온, 지금도 산더미처럼 쌓인 책의 틈바구니에 간신히 몸을 밀어 넣어 책과 씨름하고 있는 한 독서인의 뜨거운 열정을 고스란히 담고 있다.

도담도담
티파니(박수현) 지음 | 값 15,000원

『도담도담』은 종로 YBM어학원에서 16년째 강의를 하고 있는 인기강사 '티파니' 박수현이 2030 청년들에게 들려주는 행복의 메시지다. 때로는 두 손을 꽉 붙잡고 어깨를 도닥여주는 위로를, 때로는 정신이 번쩍 들게 하는 일침을, 때로는 경험에서 진득하게 우러나온 조언을 친근한 언니 혹은 누나의 목소리로 전하고 있다.

초당 이무호 선생님께서 고려대 명강사 최고위과정 2기 수료생인 구자현 씨를 축하하기 위해 작품을 주셨습니다. 이에 수록하게 되었습니다.

성명: 이무호 아호: 초당
세계문화예술발전중심회장(12개 국가(1994~2015년))
세계서법문화예술대전 운영위원장(19회 주최)
초당 태극서법원 원장
KBS 한국방송 사우회 지도교수(2005~2015년)
대한민국미술대전 초대심사위원 역임
북경대 연원배 서법대전 공동주최 한국대표회장
고대 서예 최고위과정 특강 및 켈리 현대서예 강사
대한민국 명인대상 수상 2008년
옥관문화훈장 서훈(국민훈장)대통령(2012년)